Zu diesem Buch

«Um endlich die lästigen Kritiken verstummen zu lassen, plant der Papst zu Aschermittwoch im Jahr 2000 einen ‹Großen Bußakt›, bei dem er um Vergebung für die Schuld der Kirche bitten will. Es geht um die Verbrechen der Kirche in ihrer 2000jährigen Geschichte, die gnadenlose Verfolgung Andersdenkender, von Juden und Muslimen, die Inquisition, Hexenverfolgung, politische Morde ... In seiner ‹Verkündungsbulle› zum Heiligen Jahr fordert Johannes Paul II. ‹einen mutigen Akt der Demut, die Verfehlungen zuzugeben, die von denen begangen wurden, die den Namen Christi trugen und tragen›.» (*Der Spiegel* 50 / 7. 12. 1998)

Memento (gedenke) – so beginnt in der römischen Messe das Bittgebet für Lebende und Tote. Damit der manchmal vergeßliche Heilige Vater bei seinem «mutigen Akt der Demut» nichts Wesentliches unter den Altar fallen läßt, blättert ihm Karlheinz Deschner, der schärfste Kirchenkritiker unserer Tage, eine Hitliste der unvergeßlichsten Schandtaten und Verbrechen aus zwei Millennien Kirchengeschichte auf den Tisch.

Deschners kompakter Pitaval christlicher Kriminalität ist eine erschütternde Fallsammlung im handlichen Taschenbuchformat, auf daß die schlimmsten Acta Apostolorum nicht vergessen und nicht vertuscht werden im groß angekündigten «Akt der Demut».

Aus jeder Zeile dieser erschütternden Fallsammlung dringt der Schrei: «Denk daran!» – «Memento!»

Der Autor

Karlheinz Deschner, geboren 1924 in Bamberg. Im Krieg Soldat. Studierte Jura, Theologie, Philosophie, Literaturwissenschaft und Geschichte. Sein Roman «Die Nacht steht um mein Haus» (1956) erregte Aufsehen, das sich ein Jahr später bei Erscheinen seiner Streitschrift «Kitsch, Konvention und Kunst» zum Skandal steigerte. Von 1958 an veröffentlicht Deschner seine entlarvenden und provozierenden Geschichtswerke zur Religions- und Kirchenkritik. Seit 1970 arbeitet Deschner an seiner monumentalen «Kriminalgeschichte des Christentums», deren erster Band 1986 und deren sechster Band (11. und 12. Jahrhundert) Anfang 1999 erschienen sind. Fortsetzung folgt. Bücher des Autors liegen in zehn Sprachen vor. Er erhielt mehrere Preise, zum Beispiel – nach Sacharow und Dubček – 1993 als erster Deutscher den International Humanist Award.

Karlheinz Deschner

Memento!

Kleiner Denkzettel zum «Großen Bußakt»
des Papstes im Heiligen Jahr 2000

Rowohlt Taschenbuch Verlag

Originalausgabe

Veröffentlicht im Rowohlt Taschenbuch Verlag GmbH,

Reinbek bei Hamburg, Dezember 1999

Copyright © 1999 by Rowohlt Taschenbuch Verlag GmbH,

Reinbek bei Hamburg

Alle Rechte vorbehalten

Siehe auch «Editorische Notiz» auf Seite 234 ff.

Umschlaggestaltung Werner Rebhuhn

(Foto: dpa)

Typographie Daniel Sauthoff, Hamburg

Satz Concorde Roman PostScript (PageOne)

Gesamtherstellung Clausen & Bosse, Leck

Printed in Germany

ISBN 3 499 60926 6

Allen Opfern der Balkankriege im 20. Jahrhundert gewidmet, insbesondere den Opfern der Nato 1999

Inhalt

Heiliger Vater,
mein Beitrag kommt vielleicht nicht sehr erwünscht, verzeiht; doch
kommt er in der besten Absicht. Ihr geht gebeugt, am Stock. Und
strahltet einst im Siegerkranz. Triumphe, Gott, Triumphe! Na, wir
alle lassen Federn. Wie? Die Geschäfte? Schlecht? Ach, zählt doch
nicht. Wem sag ich das. Das alles bringt doch nichts. Herrje, man
kommt auch bettelarm durchs Leben! Ihr seid doch selbst der herr-
lichste Beweis dafür. Arm seit dem Armen Menschensohn. Und Armut noch heute Euer schönstes Signum. Euer edelstes Panier. Noch
heute Eure Corporate identity. Wie? Aber freilich, Heiligkeit, freilich ging's besser schon. Gar keine Frage. Als Ihr Kaisern gebotet.
Als Fürsten Euch die Füße küßten. Als die «Kirche der Armen» ein
Drittel des europäischen Bodens besaß. «Nackt dem nackten Christus nach!» Jawohl, überall die «Gemeinde der Armen». Überall
«heilige Armut». Überall Armengut, Armenfürsorge. Alles für die
Armen empfangen, für die Armen verwaltet, gepflegt, vermehrt, alles von den Armen gerodet, bepflanzt, beackert, geerntet. Oh, ich
bin der letzte, der bestritte, wie glänzend das ging.

   Arbeitslose? Nicht die Bohne, Heiliger Vater. Arbeitsplätze! Arbeitsplätze! Jede Menge. Sklaven, Leibeigene, Hörige – Altarhörige,
Amtshörige, Dinghörige, Eigenhörige, Gerichtshörige, Grundhö-
rige, Hofhörige, Vogthörige, Zinshörige etc. Und alles eine «fami-
lia»! Eine einzige heilige Solidarität. Alles hatte Arbeit, reichlich,
wahrhaftig, servitia, opera servilia, manoperae, carroperae, hatte
Fronen zuhauf, Zweitagefronen, Dreitagefronen, Maifronen,
Herbstfronen, Ackerfronen, Verkehrsfronen, na, tat «Robot» eben,
«welche der Obrigkeit gefällig». Dazu kleine Agrarkrisen dann und
wann, Konjunkturkrisen, Beschaffungskrisen. Auch ein bißchen
Nahrungsmittelknappheit hin und wieder, Hungersnöte, Epide-
mien, Viehseuchen, Klimastürze, Naturkatastrophen, Kriegshand-

lungen und derlei mehr. Überhaupt gab es zeitweise fünfundneunzig, achtundneunzig Prozent, wenn man so will, Unfreie. Na, klingt vielleicht etwas hart, aber, was die Sache angeht, ideologisch alles gut integriert, materiell gleichsam grundherrlich verankert, vieles solid an die Scholle gebunden, damit vererbbar, verkaufbar, glebae adscripti, Kinder und Kindeskinder, seit Ewigkeit von Gott dem Vater so vorherbestimmt. Und vom Sohne. Und vom Heiligen Geiste.

Tja, das war schon was!

Und schön überschaubar, Heiliger Vater. Fest im Griff das Ganze, fest. Was etwa unheilbar, was ansteckend krank war, wurde ausgegrenzt, zum Wohl der Gesunden. Die Juden kamen ins Ghetto. Oder an den Galgen. Geistige Hygiene, Heiligkeit. Soziale Verantwortung. Werte! Wie auch all die «Ketzer», die «Hexen», die Indios, kurz, all die stinkenden Eiterherde just inmitten, man stelle sich das vor, der Gemeinschaft der Heiligen, all dies pestilenzialische Teufelspack, diese «sprechenden Tiere», massenweise hineinflogen in die «gesegneten Flammen der Scheiterhaufen», wie noch heute Katholiken jubeln, ein einziger «feuriger Akt der Liebe», wozu man «Großer Gott, wir loben Dich» sang.

Gewiß, noch anderes Schmutzvolk gabs. Alle möglichen landschädlichen Leute, Schadenszauberer, Wiedergänger, Hostienfrevler, gottverdammte Sodomiten, die nun (da die Frau ja die Eva war, die Sünderin schlechthin, die «allzeit offne Höllenpforte»), die nun einfach andere Geschöpfe Gottes liebten, allerlei Geflügel, Hunde, Zugvieh, Ziegen – doch nie, Heiliger Vater, denn auch sündiges Getier, man war konsequent, kam vor den Kadi, nie trat prozessual, mit Verlaub, ein Fisch in Erscheinung, das Symbol der Eucharistie. Aber jede Menge Perverser: Schwule, Knabenschänder, Kinderküzler, sit venia verbo, Astlochficker, Punzenlecker; man disziplinierte peinlich, erforschte wissenschaftlich penibel, theologisch gern im Rekurs auf die Bibel, die von den Juden geklaute zumal – zog die heilige Kirche doch überhaupt alles, restlos alles, den periphersten Brauch wie die zentralsten Dogmen, aus Kulten und Kulturen vorchristlicher Zeit an sich und gab sie als christliche aus.

Die Strafgewalt praktizierte gewöhnlich der Diözesanbischof; sie war Sache geistlicher Autorität prinzipiell. Wer das bezweifelte, galt als Häretiker. Zur kirchlichen Bestrafung gehörte das Einkerkern. Mancher, oh guter Vater, hing da in ewiger Finsternis lebenslang mit Händen und Füßen an die Wand geschmiedet – nicht die humanste Lage gerade, aber optimal wohl für den Heilsprozeß. Zur kirchlichen Bestrafung gehörte das Auspeitschen, gezählte und ungezählte Streiche, indes – nahm man doch immer wieder Rücksicht – nur ausnahmsweise bis zum Tod. Auch verdrosch man die eigne Klerisei, die niedere, versteht sich, bis ins 19. Jahrhundert. Zur kirchlichen Pönalisierung gehörte das Skalpieren und Entmannen. Man brauchte eben auch was Zappelndes vor Augen. (Wir haben die Glotze.) Und was Akustisches fürs Ohr, Gefoltertengeschrei, Gewimmer, Geheul. Hei jaa, gregorianische Choräle allein, Palestrina, Orlando di Lasso (selbst «Timor et tremor») taten's nicht. – Die Folter, beiläufig (schon von Augustin als «Kur» gefordert, gefördert, gefeiert), galt gar nicht als Strafe, sondern als Beweismittel der Justiz.

Doch man engagierte sich, eifrig und eifernd, war schwer aktiv, hat unentwegt verstümmelt, Heiliger Vater, auf Teufel komm raus geteert, gefedert, «amputiert», hat abgetrennt und durchschnitten, Augen, «Lichtklaviere» (Novalis), herausgerissen, Hände, Füße, Finger weggesäbelt, Nasen, Ohren, Zungen auch. Keine zimperliche Zeit, aber gerecht, Gott, gerecht, ja, gerecht sind Deine Gerichte. Für etwas Holzfrevel – schließlich schätzte, schützte man das Armengut – wickelte man Ertappte mit ihren Gedärmen um den Baum. Schon bloße «Amputationen» versetzten so unvermittelt ins Jenseits.

Und dann die eigentlichen Todesstrafen. Nein, wie variabel! Wie einfallsreich! Während man heute, viel zu verweichlicht, liberal und lax, Todesstrafen ja kaum mehr kennt, geschweige wirklich würdigt, ausgenommen nur sehr rechtlich denkende, besonders feinfühlige, tugendsame Völker, wie God's own country, wo man den Strang, die Giftspritze, die Vergasung noch kultiviert, auch den

Elektrischen Stuhl hoch in Ehren hält, auf dem Übeltäter manchmal regelrecht gebraten, mehrmals ab- und wieder angeschnallt werden, bis das Recht siegt – selbst über Justizmorde.

Doch zurück ins gottselige Mittelalter.

Nein, welche Möglichkeiten, welche Fülle von Möglichkeiten, heiliger Herr, straffälligerweise jäh ein Entree für Drüben zu erwerben: durch Vergiften, Ersticken, Erwürgen, Enthaupten, Pfählen, Säcken, Verhungernlassen, durch Lebendigzerstückeln, Lebendigeinmauern, Lebendigverbrennen. An Küsten hat man häufig ertränkt oder hinuntergestürzt. Kirchenräuber wurden oft gerädert, Diebinnen lebendig begraben, Ehebrecherinnen gesteinigt, Abtreiberinnen gesäckt, dazu fromme Lieder allenthalben aus den Gläubigenkehlen, Aus der Tiefe rufen wir zu Dir, ergreifend, ergreifend; indes der Vergewaltiger, entmannt oder geblendet, mit dem bloßen Leben noch davonkommen konnte. Zuweilen setzte man auch ganze Kombinationen von Liquidierungsverfahren in Gang; bei Hochverrat, beispielsweise, Schleifen zum Richtplatz, Hängen, Kastrieren, Köpfen, Vierteilen.

Gott, welch kreative, phantasiereiche Zeit! Doch heute, Heiliger Vater? Manche Bischöfe fordern kaum noch den Exitus. Die Todesstrafe wird zum Tabu! Und was nun gar den Krieg betrifft: rein zum Verzweifeln! Natürlich sind die Prälaten, ein paar Spinner, pazifistische Spinner, beiseite, für den Krieg, sehr für den Krieg, stets für den Krieg. Sie waren vom 4. bis ins 20. Jahrhundert dafür. Der Krieg nützt der Kirche, der Krieg füllt die Gotteshäuser, der Krieg füllt die Gottesäcker, der Krieg füllt die Konten. Und deshalb liebt die Kirche den Krieg auch. Hunderte und Aberhunderte von Kriegen führte sie, allein oder mit anderen. Und auch die Bischöfe lieben den Krieg, predigen den Krieg, propagieren den Krieg, den gerechten, selbstverständlich, und auf beiden Seiten, guter Himmel, gleich auf beiden!

Ja, auf beiden schicken sie die Schäfchen, geistlich gestärkt noch durch ein wegweisendes Wort, durch die heilige Wegzehrung, ins Feld. Und jetzt, mit dem Viatikum, mit dem Verkünder des Friedens, der Feindesliebe im Bauch, feuert ein Katholik dem andern mitten hinein in die Fresse, in den Wanst oder wohin immer, Bauchschüsse, Kopfschüsse, Genitalschüsse, schlägt ein Katholik den andern blind, krumm, lahm, vergast, verflammt, erstickt, erwürgt er ihn, nur immer feste druff!, meint aber natürlich gar nicht den bekämpften Katholiken, oh nein, nein, wie könnte er auch, meint nicht den Menschen, nicht mal den Feind, schon wegen der Feindesliebe nicht, nicht wahr, nein, nur das Böse im Feind meint er, haßt er, verabscheut er zutiefst. Das Böse. Doch den andern, den Nächsten, das Ebenbild Gottes, das alles liebt er gewiß ganz christlich herzinniglich, während er nur das Böse darin totschlägt und dabei, so ist das nun mal im Krieg, trotz aller Moraltheologie, leider, leider, auch den Menschen, den geliebten Glaubensbruder, totschlägt, so daß sozusagen eine besondere Art Kollateralschaden entsteht – aber anders kann man das Böse auch heute noch nicht entfernen, trotz oder wegen aller Moraltheologie.

Entfernen ... Ja, darum ging es mir.

Entfernt nämlich, wollte ich sagen, haben sich seit langem die Bischöfe, schnöde entfernt vom eigentlichen, vom ehrenwertesten Schauplatz des Geschehens und der Geschichte. Denn die hochwürdigsten Herren, peinlich zu sagen, halten inzwischen die Stellung, die verteidigten Bastionen, nur noch ganz hinten, sitzen längst nicht mehr hoch zu Roß, sitzen vielmehr, gut besoldet, im Palais, im Bischofsbunker, beim Schäferstündchen gar, das Schätzchen auf dem Schoß. Doch einst, oh Herr im Himmel, Heiligkeit, die Bischöfe, die Päpste selbst, bis an die Zähne bewaffnet kämpften, bluteten sie, schwangen sie das Schwert in persona, an vorderster Front fochten sie, fielen sie, für alles mögliche, wenn es nur hoch und hehr und heilig war, vor allem für die heilige Kirche, die heilige Sache, die heilige Armut stritten sie und ritten sie, rund um das Kirchenjahr und durch die Zeiten, gegen die Könige, gegen die Fürsten, gegen geringeres adliges Kroppzeug auch, gegen fremde und eigene Potentaten, mit dem Papst gegen den Kaiser, mit dem Kaiser gegen den Papst, mit einem Papst gegen den andern, und selbst dies immerhin einhundertsiebzig Jahre lang. Bischof auch zog wider Bischof, der Pfarrer wider den Mönch, Kloster wider Kloster. Ja, Schlacht auf Schlacht schlug man, im offenen Feld, im Gotteshaus, operierte auch immer wieder mit Gift für Christus und überhaupt auf jede mögliche Weise.

Oh, Heiligkeit, was für ein frühlingsfrisches, christliches Leben!

Doch dafür wollt Ihr, sollt Ihr Euch jetzt – entschuldigen? Dafür die so leidige, diese einfach entsetzliche Exkulpation? Um Verzeihung bitten die sündige Welt? Die ungläubige? Die sich mokierende? Motzende? Um Nachsicht ersuchen, um einen Generalpardon – für die Heilsgeschichte?! Für eine Geschichte, bei der doch, schon der Name sagt es, alles um der Heilung, Heiligung, des Heiligen willen geschieht. Bei der doch alles um die Heilsbotschaft, die Heilslehre, Heilswahrheit kreist, um den Heilswillen, die Heilsfürsorge, Heilsvermittlung, Heilsgewißheit, Heilsnotwendigkeit. Ach, die Geschichte der Kirche ist voll von Heilem und Heiligem! Quillt über von Heiligen Stätten, Heiligen Ländern, Heiligen Reichen, von Heiligen Zeiten und Heiligen Jahren, Heiligenfesten und Heiligtümern, Heiligenschreinen und Heiligenscheinen, von Heiligen Schriften, Heiligen Sakramenten, Heiligen Synoden, von Heiligen Röcken, Heiligen Lanzen, Heiligen Vorhäuten auch, von Heiligenlegenden und Heiligen Kriegen.

Freilich, die Welt darf nie vergessen, daß es bei der Heilsgeschichte, wie unglaublich segensreich, wie unglaublich wunderbar auch immer, bisher doch stets bloß um ein pars pro toto, um eine Teilerfüllung ging. Die Welt darf nie vergessen, daß der gesamte Heilsvollzug, die Totalität der Glückseligkeit, noch aussteht, daß das Heil, als Ziel aller Geschichte, von Gott selbst, dem Deus absconditus, dem geheimnisvollen, dem in Menschwerdung und Kreuz verborgenen, erst noch verwirklicht werden wird. Und vor allem darf die Welt nie vergessen, nie: wo so viel Heil und Heil und Heiligkeit, so viel Fürsorge, Toleranz, so viel Hilfe, Humanität, Liebe, so viel Selbstlosigkeit, kurz, wo so viel Glanz und Licht ist, fällt natürlich auch Schatten, dämpfen diverse Dunkelheiten das

Strahlende, das die Welt ohnedies zu schwärzen liebt. Es gibt, von niemandem bezweifelt, banale Vorerfahrungen, profane transitorische Fakten, gibt korrelative Kontakte zwischen dem Heilsweg, dem ordo salutis, und der kriminellen Seite der Historie, zwischen providentieller Huld und geschöpflicher Schuld, zwischen den Offenbarungswahrheiten und den Schrecken der Sünde und des Todes. Es gibt Trübungen, durchaus dunkle Punkte in der irdischen Erscheinung der Kirche. Es muß, jawohl, diese dunklen Punkte geben, denn auch in der Gemeinschaft der Heiligen leben und führen nur Menschen, heiligt und menschelt es bunt durcheinander – übrigens ohne daß es dabei, bemerkenswerterweise, sonderliche Unterschiede gäbe zwischen den Unterschieden. Und da Heiligkeit schon entschlossen sind, unerschrocken den einen oder anderen prekären Aspekt zu benennen, mit aller angemessenen Dezenz, wie ich meine, und natürlich viel weniger als Vergehen der heiligen Kirche denn als greulichen Frevel von Christen, besonders von Laienchristen, in der Kirche und mehr noch außerhalb der Kirche, ja, da dem nun leider so ist, möchte ich Heiligkeit ganz behutsam zur Hand dabei gehn.

Apropos Hand. Man kann kaum sagen, wir hätten bisher einander – ja, eben in die Hand gearbeitet; obwohl man dies – und nicht im Hinblick bloß auf das Buch, in dem wir Koautoren sind – schon oft und todernst behauptet, mir sogar gedroht hat mit Heiligsprechung in fünfhundert Jahren. Schließlich kümmern wir uns beide um dieselbe Sache, und jeder, weiß Gott, bekümmert genug und all sein Leben lang. Und da mein stilles Forschen, mein Inquirieren in spiritualibus auch dort verfolgt wird (bloß bildlich gesprochen), wo Rom am heiligsten, wo die sanctitas dicht ist wie nirgends, außer im Himmel, liegt's nicht nahe, Heiligkeit, Heiligkeit selbst könnte schon hineingeschaut haben? Hinein in meine Höllenforschungen, meine ich? Und könnten die, diese so eindringlichen wie ausgedehnten Erkundungen, Ihr spektakuläres Projekt nicht ein wenig stimuliert, vielleicht gar inspiriert haben? Eine schon öffentlich ventilierte Vermutung – geht es auch etwas weit, wünscht einer

Ihrer Theologen mir eben zum Geburtstag: «‹Septuagesimo quinto anno› wäre doch ein geeigneter Titel für eine Enzyklika, in der der Heilige Vater (79) Ihr Wirken würdigen könnte.»

Wie auch immer, der freundliche Spott Ihres geistlichen Knechts erinnert mich an das, was, wenn Sie erlauben, uns, Heiligkeit und meine Nichtigkeit, unstreitig verbindet, über alle Abgründe und Geistlichkeiten hinweg. Sie erraten es gewiß. Denn was schon sollte zwei Menschen verbinden, zwei Menschen wie Sie und mich, wenn nicht das rein Menschliche eben, schlechthin Schicksälige, das Alter und der Tod? Und seh' ich, selber alt bereits, mitunter Sie, nur Sie, nicht den papalen Routinier, den Profi aus der Stellvertreter-Branche, nein, nur den gebrechlichen, schon recht mühsam am Stock sich durch die Länder quälenden, den so vor aller Augen dahinsiechenden Karol Wojtyla, so geschieht es nie ohne Mitleid.

Doch nur kein Sentiment. Auf Ihrer Seite, offen gesagt, heiliger Herr, ist man nie sehr gefühlig gewesen – obwohl dazu niemand auf Erden mehr Grund gehabt hätte –, ergo warum sollte ich es auf der anderen Seite sein?

Kommen wir zum Schluß.

Ich dachte, mit dem folgenden rhapsodischen Rapport Ihnen vielleicht etwas Arbeit abzunehmen, eine bescheidene Basis zu bieten für das Sondieren allfälliger Schuldeingeständnisse im Heiligen Jahr 2000. Ich dachte, Ihnen beim mühseligen Studium der Kirchen- und Christengeschichte entgegenkommen zu können, ja, fast zu müssen, zumal Ihnen das Regieren schon lange keine Zeit mehr zum Studieren läßt, und alle Männer, die Geschichte machen, die Geschichte am wenigsten kennen.

Ich weiß nicht, ob Ihnen die zugedachte kleine Handreichung oder, falls zu sagen gestattet, Gedächtnisstütze, ob das sich anschließende Potpourri aus meinen Schriften, eine fraglos sehr selektive, doch auch sehr einschlägige Sammlung unterschiedlichster Geschichtsgeschehnisse aus zwei Millennien, ich weiß nicht, ob dies Ihren bevorstehenden Ruf um Verzeihung erleichtern kann – Ihrem Ruf (das Wort jetzt weniger wörtlich genommen) und dem

Ruf Ihrer Kirche wird es kaum förderlich sein. Und eines weiß ich sicher, wissen auch Sie sehr gut, daß nämlich dieses Ihr «Sorry» nichts, daß es kein Jota ändern wird, und zwar weder am Elend all der vergangenen Opfer der Kirche, noch am Elend all ihrer künftigen Opfer, noch auch am Elend all der Opfer, der vergangenen wie künftigen, durch Sie selbst, durch Sie, Johannes Paul II.

Die Opfer sollten Sie vermeiden helfen. Die Opfer haben Sie vermehrt. Die Opfer werden Sie nach Ihrem Tode noch vermehren. Zum Beispiel durch Ihre Sexualpolitik. Zum Beispiel durch Ihre Balkanpolitik. Zum Beispiel durch Ihre Politik in Lateinamerika. Glauben Sie doch nicht, daß Ihr Reueschreichen – ob ernst gemeint oder nicht ganz dahingestellt – die Welt erschüttern wird. Die Welt wird glotzen. Doch Ihre Worte erschüttern sie nicht. Ihre Taten erschüttern sie. Vor allem die Welt der Armen, der die «Kirche der Armen» stets am meisten geschadet, die sie stets am schlimmsten, am schäbigsten verraten hat, von Jahrhundert zu Jahrhundert, bis heute. Das einzige Resultat aber Ihrer Verlautbarung wird, kurz gesagt, dies sein: wieder ein paar Skrupel weniger bei der hörigen Herde und bei den Hirten wieder eine Scheinheiligkeit mehr.

Anno Diaboli 1999

Vom christlichen Ludergeruch oder
Das Scheusal mit den Engelszungen

«... nennen sich Christen, und unter ihrem
Schafspelz sind sie reißende Wölfe.» Goethe

Warum beachten wir noch eine Leiche? Den Riesenkadaver eines
welthistorischen Untiers? Die Reste eines Monstrums, das ungezählte Menschen (Brüder, Nächste, Ebenbilder Gottes!) verfolgt,
zerfetzt und gefressen hat, mit dem besten Gewissen und dem ge-
sündesten Appetit, eineinhalb Jahrtausende lang, wie es ihm vor
den Rachen kam, wie es ihm nützlich schien, alles zur höheren Ehre
seines Molochs und zur immer größeren Mästung seiner selbst: Väter und Mütter, Kinder und Greise, Kranke und Krüppel, die Armen
im Geiste und die Genies, Millionen Heiden, Millionen Juden, Millionen Hexen, Millionen Indianer (wenigstens fünfzehn Millionen
in einer Generation!), Millionen Afrikaner, Millionen Christen, alles verteufelt, getötet und verdaut – bis hin zu jenen siebenhundert-
tausend serbischen Orthodoxen, die man, noch in unseren Tagen,
lebendig begraben, lebendig verbrannt, lebendig gekreuzigt, zu
Tode geprügelt, ertränkt, erschossen, erstochen, erdrosselt, erhängt,
geköpft, gekehlt hat, denen man die Augen ausgestochen, die Ohren abgeschnitten, die Nasen, und alles, nach altem Brauch, mit
Hilfe einer hochaktiven, selber schießenden, selber stechenden, selber köpfenden Geistlichkeit – voran die Franziskaner! –, und nicht
ohne Segen und Billigung Eugenio Pacellis, Papst Pius' XII., dieses
stets so seraphisch erscheinenden, so weithin verehrten, fast vergöt-
terten Asketen, derart genügsam sonst, selbstlos, derart lebenslang
dem Armutsideal des Evangeliums ergeben, daß er (ja, ich muß es
unaufhörlich wiederholen) auf Erden schließlich nur einen Notgro-
schen hinterließ, einen Peters- oder sozusagen Eugeniopfennig,

einen Pacellipfennig von 80 (achtzig) Millionen DM in Gold und Valuten – alles ganz privat, durch Fleiß und Sparsamkeit, sauer selbst verdient (denn eines nur ist not, nicht wahr), weshalb er nun auch für solch apostolischen Wandel, solch schöne Nachfolge Christi seiner Kanonisation entgegengeht. Ah, welche Satire der Weltliteratur ist besser, so gut, halb so gut nur wie diese Vita des berühmtesten Papstes unserer Zeit!? Und indes Onkel Eugenio, heilig bis in die zarten, schmalen, langen Finger (ach, wie unvergeßlich verstand er doch immer mit ihnen zu segnen!), sich 80 Millionen in den Säkkel steckte, stopften seine drei Neffen, alle bestbestallt zugleich beim Heiligen Stuhl und beim Big Business, sich 120 (einhundertzwanzig) Millionen DM in die Taschen.

Neffe Marcantonio	Neffe Carlo	Neffe Giulio
A. Ämter beim Vatikan	**A. Ämter beim Vatikan**	**A. Ämter beim Vatikan**
1) Oberster der Guardie Nobili (Adelsgarde)	1) Rechtsberater von drei Kongregationen (Päpstliche Ministerien) und Anwalt des Konsistoriums	1) Prokurator der Kongregation für die Glaubenspropaganda (Päpstl. Propagandaministerium)
	2) Präsidialmitglied der päpstl. Kommission für Film, Funk und Fernsehen, Mitglied mehrerer Verwaltungsräte	2) Außerordentlicher Gesandter von Costa Rica beim Vatikan
		3)Oberst der Guardie Nobili

Neffe Marcantonio	Neffe Carlo	Neffe Giulio
A. Ämter beim Vatikan	**A. Ämter beim Vatikan**	**A. Ämter beim Vatikan**
	3) Rechtsberater des «Päpstlichen Werkes für die Bewahrung des Glaubens» und der «Verwaltung der Güter des Hl. Stuhles»	
	4) Delegierter des Vatikans beim Internationalen Institut für Privatrecht	
	5) Oberster Berater der päpstl. Kommission für den Staat der Vatikanstadt	
B. Funktionen bei Banken und Monopolen	**B. Funktionen bei Banken und Monopolen**	**B. Funktionen bei Banken und Monopolen**
1) Präsident der Soc. Molini e Pastifici Pantanella (Mühlen und Teigwaren) Kapital: 600 Mill. Lire	1) Präsident der Compagnia di Roma (Versicherungsgesellschaft) Kapital: 300 Mill. Lire	1) Präsident des Instituto Nazionale Medico Farmacologico de Sereno Kapital: 200 Mill. Lire

Neffe Marcantonio	Neffe Carlo	Neffe Giulio
B. Funktionen bei Banken und Monopolen	**B. Funktionen bei Banken und Monopolen**	**B. Funktionen bei Banken und Monopolen**

2)
Präsident der Molini
Antonio Biondi
Kapital: 600 Mill. Lire

2)
Verwaltungsrat der Soc.
Editrice G. C. Sansoni
(Verlagsunternehmen)

2)
Präsident der Condil-
Tubi
Kapital: 50 Mill. Lire

3)
Verwaltungsrat der
Gesellschaften:
a) Generale Immobi-
   liare
b) SOGENE
c) Saniplastica
d) Manufattura
   Ceramca Pozzi
e) Ferrosmalto
f) Lloyd Mediterraneo

3)
Präsident der Soc.
Italiana Mallet
Kapital: 60 Mill. Lire

4)
Präsident der Soc.
Gestione Esercizio Navi
Kapital: 100 Mill. Lire

5)
Verwaltungsrat der
Gesellschaften:
a) Banca di Roma
b) PIBI-GAS
c) Ital-Gas
d) Soc. Esercizio Navi
   di Sizilia
e) Soc. Esercizio Aero
   portuali (Malpensa)

Nun, wird unsere Eingangsfrage nicht schon verständlicher, unsere scheinbar so anachronistische Autopsie: warum stehen wir noch immer bei diesem Scheusal mit den Engelszungen, das doch schon zweihundert Jahre tot ist, einwandfrei erlegt von einigen der besten Köpfe der Welt, im Grunde aber krepiert nur an sich selber: an seinem fürchterlichen Blutdurst (während es die Frohe Botschaft lehrte, die Nächsten- und die Feindesliebe) und an seiner Falschheit ohnegleichen (während es sich als Hort alleinseligmachender Wahrheit pries)? Wir stehen noch bei ihm, weil es mit seinem wunderbaren Magen – dem einzig Wunderbaren an ihm! – noch immer überall herumliegt und öffentlich verwest, gehätschelt und gepäppelt mehr als die heiligen Kühe der Inder (die doch wenigstens lebendig und arglos sind), weil sein Geruch noch immer rings die Luft erfüllt, die Welt, weil er noch immer uns entgegenschlägt aus Kutten und Soutanen, Kathedralen und Kasernen, aus den Parlamenten, den Paragraphen, den Schulbüchern, den Schundblättern, den Sendern, überall noch Mittelalter, überall noch frommes Geplärr, Hallelujagejauchz und Auferstehungsgeschrei, und dann: Helm ab zum Gebet und hinein ins atomare Massengrab. «Denn», so Pater Gundlach S. J., Professor und Rektor der Päpstlichen Universität unter Pius XII., dessen atomare Visionen (après nous le déluge) er beredt propagierte, «wir haben erstens sichere Gewißheit, daß die Welt nicht ewig dauert, und zweitens haben wir nicht die Verantwortung für das Ende der Welt. Wir können dann sagen, daß Gott der Herr ...»

Wirklich, noch nach dem Untergang der Welt? Wem sagen sie es da wohl? Aber egal, bei ihnen ist kein Unsinn unmöglich und kein Verbrechen. Hauptsache: mit Gott dem Herrn. Von Generation zu Generation in seinem Namen gelogen, gefoltert und massakriert, mit seiner Hilfe die Bäche und Flüsse rot gefärbt von Blut und Berge von Leichen aufgetürmt durch die Geschichte, mit Gott gegen die Heiden, mit Gott gegen die Juden, mit Gott gegen die Langobarden, die Sachsen, die Sarazenen, die Ungarn, die Briten, die Polen; mit Gott gegen die Albigenser, mit Gott gegen die Waldenser, mit Gott gegen die Stedinger, die Hussiten, die Geusen, die Hugenotten, die Bauern; mit Gott gegen die Protestanten, mit Gott gegen die Katholiken, mit Gott vor allem auch gegeneinander, mit Gott in den Ersten Weltkrieg, mit Gott in den Zweiten, mit Gott gewiß auch noch in den dritten; ökumenische Schlachtfeste sondergleichen: denn überall noch im ausgehenden 20. Jahrhundert bei einem Maximum an Vernichtungsmitteln ein Minimum an Menschlichkeit, noch an der Schwelle des Atomzeitalters das reinste Kannibalenethos, noch überall – während man schon den Fuß auf den Mond setzt (freilich nur, um dort oder von dort aus einmal weiterzumorden) – die mittelalterliche Schindangergesinnung, noch überall der von Weihrauch, Palestrina und Pater-Leppich-Zungen durchsetzte christliche Ludergeruch, noch vierhundert Jahre nach Giordano Bruno, dreihundert Jahre nach Pierre Bayle, zweihundert nach Voltaire, hundert nach Nietzsche, fünfzig nach Freud nur so beschämend, so verhängnisvoll wenige, welche endlich eine Kirche verlassen, die ihre Vorfahren, Generation um Generation, nicht nur ständig den Staaten ans Messer geliefert oder gleich selber getötet, sondern die sie auch eineinhalb Jahrtausende lang aufs ungeheuerlichste ausgepowert hat, eine Kirche, die schon Karl Kautsky «die riesenhafteste Ausbeutungsmaschine» nannte, «die die Welt gesehen».

Der grelle Kontrast zwischen Ideal und Wirklichkeit zeitigte übrigens bald ein untrügliches Hauptkennzeichen jedweden Kirchenchristentums: den seit der Antike in ihm herrschenden, die Existenz von sechzig christlichen Generationen vergiftenden Faktor fortgesetzter Heuchelei; förderte eine buchstäblich unglaubliche Exegetenkunst im Drehen und Wenden aller ethisch wesentlichen Jesusworte; man log dazu und log hinweg, man log hinein und log heraus, stets wie man es gerade brauchte, weit mehr Zynismus und Charakterschwäche im Kopf als Redlichkeit und Humanität.

Sind die christlichen Kirchen doch überhaupt nicht nur pazifistisch und sozial gesehen tödlich diskreditiert, sondern auch unter einem dritten, noch zu betrachtenden Aspekt, ich meine unter dem der Wahrheit. *Denn es stimmt doch alles schon mit ihren Glaubensfundamenten nicht!* Unterstellt deshalb sogar, diese Kirchen könnten sich plötzlich, nach so vielen Jahrhunderten des Raubens und Mordens, zu ethisch intakten Gemeinschaften regenerieren, ja zum Inbegriff der Menschlichkeit (was faktisch, weil sie vom Blut, das sie den Staaten liefern, leben, ausgeschlossen ist): dann wären sie doch immer noch dogmatisch unglaubwürdig, da sie mit Jesus so gut wie nichts verbindet, dagegen fast alles von ihm trennt – was wir erfreulicherweise weniger von bösen Freigeistern wissen als von ganzen Generationen christlicher Theologen, deren eminente Arbeit und Akribie bei der kritischen Bibelforschung der Laie sich kaum vorstellen kann.

Wir wissen nicht sicher, ob die Gestalt des Jesus von Nazareth – über die alle außerchristlichen Geschichtsquellen seines Jahrhunderts (trotz der Blinden, die sahen, der Lahmen, die gingen, und der Toten, die wieder auferstanden) schweigen – historisch ist. Doch wir wissen sicher, daß der biblische Jesus – dessen radikalem Ethos, wie unrealisierbar durch die Massen auch immer, höchste Achtung gebührt – sich in seiner felsenfesten Überzeugung vom nahen Weltende und baldigen Kommen des Gerichtes getäuscht hat: wie alle anderen apokalyptischen Alarmschläger, die endzeitlichen jüdischen und iranischen Propheten vor ihm und die *ganze* Urchristenheit noch danach.

Wir wissen sicher, daß die Evangelien – von führenden Theologen unseres Jahrhunderts als an der Geschichte nicht interessierte, nur mit äußerster Vorsicht zu benutzende Anekdotensammlung charakterisiert – weder von einem Urapostel noch überhaupt von einem Augenzeugen stammen; daß sie erst Jahrzehnte nach Jesu mutmaßlichem Tod aus umlaufenden Erzählungen sowie eigenen Erfindungen der Evangelisten zusammengestellt worden sind und auch der Christenheit bis weit ins 2. Jahrhundert hinein nicht als heilig und inspiriert gegolten haben; daß kein Evangelium, wie überhaupt keine biblische Schrift, im Original, im ursprünglichen Wortlaut vorliegt, sondern nur in Abschriften von Abschriften von Abschriften; daß die Kopisten länger als zwei Jahrhunderte unabsichtliche und absichtliche Änderungen gemacht, Harmonisierungen, Ergänzungen, Verbesserungen, weshalb der originale Bibeltext oft nicht mit Sicherheit oder auch nur Wahrscheinlichkeit festzustellen, dafür aber die Zahl der verschiedenen Lesarten auf schätzungsweise 250 000 gewachsen ist.

Wir wissen sicher, daß im Christentum, wie in der gesamten Antike, frommer Betrug von Anfang an erlaubt gewesen, daß er gewissermaßen zu den literarischen Gepflogenheiten der Zeit gehörte; weshalb nicht nur Paulus, unter dessen Namen selber einige biblische Briefe ganz, andere zum Teil gefälscht sind, bekennt, es komme nur darauf an, Christus zu verkünden, «mit oder ohne Hintergedanken», sondern Kirchenlehrer Johannes Chrysostomos, der Patron der Prediger, ganz offen und sogar unter Berufung auf Beispiele des Alten und Neuen Testaments für die Notwendigkeit der Lüge zum Zweck des Seelenheils eintritt; wie selbst Origenes, einer der größten und edelsten Christen, mit aller Entschiedenheit Betrug und Lüge als «Heilmittel» erlaubt. Nietzsches Definition des Christentums als Kunst heiligen Lügens wird denn auch durch die gesamte protestantische Bibelkritik bestätigt. «Die Fälschungen», schreibt heute der Theologe Carl Schneider in seiner großen «Geistesgeschichte des antiken Christentums», «beginnen in neutestamentlicher Zeit und haben nie aufgehört.»

Wir wissen sicher, daß Jesus vom ältesten Markustext über die jüngeren Evangelien des Matthäus und Lukas bis zum jüngsten Johannesevangelium mehr und mehr vergottet, aber noch bis ins 3. Jahrhundert hinein meist nicht mit Gott identifiziert, sondern diesem deutlich untergeordnet worden ist, was allgemeine Kirchenlehre war!

Wir wissen sicher, daß auch die Urapostel Jesus nicht für Gott hielten, daß das sogenannte Apostolische Glaubensbekenntnis weder von den Aposteln stammt noch ihre Glaubensüberzeugung wiedergibt, daß es erst im späteren 2. Jahrhundert in *Rom* entstanden, sein Wortlaut aber noch im 3. Jahrhundert überall in Fluß gewesen und endgültig erst im Mittelalter festgelegt worden ist.

Wir wissen sicher, daß Paulus, der eigentliche Gründer des Christentums, Jesu Person weitgehend ignoriert und seine Lehre fundamental verändert hat, daß er nicht nur die Askese, die folgenschwere Verachtung der Frau und die Diffamierung der Ehe im Christentum eingeleitet, sondern auch eine Reihe ganz neuer, der jesuanischen Botschaft strikt widersprechender Dogmen aufgestellt, wie die Prädestinationslehre, die Erlösungslehre, die gesamte Christologie; daß es zwischen ihm und den Jerusalemer Aposteln zu lebenslangen theologischen Kämpfen kam, wie es überhaupt im Christentum, selbst in der Urgemeinde, niemals einheitliche Glaubensvorstellungen gegeben, wohl aber im 3. Jahrhundert schon viele Dutzende, im 4. Jahrhundert schon Hunderte rivalisierender «Konfessionen», unter denen schließlich der Katholizismus siegte, weil er alles, was ihm paßte, von den anderen großen «Häresien» übernahm, dabei aber geschickt gewisse Extreme vermied, weil er am besten organisiert und im Konkurrenzkampf am brutalsten war. Ist doch die ganze Dogmengeschichte eine einzige Kette von Intrigen und Gewaltsamkeiten, von Denunzierungen, Bestechungen, Dokumentenfälschungen, Exkommunikationen, Verbannungen und Mord.

Bei alldem aber – und auch dies wissen wir sicher, und es ist tragikomisch genug – gibt es im Christentum *absolut nichts*, was nur den geringsten Anspruch hätte auf geistes- oder religionsgeschichtliche Originalität. Denn von seinen zentralsten Gedanken bis zum periphersten Brauch wurde alles von «Heiden» oder Juden rezipiert: die Predigt vom nahen Reich, die Gotteskindschaft, die Nächsten- und die Feindesliebe, die Messias- und Heilandsidee, die Prophezeiungen des Erlösers, seine Herabkunft, wunderbare Geburt durch eine Jungfrau, Anbetung durch die Hirten, seine Verfolgung schon in der Wiege, seine Versuchung durch Satan, sein Lehren, Leiden, Sterben (auch am Kreuz), sein Wiederauferstehen (auch am dritten Tag oder nach drei Tagen, also am vierten Tag, denn selbst dieses Schwanken der Evangelien hat seine Ursache offenbar darin, daß man die Auferstehung des Gottes Osiris am dritten, die des Gottes Attis am vierten Tag nach seinem Tod beging), sein leibhaftiges Erscheinen vor Zeugen, seine Höllen- und Himmelfahrt, die Erbsündenlehre, die Prädestinationslehre, Trinität, Taufe,

Beichte, Kommunion, die Siebenzahl der Sakramente, die Zwölf-
zahl der Apostel, das Apostelamt, das Amt des Bischofs, des Priesters, des Diakons, Sukzessionen, Traditionsketten, Gottesmutter,
Madonnenkult, Wallfahrtsorte, Votivtafeln, Reliquienverehrung,
Weissagung, Wunder, wie Wandel auf dem Wasser, Sturmbeschwö-
rungen, Speisenvermehrungen, Totenerweckungen – wozu die Auf-
zählung: nichts ist neu! Und all dies kehrt im Christentum nicht
etwa nur äußerlich wieder, nur als formale Analogie, als bloße Par-
allelität der Riten, sondern mit denselben Bedeutungsgehalten, es
lebt nur unter anderem Namen fort, und oft nicht einmal dies.

Jesus hat kein Papsttum errichtet, die Römische Bischofsliste wurde gefälscht

Die katholische Kirche begründet die Stiftung des Papsttums und
ihrer selbst mit der Stelle bei Matthäus: «Du bist Petrus, und auf
diesen Felsen [Petra] will ich meine Kirche bauen ...» (Mt. 16,18).

In Riesenlettern aus Goldmosaik leuchtet dies Wort, das wohl
meistumstrittene der Bibel, von Michelangelos Kuppel in St. Peter.
Es fehlt jedoch in drei der vier Evangelien; vor allem fehlt es auch
bei Markus, dem ältesten Evangelisten. Denn Jesus hat es nie gesprochen; heute «sicheres Ergebnis der biblischen Exegese»
(Brox). Dafür gibt es eine Reihe überzeugender Gründe.

Doch selbst falls – in vieler Hinsicht ausgeschlossen – das «Pri-
mitialwort» von Jesus stammte: nie könnte die Kirche dartun, wie
es von Petrus auf die «Päpste» übergeht, nie könnte sie erhärten,
daß es nicht bloß dem Apostel gilt, sondern auch allen seinen
«Amtsnachfolgern». Weder weist nämlich die Bibel noch (sonst)
eine geschichtliche Quelle jemals auf die Ernennung eines Nachfolgers durch Petrus hin, auf eine «petrinische Sukzession».

Von einem Nachfolger, einem Vorsteher gar der römischen Gemeinde als Leiter einer Gesamtkirche, ist in keinem urchristlichen
Text die Rede.

Die älteste römische Bischofsliste lieferte erst Kirchenvater Irenäus, Bischof von Lyon, in seiner Schrift «Adversus haereses», etwa zwischen 180 und 185. Sie liegt nicht im griechischen Urtext, sondern vollständig bloß in einer lateinischen Wiedergabe aus dem 3. oder 4., wenn nicht gar 5. Jahrhundert vor. Die Literatur allein dazu ist kaum übersehbar, der Text offenbar «verdorben». Völlig im dunkeln aber tappt man über die Herkunft der Aufstellung. Irenäus führt nicht viel mehr als Namen an. Und nirgendwo wird da von einem Primat des Petrus gesprochen. Wurde Petrus doch noch im ausgehenden 2. Jahrhundert in Rom nicht als Bischof gezählt. Im 4. Jahrhundert freilich behauptet man, er sei da 25 Jahre gewesen!

Noch der «Liber Pontificalis» indes, das offizielle Papstbuch, die älteste römische Bischofsliste, die eine «Fülle gefälschten oder legendarischen Materials» enthält und dieses «durch weitere Erfindungen ergänzt» (Caspar), kurz, die derart erschwindelt ist, daß sie bis um die Wende zum 6. Jahrhundert kaum geschichtlichen Wert hat, nennt nicht Petrus, sondern einen Linus als ersten Bischof der Stadt. Dann setzte man Linus an die zweite Stelle und Petrus an die erste. Im Laufe der Zeit aber wurde die römische Bischofsliste umgeschrieben, verbessert, ergänzt, und schließlich zeigt eine aus fünf byzantinischen Chronisten zusammengestellte Tabelle der Amtsjahrsummen für die ersten 28 Bischöfe Roms nur an vier Stellen Übereinstimmung der Ziffern in allen Spalten.

Nicht einmal die Vorstellung von einem besonderen Status des römischen «Stuhlhalters» als «Nachfolger» Petri wurde in Rom entwickelt. *Jeder* Bischofssitz, selbst der belangloseste, weder durch Tradition hervorragend noch Bedeutung, war zunächst «sedes apostolica». Und *jeder* Bischof beanspruchte auch das Epitheton «apostolicus» sowie das Substantiv «apostolatus» für seine Würde und sein Wirken. «Die Bezeichnung eines einfachen Bischofs als summus pontifex ist sogar zum ersten Male in einem päpstlichen Schreiben nachweisbar» (Katholik Baus). Auch fühlten sich die ältesten Oberhirten Roms keinesfalls als «Päpste». Sie hatten lange «keinen anderen Titel ... als die übrigen Bischöfe»

(Katholik Bihlmeyer). Im Gegenteil. Während man im Osten längst Patriarchen, Bischöfe, Äbte als «Papst» (pappas, papa, Vater) titulierte, ist die Bezeichnung in Rom erstmals auf einem Grabstein aus der Zeit des Liberius (352–366) bezeugt. Sie bürgerte sich im späteren 5. Jahrhundert auch im Westen ein, wo die römischen Bischöfe das Wort «Papst», zusammen mit anderen Bischöfen, als Selbstbenennung regelmäßig aber nicht vor dem ausgehenden 8. Jahrhundert gebrauchen. Und erst vom 2. Jahrtausend an wird das Wort «Papst» ein ausschließliches Vorrecht des Bischofs von Rom, ja, noch im 11. und 12. Jahrhundert nennen sich nichtrömische Bischöfe «vicarius Petri» (Stellvertreter Petri). Und den Titel «Summus Pontifex» gibt es sogar für alle Bischöfe bis ins hohe Mittelalter.

Folglich wurde der Primat des «Papstes», seit davon die Rede ist, bestritten. Zunächst von katholischen Theologen, Kirchenvätern, Bischöfen selber.

Die ganze alte Kirche kannte keinen durch Jesus gestifteten Ehren- und Rechtsprimat des Bischofs von Rom

Als erster berief sich auf Mt. 16,18 wohl der herrische Stephan I. (254–257). Mit seiner kaum noch kollegial-bischöflichen, sondern hierarchisch-monarchischen Kirchenauffassung ist er gewissermaßen der erste Papst, wenn wir auch von ihm selbst keine unmittelbare Aussage zur Sache haben. Doch sofort reagierte der einflußreiche Bischof Firmilian von Caesarea in Kappadokien. Kennt er doch, so das katholische «Lexikon für Theologie und Kirche», «keinen Rechtsprimat des römischen Bischofs». Vielmehr tadelt Firmilian, jener rühme sich seiner Stellung und glaube, «die Nachfolge des Petrus innezuhaben» (successionem Petri tenere contendit). Ohne Zögern spricht Firmilian von der «so handfesten und offenkundigen Torheit Stephans» und nennt ihn, in unmittelbarer

Anrede, einen «schismaticus», der sich selbst von der Kirche getrennt. Er wirft ihm «Frechheit und Unverschämtheit» (audacia et insolentia) vor, «Blindheit» (caecitas), «Dummheit» (stultitia). Erbost vergleicht er ihn mit Judas und behauptet, er bringe «die seligen Apostel Petrus und Paulus in schlechten Ruf».

Und damals, beim Ketzertaufstreit 255/56 (bei der Frage also, ob zum Katholizismus übertretende Christen getauft oder, wie Rom lehrte, nicht mehr getauft werden mußten: was Disziplinäres und Dogmatisches betraf), nahm kein Geringerer als Cyprian zur Primatsfrage Stellung. Der Bischof, Märtyrer und Heiliger der Catholica, erkannte, offensichtlich im Einklang mit der herrschenden Ansicht, nirgends einen absoluten Vorrang Roms, erkannte, wie er – mit Tertullian (gegen Kallist: S. 98) – spottet, «keinen Bischof der Bischöfe» an.

«Nicht im Traume denkt er daran, ihm auch nur ansatzweise eine Jurisdiktionsgewalt über andere Gemeinden als seine eigene zuzugestehen. Ja nicht einmal als Erster unter Gleichen (primus inter pares) gilt ihm der Nachfolger Petri» (Wickert). Alle Apostel waren für Cyprian ebenbürtig, alle hatten die «gleiche Gewalt» wie Petrus. So sei auch kein Bischof dem andern untertan, keiner vorgesetzt; keiner könne den andern richten, keiner vom andern gerichtet werden; weshalb man in Rom sogar eine Hauptstelle von Cyprians Schriften fälschte. Doch nicht einmal die Fälschung (in «De unitate ecclesiae» c. 4) ist im Sinn eines römischen Primats zu verstehen. Hinter Cyprian aber stellten sich (nach bereits konform urteilenden früheren Synoden in Karthago und Kleinasien) zwei weitere, wobei ihm auf dem Konzil am 1. September 256 in Karthago 87 Bischöfe in namentlicher Votierung zustimmten.

Es spricht Bände, daß die gesamte alte Kirche keinen durch Jesus gestifteten Ehren- und Rechtsprimat des römischen Bischofs kennt. Daß dieser Primat im Widerspruch steht zur Lehre aller alten Kirchenväter, selbst der berühmtesten. Denn wie Cyprian deutet auch Origenes, der größte, wenngleich verketzerte Theologe der ersten drei Jahrhunderte, die «Primatstelle» kollektiv. Mit Petrus seien hier auch die Apostel angesprochen, ja, alle Gläubigen gemeint; «alle sind Petrus und Felsen, und auf allen ist die Kirche Christi erbaut».

Und wie Cyprian und Origenes im 3., so erkennt im 4. Jahrhundert auch Ambrosius, gleichfalls einflußreicher als die Päpste seiner Zeit, diesen keinen singulären Vorzug zu.

Sogar Augustinus, schon recht romhörig doch und zuweilen peinlich zwischen dem Papst und seinen afrikanischen Brüdern lavierend, vertritt keinen papalen Lehr- und Jurisdiktionsprimat. Nicht Petrus, das Haupt der Apostel, nicht die römische Kathedra, nicht die römische Autorität steht für ihn an höchster Stelle und ist maßgebend für Lehre, Disziplin und Brauchtum der Christenheit, sondern die Autorität der Gesamtkirche – für die Petrus laut Mt. 16,17 ff. das Symbol sei. Dem römischen Bischof ist das Plenarkonzil übergeordnet. So mußte noch das Erste Vatikanum 1870 selbst dem berühmtesten Kirchenlehrer «verkehrte Meinungen» (pravae sententiae) vorwerfen! «Sumus christiani, non petriani» (Wir sind Christianer, nicht Petrianer), hatte Augustin (Enarr. in psalm. 44,23) erklärt und Mt. 16,18 «zu keiner Zeit seines Lebens im römischen Sinne verstanden und ausgelegt» (Caspar).

Wie die Urchristen einander liebten oder «Tiere in Menschengestalt»

Ein besonderes Vorbild für das alle Andersgläubigen verteufelnde Rom wurde der Fanatiker Paulus, der Klassiker der Intoleranz; hat er doch geradezu «eine Schlüsselrolle für die Anfänge solcher Auseinandersetzungen» (Paulsen).

Dies zeigt sein Verhältnis zu den Uraposteln, auch zu Petrus. Denn ehe die kirchliche Legende das ideale Paar der Apostelfürsten Peter und Paul fabrizierte – noch 1647 verurteilt Papst Innozenz X. die Gleichstellung beider als häretisch: heute feiert Rom ihr Doppelfest am 29. Juni –, befehdeten ihre Parteien und sie selber einander mit aller Leidenschaft. «Aufruhr», «heftigen Streit», gibt selbst die Apostelgeschichte zu. Paulus, dem Christus doch «das Amt verliehen, das die Versöhnung predigt», widersteht Petrus «ins Gesicht», bezichtigt ihn der «Heuchelei», und mit ihm, berichtet Paulus, «heuchelten auch die anderen Judenchristen». Er verspottet die Jerusalemer Führer als «Erz-» oder «Überapostel», deren Ansehen ihm gleichgültig sei, kanzelt sie als «Verstümmelte» ab, «Hunde», «Lügenapostel». Er klagt über «eingedrungene falsche Brüder», über Spaltungen, Parteien, die nach ihm, Petrus und anderen firmieren. Er wirft seinen Gegnern Neid, Haß, Zank vor, Verwirrung, Verhetzung, Verhexung, Verfälschung des Glaubens und verflucht sie wiederholt. Andererseits bezichtigt die Urgemeinde ihn selber alles dessen, der Habsucht auch, des Finanzbetrugs, schmäht ihn feig, anormal, verrückt und will ihm die eigenen Sprengel entreißen. Agitatoren aus Jerusalem brechen in seine Gebiete ein, selbst Petrus, der «Heuchler», tritt in Korinth «der Irrlehre des Paulus entgegen». Der Streit verschärft sich sogar bis zu beider Tod und geht danach weiter. Der (paulinische) Brief an Titus schimpft die Judenchristen «Schwätzer und Schwindler», denen man «den Mund stopfen» müsse, während das (judenchristliche) Matthäusevangelium die Nichtjuden Hunde und Schweine heißt.

Gott spendet, jauchzt Origenes, seine Weisheit in der Bibel, «in jedem Buchstaben».

Auch sonst werden schon im Neuen Testament, Spiegel bereits einer großen Vielfalt rivalisierender Richtungen, «Irrgeister und Teufelslehren» verketzert, «die mit Scheinheiligkeit Lügen verbreiten», ihre «ungeistlichen, losen Geschwätze und das Gezänke der fälschlich so genannten Erkenntnis»; werden alle Andersdenkenden bereits verunglimpft, «frißt ihr Wort um sich wie der Krebs», wandeln sie nur «nach ihren Lüsten», stecken sie tief «im Taumel fleischlicher Begierden», im «Schlamm der Liederlichkeit». Schon im Neuen Testament ist «Ketzerei» gleich Gotteslästerung, der Christ anderen Glaubens «Gottesfeind» schlechthin, titulieren

Christen Christen «gottlose Leute», «Sklaven des Verderbens», «Schmutz- und Schandflecken», «Kinder des Fluches», «Kinder des Teufels», «vernunftlose Tiere, die ihrer Natur entsprechend nur dazu geschaffen sind, daß man sie fängt und abtut». Da bereits «bestätigt sich an ihnen die Wahrheit des Sprichworts: ‹Ein Hund kehrt zu seinem eigenen Gespei zurück› und ‹Ein Schwein wälzt sich nach der Schwemme wieder im Kot›».

«Es ist ungemein nützlich, die Heilige Schrift zu lesen», animiert Johannes Chrysostomos, «das richtet den Geist himmelwärts.»

Schon der um 96 in Rom – vom angeblich dritten Nachfolger Petri – verfaßte I. Clemensbrief, die älteste Schrift der «apostolischen Väter», verruft die Führer der korinthischen Opposition, die sich nun nach dem Osten richten, vom Westen trennen wollen, als «hitzige und verwegene Leute», als «Führer zu verruchter Eifersucht», zu «Streit und Zwist». Sie «reißen und zerren ... die Glieder Christi auseinander, sie essen, trinken, sind dick, fett, frech, eitel, Streit- und Prahlhälse, Heuchler und Dummköpfe», «eine große Schande ...» – – «ein hohes Lied auf die alles verzeihende, alles ertragende Liebe, die ein Abglanz der göttlichen Liebe ist. Schöner hat auch Paulus nicht gesprochen» (Hümmeler).

Im 2. Jahrhundert sprang Ignatius von Antiochien in die Arena – ein Heiliger, der den «monarchischen Episkopat» begründet, wobei man, nach Bischof Ignatius, «den Bischof wie den Herrn selbst ansehen muß!» Ignatius – eine «charismatisch begabte ... einzigartige Persönlichkeit» (Perler), die «von Paulus gelernt» hat, «den christlichen Glauben wirklich als eine existentielle Haltung zu verstehen» (Bultmann) – schimpft alle andersgläubigen Christen «Wortführer des Todes», «Verseuchte», «wilde Tiere», «tolle Hunde», «Bestien», ihre Dogmen «stinkenden Unrat», ihren Gottesdienst «Teufelsdienst».

Einen gnadenlosen Kampf gegen Dissidenten führt um die Mitte des 3. Jahrhunderts auch der hl. Bischof Cyprian, der Urheber des Nazischlagworts: Der Teufel ist des Juden Vater (S. 129), und bereits ein typisch arroganter Vertreter seiner Zunft. Fordert doch schon er, daß man vor dem Bischof «wie einst vor den heidnischen Götterbildern aufstehe».

Eindringlich insistiert Cyprian, etwa in seinem 69. Brief, darauf, «daß Ketzer sowohl wie Abtrünnige allesamt den Heiligen Geist nicht haben»; «daß sich alle der Schuld und Strafe aussetzen, die sich in ruchloser Verwegenheit mit Abtrünnigen gegen die Vorsteher und Bischöfe vereinigen»; daß sie «alle ohne Ausnahme bestraft», daß sie «aller Hoffnung verlustig» werden, alle «in das größte Verderben stürzen», daß jeder dieser Teufel «zugrunde geht».

Das aber bleibt die übliche Tonart im interkonfessionellen Verkehr. Während man die eigne Kirche als «Lazarett» anpreist, «wasserreiches Paradies», sind die Lehren der Gegner stets «Unsinniges, Wirres», «infame Lüge», «Zauberei», «Krankheit», «Tollheit», «Schlamm», «Pest», «Geblök», «wildes Heulen» und «Gekläff», «Traumgebilde und Altweibergeschwätz», «die größte Gottlosigkeit». Stets sind christliche Konkurrenten «aufgeblasen», «verblendet», der «Meinung, mehr als die anderen zu sein», sind sie «Atheisten», «Narren», «Lügenpropheten», «Erstgeborene des Satans», «Sprachrohr des Teufels», «Tiere in Menschengestalt», «giftspeiende Drachen», «verrückt»; geht man gelegentlich doch sogar exorzistisch gegen sie vor. Immer auch sind «Ketzer» sittlich suspekt, verkommen, «Schlemmer», in ihren «Leib verliebt und ganz fleischlich gesinnt», bloß auf «Befriedigung des Magens und der noch tiefer gelegenen Organe» bedacht. Sie treiben «in schamloser Weise Unzucht», sie sind wie Böcke, die viele Ziegen an sich ziehen, wie Rosse, die nach Stuten wiehern, grunzende trächtige Sauen.

Der Kampf gegen die Juden beginnt – «Dreck» (für Paulus), «ärger als der Teufel» (für Athanasius), «schlimmer als alle Wölfe zusammen» (für Chrysostomos), «aufgerührter Schmutz» (für Augustinus)

Tonangebend wurde bereits Paulus, der eigentliche Gründer des Christentums. Denn so hinreißend der Apostel, der «Mitarbeiter Gottes», wie er sich bescheiden selber nennt, die Liebe besingt, weit mehr förderte er, von Porphyrios über Voltaire bis zu Nietzsche und Spengler erkannt, den ungeheuerlichsten Haß. Er wurde ein Klassiker der Intoleranz, der Prototyp des Proselytenmachers; genialer Ausbilder auch jenes zwischen schwammiger Anpassung und rücksichtsloser Schroffheit schamlos lavierenden Stils, der dann vor allem in der Großkirche Schule macht; ein so engstirnig-rechthaberischer Agitator, daß christliche Theologen der Nazizeit von seinen Gemeinden Parallelen zogen zu den «Standarten der braunen Hitler-Armee» und von einer «SA Jesu Christi» schwärmten.

Paulus also (auch im Judentum übrigens weithin als Schöpfer des Christentums geltend) eröffnet dessen Kampf gegen die Juden und setzt ihn zeitlebens fort. Vor den Juden schüttelt er die Kleider aus: «Euer Blut komme über euer Haupt».

Paulus beschuldigt die Juden *generell*, daß sie ehebrechen, stehlen, Tempel plündern. Er erklärt einen Rückfall ins Judentum für gerade so schlimm wie einen Rückfall ins Heidentum. Er läßt die Juden im ältesten Zeugnis des Neuen Testaments verdammt sein «bis ans Ende der Welt». Ja, «der liebreichste Verkünder des Evangeliums» (Katholik Walterscheid) gebraucht dieselben stereotypen Wendungen wie die antiken Antisemiten und nennt den ganzen geistigen und religiösen Besitz der Juden «Dreck».

Die Apostelgeschichte brandmarkt sie immer wieder als «Verräter und Mörder», der Hebräerbrief als Leute, die «gesteinigt, gefoltert, zersägt, durchs Schwert getötet» haben. Das Johannesevangelium, der judenfeindlichste Bibeltext, präsentiert die Juden über fünfzigmal als Jesu Gegner. Fast unausgesetzt trachten sie ihm nach dem Leben. Sie erscheinen als Inbegriff der Schlechtigkeit, Spröß-linge des Teufels. Der Antijudaismus war ein Leitmotiv dieses Evangelisten, eine krasse Schwarzweiß-Zeichnung die Folge: da die Kinder Gottes, Licht, Wahrheit, Glaube, dort die Söhne Satans, Nacht, Lüge, «Ketzerei». «Schärfer», schreibt Theologe Weinel (1928), «ist nie über das Judentum als Ganzes geurteilt worden.» Die Apokalypse schmäht die Juden «Synagoge Satans».

Der hl. Justin, führender Apologet des 2. Jahrhunderts, ist – wie Tertullian, Athanasius und andere – entzückt über die grauenhafte Verwüstung Palästinas durch die Römer (S. 116), die Zerstörung seiner Städte, die Verbannung der Bewohner. All dies hält der Heilige für ein himmlisches Strafgericht, für «recht und gut, daß euch das zugestoßen ... ihr verkommenen Söhne, ehebrecherisches Gezücht, Dirnenkinder». So überhäuft der «milde Justin» (Harnack), dessen Fest seit Leo XIII. (gest. 1903) das römische Brevier und Missale am 14. April verzeichnet, die Juden mit einer Flut unverschämter Invektiven. Er nennt sie seelisch krank, verkommen, blind, lahm, Götzendiener, Hurenkinder, voll jeder Schlechtigkeit. Er eifert, alle Wasser des Meeres könnten sie nicht reinigen. Ja, der Mann, der, so Kirchenschriftsteller Euseb, «ganz im Dienst der Wahrheit» steht, für die «Verkündigung der Wahrheit» stirbt, behauptet, die Juden seien schuld am Unrecht, «das alle anderen Menschen überhaupt begehen» – eine Verleumdung, die nicht einmal Streicher unter Hitler überbot.

Im 4. Jahrhundert nimmt mit der Macht des Klerus auch seine Judenfeindschaft ständig zu. «Der Antijudaismus», so Theologe Harnack, «ist in der Kirche immer heftiger geworden.» Mehr und mehr «Väter» schreiben durch Jahrhunderte Kampfschriften «Gegen die Juden». Das beginnt, nach einigen verschwundenen Pamphleten, mit dem (später abgesprungenen) Tertullian, dem römischen Gegenbischof Hippolyt (S. 128), und führt über den hl. Kirchenlehrer Augustin (S. 511 ff) zu dem hl. Kirchenlehrer Isidor von Sevilla im 7. Jahrhundert. Der antijüdische Traktat wird in der Kirche «Literaturgattung» (Oepke).

Gregor von Nyssa, noch heute als großer Theologe gefeiert, verdammte die Juden – gebetsweise – in einer einzigen Suada als: Mörder des Herrn und der Propheten, Feinde Gottes, Menschen, die Gott hassen, die Gesetze verachten, Fürsprecher des Teufels, Lästerrasse, Verleumder, Pharisäergezücht, Sünder, Steiniger, Feinde der Redlichkeit, Satansversammlung et cetera. Hat doch, rühmen noch während des Zweiten Vatikanums «strenggläubige Katholiken» in einer vielhundertseitigen Hetzschrift, «nicht einmal Hitler in so wenigen Worten so viele Anschuldigungen gegen die Juden ausgesprochen, wie vor 1600 Jahren dieser heilige Bischof».

Der hl. Athanasius (vgl. 8. Kap.), eine der «bedeutendsten Erscheinungen der Kirchengeschichte» und «von der göttlichen Vorsehung» gesandt (Lippl), greift nicht nur lebenslang unflätig Heiden wie «Ketzer» an, sondern auch die Juden, deren «Verkehrtheit», «Wahnsinn», einen «Wahnwitz», der «als solcher vom Verräter Judas stammt». «Die Juden nämlich irren von der Wahrheit ab», die Juden «rasen ... noch ärger als der Teufel». «Die Juden haben nun die gerechte Strafe für ihre Leugnung; denn sie haben mit ihrer Stadt auch ihren Verstand verloren.»

Der hl. Ephräm (306–373), durch den höchsten Titel der Catholica geehrt, «Zither des Heiligen Geistes» genannt, «Sanftmut», «Gottes Friedensmann», wurde einer der wildesten Judenfeinde nicht nur seiner Zeit.

Unermüdlich konfrontierte der Heilige, dessen die Kirche infolge seiner Verdienste jährlich gleich zweimal gedenkt, die strahlende Reinheit des Katholizismus und der Propheten mit der «Tollheit», dem «Gestank» und dem «Morden» des jüdischen Volkes. «Heil dir, hehre Kirche, aus jedem Mund, die du frei bist ... von dem Gestank der stinkenden Juden!»

Rabiater noch als Ephräm attackierte Johannes Chrysostomos (354–407) die «elenden, nichtnutzigen» Juden und wird, wenn nicht deshalb, so doch trotzdem, seit dem 6. Jahrhundert Chrysostomos, «Goldmund», seit dem 7. «(abschließendes) Siegel der Väter» gerühmt.

In vielen Schriften und acht langen Brandreden, die der äußerlich unscheinbare, oft kränkelnde, schwachstimmige, aber populäre Kanzeltäter («Das Predigen macht mich gesund») 386/87 in seiner Geburtsstadt Antiochien hielt, gibt es wenig Laster und Verbrechen, die er den Juden nicht unterstellt.

Der Patron der Prediger, dessen Schriften (achtzehn Bände in Mignes Patrologia Graeca) im 20. Jahrhundert Benediktiner Chrysostomos Baur als «unerschöpfliche Fundgrube» feiert, «ein Abbild inniger Vermählung christlichen Geistes und hellenischer Formschönheit», schimpft die Juden in einem fort teuflisch, schlechter als die Sodomiter, grausamer als Bestien. Er wirft ihnen, deren Kult und Kultur gerade die antiochenischen Christen stark anzog, immer wieder Götzendienst vor, Betrug, Raub, Diebstahl, Völlerei, Geilheit. Juden leben nur ihrem Bauch, ihren Trieben, verstehen nichts als Fressen, Saufen und sich den Kopf blutig zu schlagen. «In ihrer Schamlosigkeit übertreffen sie sogar Schweine und Ziegen.» – «Die Predigten bewegen sich meist in edlem, gehobenem Konversationston» (Baur). Chrysostomos, dessen Schriften mehr verbreitet und gelesen wurden als die eines anderen Kirchenvaters, diffamiert die Juden gemeiner als irgend jemand zuvor. Der «größte Mann der alten Kirche» (Theiner), der seinerseits klagt: «Es gibt ja wahrlich nichts Unerträglicheres als Beschimpfungen», lehrt: mit Juden darf man so wenig verkehren wie mit dem Teufel, sie seien «nicht besser als Schweine und Böcke», «schlimmer als alle Wölfe zusammen», ja, mordeten ihre Kinder mit eigener Hand – was er später freilich widerrufen muß: Auch wenn sie nicht mehr länger (!) ihre eigenen Kinder töten, so haben sie doch Christus getötet, was ärger sei.

Ambrosius teilt selbstverständlich den obligatorischen Antijudaismus der Kirche. Jahrelang und detailliert beschimpft er die Juden.

Wie weit er aber dabei geht, wie der literarische Antijudaismus des Klerus nun in den tätlichen umschlägt, zeigt die Affäre von Kallinikon (jetzt Raqqa) am syrischen Euphrat.

In dieser wichtigen Militär- und Handelsstadt hatten randalierende Mönchshaufen 388 auf Geheiß des zuständigen Bischofs eine Synagoge überfallen, geplündert und niedergebrannt – ebenso eine nahe gelegene Kirche (fanum, lucus) valentinianischer Gnostiker, damals schon «fast alltäglich» (Kupisch): doch mehr als einzweinhalb Jahrtausende vor der «Kristallnacht»! Dabei garantierte das christliche Reichsgesetz den Juden freie Kultausübung und schützte Synagogen als «aedificia publica». Anlaß zu den Attacken in Kallinikon waren vermutlich: die kirchenväterliche Haßpropaganda, Neid auf den jüdischen Reichtum und gewisse Übergriffe der Gnostiker, nicht der Juden.

Selbst Kaiser Theodosius, der entschiedene Katholik, trat seinerzeit für die Juden ein. Verfocht er doch überhaupt, ähnlich wie Valentinian I. und Valens, einen eher projüdischen Kurs.

Auch nach dem Vorfall in Kallinikon gelobte der Kaiser mit einem Eid, die Brandstiftung hart zu bestrafen. Er befahl Übergabe des Raubs und Wiederaufbau durch die Schuldigen. Doch abermals trat Ambrosius dazwischen, um «Gottes Gebot zu gehorchen»; zumal Juden für den hl. Antisemiten prinzipiell «eigentlich des Todes schuldig» waren (Judaei digni sint morte). Er betonte sogar, selber die Synagoge in Brand gesteckt, den Auftrag dazu gegeben zu haben (certe quod ego illis mandaverim), «damit es keinen Ort gebe, wo Christus geleugnet wird». Nach bewährtem Muster nannte der Falschmünzer das kaiserliche Vorhaben Christenverfolgung und den Bischof von Kallinikon einen Märtyrer. Er erklärte sich flammend solidarisch mit ihm, versicherte, die Mailänder Synagoge selbst verbrannt zu haben, wäre sie nicht schon einem Blitz zum Opfer gefallen. Er schimpfte das Heiligtum seiner Gegner «eine Heimstätte des Irrsinns», behauptete, die Juden würden darauf schreiben: «Mit Christengeld errichtet!» Er appellierte an den Herrscher (der ihm vorhielt: «Und die Mönche begehen so viele Verbrechen»), ein Anwalt des Katholizismus zu sein, ja, drohte auch ihm offen mit Exkommunikation. Höre er «im Palast» nicht, müsse er es «in der Kirche» tun. Wirklich erpreßte er zuletzt dem lange Zögernden vor versammelter Gemeinde, durch Verweigerung der Messe, für die Gangster von Kallinikon die Amnestie.

Augustinus, der nur ein einziges Mal von einem persönlichen Gespräch mit einem Juden, «irgendeinem Hebräer», berichtet (von dem er sich die Bedeutung des Wortes «Racha» erklären ließ), griff die Juden in ihrer Lebensführung und theologisch an.

Ihre Geschäftigkeit erregt ihn ebenso wie ihre Ausgelassenheit oder ihre Vergnügungssucht, die er häufig kritisiert. Immer wieder deutet er die Psalmen um zu Anklagen gegen sie. Er sieht notorische Querulanten in den Juden, heißt sie schlimmer als die Dämonen, die zumindest den Gottessohn anerkannt hätten, der seinerseits schon zwischen seinem Anhang und ihnen unterschied «wie zwischen Licht und Finsternis». Wie auch bereits Johannes der Täufer «das Gift» der Juden erkannt und sie «ein Gezücht von Nattern» geschmäht habe, «nicht einmal von Menschen, sondern von Nattern». Augustinus verunglimpft die Juden als bösartig, wild, grausam, vergleicht sie mit Wölfen, schimpft sie «Sünder», «Mörder», «zu Essig ausgearteter Wein der Propheten», «eine triefäugige Schar», «aufgerührter Schmutz». Nicht genug: «Der Vater, von dem ihr seid, ist der Teufel.» Dies wiederholt Augustin genüßlich immer wieder. Und da der Teufel ihr Vater sei, haben sie nicht nur die Gelüste des Teufels, sondern lügen auch wie er: sie «sahen bei *ihrem* Vater, was sie redeten; was anders als Lüge?»

Im «Handbuch der Kirchengeschichte» findet der katholische Kirchenhistoriker Karl Baus 1979 die theologische Deutung der Unbekehrbarkeit Israels durch Augustinus «ohne Verunglimpfung des Judentums vorgetragen».

Von den römischen Kaisern (vgl. S. 119 ff) war das Judentum weiterhin geduldet und nicht einmal durch Diokletian zum heidnischen Opfer gezwungen worden. Auch Konstantin erkannte es zwar als «religio licita» an, hat aber dennoch die Mission der Juden behindert und ihre Glaubensposition «massiv negativ akzentuiert» (Anton). Er sah sie «mit Blindheit des Geistes geschlagen», «von Sinnen gekommen», schimpfte sie ein «verhaßtes Volk» und bescheinigte ihnen «angeborenen Wahnsinn». Das Betreten Jerusalems, das er und seine Mutter mit Kirchen füllten, gestattete er Juden bloß an *einem* Tag im Jahr. Christliche Sklavenhaltung verbot er ihnen ganz, womit ihre folgenschwere Verdrängung aus der Landwirtschaft beginnt. Die Judaisierung eines Christen kostete das Leben. Auch erneuerte Konstantin ein Gesetz Trajans, vor 200 Jahren erlassen, das die Konversion eines Heiden zum Judentum mit dem Feuertod bedroht. Dabei dehnte der christliche Kaiser diese Strafe auf jede jüdische Gemeinde aus, die einen bekehrten Heiden aufnahm, sowie auf alle, die den Übertritt eines Juden zum Christentum verhinderten.

Ein christliches Familienleben und die Verschärfung des Strafrechts

Der erste christliche Kaiser war nicht nur als Krieger groß, sondern auch, ganz konsequent, im Verhängen der Todesstrafe, die besonders katholische Theologen, gleichfalls konsequent, noch heute nachdrücklich fordern. Ja, der Kaiser, der nach seinen Siegen die «Süßigkeit des Zusammenlebens» propagiert und in dessen Familie «das Christentum sich zunehmend ausbreitet» (Aland), gibt mit umfassenden Verwandtenmorden bereits den Auftakt zu ungezählten dynastischen Massakern an christlichen Höfen.

Der Sohn der hl. Helena, von dem noch in der zweiten Hälfte des 20. Jahrhunderts katholische Kirchenhistoriker behaupten, daß «nur sehr wenige» seiner Nachfolge «an die herrscherliche und menschliche Größe dieses Vorbildes heranreichten» (Baus), «auch in seinem Privatleben machte er aus seiner christlichen Überzeugung keinen Hehl ... und führte ein christliches Familienleben» (Franzen), dieser Heilige ließ seinen Schwiegervater, Kaiser Maximian, 310 in Massilia (Marseille) erhängen (und danach alle Statuen und Bilder, die ihn darstellten, vernichten); er ließ seine Schwäger Licinius und Bassianus, Gatten seiner Schwestern Konstantia und Anastasia, erwürgen; den Prinzen Licinianus, Sohn des Licinius, 336 zum fiskalischen Sklaven degradieren, auspeitschen und in Karthago totschlagen; 326 seinen eignen (mit Konkubine Minervina kurz vor seiner Hochzeit mit Fausta gezeugten) Sohn Krispus umbringen, wohl vergiften, dazu «zahlreiche Freunde» (Eutrop) – wenige Monate, nebenbei, nach dem Konzil von Nicaea, auf dem er der Christenheit das Nicaenische Glaubensbekenntnis vermittelt hatte (S. 362 ff). Und schließlich ließ das nur selten erreichte Vorbild auch an menschlicher Größe seine Gattin Fausta, Mutter von drei Söhnen und zwei Töchtern, gerade noch auf Münzen als «spes rei publicae» (Hoffnung des Staates) gefeiert, nun des Ehebruchs mit Krispus verdächtigt, doch kaum überführt (Konstantins eigne Seitensprünge waren notorisch) im Bad ersticken, wonach ihren ganzen Besitz auf dem einstigen Gebiet der Laterani endgültig der «Papst» bekam (S. 224).

Ein «christliches Familienleben» (Franzen).

«Kurz: von welcher Seite aus man auch mit den Maßstäben des Historikers an die Frage der religiösen Überzeugung Konstantins herangeht, es bestätigt sich immer wieder die Feststellung der überzeugt christlichen Haltung des Kaisers»; eine Feststellung, die Aland zwar direkt im Zusammenhang mit Konstantins Verwandtschaft trifft, aber natürlich nicht mit seinen Verwandtenmorden.

Das Recht erfuhr bereits unter den christlichen Kaisern des 4. und 5. Jahrhunderts einen Niedergang. Den klassischen Denkstil der heidnischen Zeit löste das spätrömische Vulgarrecht ab, die Gesetzgebung sank «auf ein primitives, unwissenschaftliches Niveau» (Kaser). Und Kirchenlehrer Hieronymus konnte dann (kaum, wie so oft, ohne Zynismus) schreiben: «aliae sunt leges Caesarum, aliae Christi ...»

So verschärfte der Kaiser, dem es nicht bloß gleich war, «ob der Henker oder der Meuchelmörder das Urteil vollzog», sondern für den auch Menschenleben «keinen Wert» hatten (Seeck), eine ganze Reihe von Kriminalstrafen, zum Beispiel für Münzfälscher.

Auch setzte die erste christliche Majestät – Wahlspruch: «Gerechtigkeit und Frieden haben sich geküßt» (iustitia et pax osculatae sunt) – auf Publikation anonymer Schmähschriften, statt der üblichen Verbannung, die Todesstrafe. Denunzianten mußte – für dies «größte Übel des menschlichen Lebens» – vor ihrer Hinrichtung die Zunge ausgerissen werden. Verwandtenmörder, also seinesgleichen, ließ der Tyrann, dessen Gesetzgebung noch heute das ‹Handbuch der Kirchengeschichte› «eine steigende Achtung vor der Würde der menschlichen Person» bescheinigt, die «christliche Achtung vor dem Menschenleben» (Baus), durch das längst abgeschaffte schreckliche Säcken (poena cullei) töten. «Ein Sack, angefüllt mit Schlangen, sei die letzte Wohnung des ausgestoßenen Verbrechers, das Gewürm seine letzte Begleitung und der Abgrund sein letzter Weg.»

Horrend verfolgte dieser Herrscher, der «die Christianisierung des öffentlichen Lebens einleitete» (Franzen) und die Humanisierung des Rechts «unter dem Einfluß christlicher Vorstellungen» (Baus), Sittlichkeitsvergehen, wobei etwa Entführung, bis dahin ein Privatdelikt, ein Kriminalverbrechen wurde. So mußten bei Brautraub nicht nur der Entführer auf furchtbare Weise sterben und die (zustimmend) Entführte, sondern noch das kupplerische Hauspersonal durch flüssiges Blei in den Mund (Ammen) oder Verbrennung (Sklaven). Nach Geschlechtsverkehr zwischen einem Sklaven und seiner Herrin wurde diese geköpft, jener verbrannt. Eine entsprechende Bestimmung für Herren und Sklavinnen freilich fehlt! Ehebruch stellte Konstantin, offenbar unter christlichem Einfluß, den schwersten Verbrechen gleich und erweiterte auch den Kreis der Frauen, auf die das Ehebruchsgesetz Anwendung fand. Zwar stand auf Ehebruch anscheinend schon seit dem 2. Jahrhundert die Todesstrafe, aber durch Konstantin wurde sie «in grausamerer Weise vollstreckt». «Seine Strafbestimmungen sind oft sehr hoch» (Vogt). Schrieb doch Shelley (der sich selbst «Philantrop, Demokrat und Atheist» nennt, den Byron rühmt: «Er denkt gigantisch ...»): «Die Strafen, die dieses Ungeheuer Konstantin, der erste christliche Kaiser, über die Freuden unerlaubter Liebe verhängte, sind so unvergleichlich schwer, daß kein moderner Gesetzgeber sie für die grausamsten Verbrechen hätte festsetzen können.»

Mörderpapst Damasus bekämpft Gegenpapst Ursinus und andere Teufel

Mit der wachsenden Macht des römischen Stuhles, dem ständig sich mehrenden Einfluß, Reichtum und Luxus seiner Inhaber, wurden die Priester immer erpichter auf diesen Sitz, wobei jetzt der verstärkte Gebrauch der Bezeichnung «sedes apostolica» auffällt und überhaupt ein neuer autoritärer Zug gegenüber anderen Kirchen. Eine römische Synode spricht im Jahr 378 schon von Bischöfen, die anderen Bischöfen den Tod androhen, sie verjagen, ihres Bistums berauben. Der Historiker Ammianus Marcellinus, ein um Unparteilichkeit bemühter, das Christentum eher wohlwollend betrachtender Heide, der gegen 380 von seiner Heimatstadt Antiochien nach Rom übersiedelt, führt die Kämpfe um die römische Cathedra auf die feudalen Lebensmöglichkeiten der Päpste zurück. Um dieselbe Zeit quittiert der hochgebildete Stadtpräfekt Praetextatus, gleichfalls Heide – wie seinerzeit, nach Augustins Zeugnis, noch fast der ganze römische Adel –, Bekehrungsversuche des Damasus spöttisch mit dem Satz: «Macht mich zum Bischof von Rom, und ich werde sofort Christ». Der Tisch dieses Kirchenfürsten soll bereits ein Königsmahl in den Schatten gestellt haben. «Der arme Landklerus aber kommt gelegentlich einmal nach Rom, um sich dort ungesehen zu betrinken» (C. Schneider).

Gerade unter Damasus I. (366–384), Diener des Allerhöchsten seit Jugendtagen und seiner schönen, zumal die Frauen stimulierenden Reden wegen «Ohrenkitzler der Damen» (Matronarum auriscalpius) genannt, kam es zu schärferen Kämpfen als je zuvor; zu Intrigen, Verleumdungen auch und so finsteren Finanzgeschäften, daß sie die Forschung bereits an Renaissancepäpste erinnern. Erkannte doch dieser erste einigermaßen herausragende, aber schwer durchschaubare, damals etwa sechzigjährige «Stellvertreter» sehr deutlich schon den Reiz der Macht und regierte länger als alle seine Vorgänger, achtzehn Jahre. «Über menschliches Maß hinaus», schreibt Ammian, brannten er, Damasus, und sein Gegner Ursinus darauf, «den Bischofssitz zu erraffen». Durch Terror und Bestechung siegte schließlich Damasus, der zunächst Papst Liberius, der ihn zum Diakon gemacht, Treue geschworen, dann aber, unter Gegenpapst Felix zu Felix sich geschlagen und nach Rückkehr des Liberius wieder zu Liberius.

Kaum waren die Leichenfeierlichkeiten für diesen am 24. September 366 beendet, da erhob ein Teil der Geistlichkeit den Diakon Ursinus zum Nachfolger und ließ ihn sofort in der Basilika des Julius (S. Maria di Trastevere) durch den Bischof von Tivoli weihen. Indes war der größere Teil des Klerus noch in S. Lorenzo in Lucina mit der Wahl des Priestersohnes Damasus befaßt, der übrigens jetzt wieder die Partei des Liberius verließ und die des unterlegenen (Gegen-)Papstes Felix an- und zum Sieg führte (sein immerhin dritter Wechsel): Auftakt monatelanger Krawallszenen im «heiligen» Rom, in der «Hauptstadt der Frömmigkeit» (vgl. Sozomenos). Es kam zu regelrechten Schlachten auf Straßen und Plätzen, die Basiliken schwammen in Blut. Dabei ließ Damasus, der sich im Lateran mit einer Leibwache versteckt hielt, von Polizeibütteln alle Kleriker seines Gegners abschleppen und warf sie aus dem Amt. Ein Rudel Volk entriß sie jedoch und verschanzte sich mit ihnen auf dem Esquilin in der Basilica Liberiana (Santa Maria Maggiore). Am 26. Oktober 366 stürmte diese die päpstliche Prügeltruppe, ein Haufe von Fuhrmännern, Zirkusleuten, Totengräbern, den sich der hochvermögende Pontifex als private Söldner verpflichtet hatte, erbrach die Tore, drang ein, legte Feuer und bombardierte die Eingeschlossenen von oben mit Dachziegeln. Denn Damasus, «dieser gottbegeisterte und kunstsinnige Priester», «ein ganz großer Charakter», «machte die so lange für den Kampf aufgespeicherte Kraft des Urchristentums frei für den Aufbau» (Hümmeler, mit kirchlicher

Druckerlaubnis). Mindestens 137 Männer und Frauen, lauter Anhänger des Ursinus, hauchten damals «für den Aufbau» an heiligem Ort ihr Leben aus; nach einem ursianischen Bericht sogar 160 Menschen – nicht gerechnet jeweils die ihren Wunden noch erliegenden Schwerverletzten, insgesamt Hunderte von Opfern, Verwundete, Verbrannte; die Ursianer hielten Totenlitaneien, und die Menge schrie, offenbar in Erinnerung an die führende Rolle des Damasus bereits bei den Felicianermorden: «Zum fünftenmal schon macht Damasus Krieg, herunter vom Stuhle Petri!»

Selbstverständlich wurde der päpstliche Massenmörder Heiliger. Fest: 11. Dezember. Und gleichsam zu stetem Gedächtnis, der Aneiferung da, der Abschreckung dort, benannte man nach ihm den Damasushof, den Repräsentationshof des Papstpalastes. Ich erinnere immer wieder an Claude Adrien Helvétius (1715–1771): «Wenn man ihre Heiligenlegenden liest, findet man die Namen von tausend heiliggesprochenen Verbrechern» – eine kulante Untertreibung des großen Aufklärers.

Müssen wir uns frei machen von moralistischer Wertung der Geschichte?

Nachdem Chlodwig den Krieg gegen die Westgoten mit Hilfe der Rheinfranken gewonnen hatte, ergaunerte er, zwischen 509 und 511, in den letzten Jahren seines Lebens, ihre Königswürde – falls dies nicht schon um 490 geschah. Jedenfalls erzwang er den Zusammenschluß der rheinfränkischen Teilstämme mit den salischen Franken.

Zunächst stiftete er Chloderich, den Sohn König Sigiberts von Köln, zum Vatermord an. «Hier siehe, Dein Vater ist alt geworden und hinkt auf einem verkrüppelten Bein ...» Sigibert «der Lahme», Chlodwigs alter Kampfgefährte, hinkte seit der Schlacht von Tolbiacum gegen die Alemannen, bei der er verwundet worden war (S. 55). Der Prinz beseitigte durch gedungene Mörder den Vater in der

Boconia silva, dem Buchenwald; Chlodwig beglückwünschte durch eine Delegation den Vatermörder und ließ, noch durch diese, auch diesem den Schädel spalten – «ränkevolle Diplomatie» nennt das elegant, zu elegant, der deutsche Historiker Ewig. Nach solchem Doppelakt eilte Chlodwig in Sigiberts Residenzstadt Köln, beteuerte feierlich seine Unschuld an beiden Morden und übernahm, vom Volk umjubelt, die Francia Rinensis, «Sigiberts Reich und Schätze» (Gregor).

Darauf suchte der Herrscher die mit ihm verwandten salischen Kleinkönige heim, etwa den König der Tongrer, Chararich, der einst gegen Syagrius nicht mitgekämpft. Chlodwig fing ihn samt Sohn «mit List», ließ sie erst in ein Kloster stecken, scheren (Zeichen des Verlustes der Königswürde), ließ den Chararich zum Presbyter, den Sohn zum Diakon weihen, dann köpfen, und bemächtigte sich, siehe oben, ihres Schatzes und Reiches.

Einen weiteren Verwandten, seinen leiblichen Vetter, König Ragnachar von Cambrai, hatte Chlodwig besiegt, nachdem er dessen Gefolge mit einer Menge Gold, das freilich falsch war, auf seine Seite gebracht. Nach der Schlacht verhöhnte er den gefesselt vorgeführten Ragnachar, der ihm 486 im Krieg gegen Syagrius geholfen, und spaltete ihm mit einem Axthieb den Schädel. Auch des Königs Bruder Richar hatte man ergriffen. «Wenn du deinem Bruder beigestanden hättest, würden wir ihn nicht gebunden haben», sagte Chlodwig und tötete ihn mit dem nächsten Schlag. «Die genannten Könige waren aber Chlodwigs nahe Blutsverwandte» (Gregor von Tours). Und auch ihren Bruder Rignomer ließ er in der Nähe von Le Mans liquidieren – «baute Chlodwig seine Stellung im gesamtfränkischen Bereich aus», faßt das Vorstehende wieder Historiker Ewig zusammen.

Diesem Ausbau von Chlodwigs «Stellung im gesamtfränkischen Bereich» fielen anscheinend mehrere Dutzend fränkischer Gaufürsten zum Opfer. Der Tyrann ließ sie ermorden, raubte ihre Länder, ihren Reichtum, nicht ohne dann zu klagen, daß er ganz allein sei. «‹Ach, daß ich nun wie ein Fremdling unter Fremden stehe und mir keiner der Verwandten, wenn das Unglück über mich kommen sollte, Hilfe gewähren kann!› Aber er sprach dies nicht, weil er bekümmert gewesen wäre um den Tod derselben, sondern aus List, ob sich vielleicht noch einer fände, den er töten könnte.» So der hl. Gregor, für den Chlodwig «ein neuer Konstantin» ist; er verkörpert geradezu «sein Herrscherideal» (Bodmer), ja, erscheint ihm des öfteren «nahezu als Heiliger» (Fischer). Ohne Scham schreibt der berühmte Bischof wieder selbst: «Gott aber warf Tag für Tag seine Feinde vor ihm nieder und mehrte sein Reich weil er rechten Herzens vor ihm wandelte und tat, was seinen Augen wohlgefällig war.» Was sich, der Kontext zeigt es, auch noch auf Chlodwigs Verwandtenmorde bezieht. Alles hochheilig – und hochkriminell.

Dies also der primus rex Francorum (Lex Salica), der König, der ganz nach den Worten des hl. Remigius bei seiner Taufe regierte: bete an, was du verbrannt, verbrenne, was du angebetet (S. 57). Dies der Katholik, der nichts Heidnisches mehr mit sich herumschleppte, doch als fast absoluter Tyrann gebot, der beinah barst von hypertropher Brutalität und Raubgier, vorsichtig-feig gegenüber Stärkeren, alles Schwächere aber unbarmherzig massakrierend; der keine Heimtücke und Grausamkeit scheute, alle seine Kriege im Namen des christkatholischen Gottes führte; der souverän wie selten einer, doch gut katholisch, Krieg, Mord und Frömmigkeit verband, der sein «christliches Königtum mit voller Absicht am 25. Dezember begonnen», der mit seiner Beute überall Kirchen baute, sie beschenkte, darin betete, der ein großer Verehrer des hl. Martin war, seine «Ketzerkriege» in Gallien gegen die Arianer «im Zeichen einer verstärkten Petrusverehrung» führte (K. Hauck), dem die Bischöfe auf dem Nationalkonzil von Orléans (511) eine «wirklich priesterliche Seele» nachrühmten (Daniel-Rops). Wie ja auch Theologe Aland heute sagt: «Und daß er sich als Christ, und zwar als katholischer Christ wußte, ist sicher und kommt bei den einzelnen Handlungen seiner Regierung immer wieder zum Ausdruck.» Kurz, dieser Mann, der sich den Aufstieg zur fränkischen Alleinherrschaft, wie Angenendt anschaulich zitiert, «mit der Axt» bahnte, war kein bloßer Heerkönig mehr, sondern, gerade dank seines Bündnisses mit der katholischen Kirche, «Stellvertreter Gottes auf Erden» (Wolf). Ein Mann, der schließlich, samt seiner hl. Chlotilde, in der von ihm erbauten Apostelkirche in Paris, später Sainte-Geneviève genannt, die ihm gebührende letzte Ruhestätte fand, nachdem er 511, knapp über vierzig Jahre alt, gestorben war: ein rücksichtslos verschlagener Großverbrecher auf dem Thron, nach dem Historiker Bosl indes: «ein Barbar, der sich zivilisierte und kultivierte ...» – Wann, wo, wie?

Theologe Aland nennt Chlodwig, durchaus zu Recht, dem Konstantin verwandt (I. 5. Kap), nennt beide etwas euphemistisch Machtmenschen, Gewaltherrscher und meint rechtfertigend: «Solche rauhen Zeiten konnten nur von derartigen Männern gemeistert werden.» Aber machten die rauhen Zeiten die rauhen Männer? Oder die rauhen Männer die rauhen Zeiten? Das hängt doch sehr zusammen. Und schon Augustin hat das bornierte Bezichtigen der Zeiten korrigiert: «Wir sind die Zeiten; wie wir sind, so sind die Zeiten» (I 56 f.).

Aland will die Frage offenlassen, ob Konstantin und Chlodwig Christen waren. «Denn die Söhne Konstantins, ebenso wie Theodosius, also Herrscher, an deren christlichem Bekenntnis kein Zweifel sein kann, haben durchaus vergleichbare Bluttaten begangen. Von solcher moralistischen Wertung der Geschichte müssen wir uns freimachen, wenn wir sie überhaupt verstehen wollen. Denn schließlich: wer selbst von uns, deren Volk nunmehr eine 1500 Jahre unter dem Vorzeichen des Christentums stehende Geschichte hinter sich hat, will von sich sagen: ich bin Christ? Spricht Luther doch von dem Christentum, das immer im Werden, nie im Wordensein steht.»

Die merowingischen Chronisten glorifizierten Chlodwig aus zwei Gründen besonders: wegen seiner Taufe und seiner vielen Kriege. Und genau darauf gründet auch sein weltgeschichtlicher Ruhm. Er wurde Katholik und hat alles um sich, was er niederschlagen und zusammenrauben konnte, niedergeschlagen und zusammengeraubt. So schuf er aus einem unbedeutenden Teilfürstentum ein mächtiges germanisch-katholisches Imperium, wurde er der Besiegler des Bundes von Thron und Altar im Frankenreich, wurde er ganz offensichtlich das auserwählte Werkzeug Gottes, der ja tagtäglich seine Feinde vor ihm niederwarf, wie der hl. Bischof rühmte, «weil er rechten Herzens vor ihm wandelte und tat, was seinen Augen wohlgefällig war».

Solange man so die Geschichte betrachtet, solange man sich freihält von ihrer «moralistischen» Wertung, solange die übergroße Mehrzahl der Historiker vor solch hypertrophen, welthistorischen Bestien und all ihrer Nachbrut fort und fort auf dem Bauch liegt, vor Respekt, Ehrfurcht, Bewunderung, zumindest aber voller Verständnis, stets tieferer Einsicht – will man oder soll man oder darf man doch nicht «moralisieren», sondern man will «verstehen», auf deutsch gesagt: den Mächtigen in den Arsch kriechen –, so lange wird auch die Geschichte verlaufen, wie sie verläuft.

Revue der Gottesmänner in merowingischer Zeit

Liest man Gregor von Tours' ebenso amorphe wie detaillierte «Fränkische Geschichte», unsere Hauptquelle dieser Zeit, staunt man, daß derselbe Kopf, in dem so grotesk der Wunder- und Teufelsglaube spukt, der kaum eine größere Sorge zu kennen scheint, als irgendeines seiner obskuren Mirakel und Zeichen – fraglos Fakten für ihn, «gesta praesentia» – nicht zu erwähnen, nicht für die Ewigkeit aufzubewahren, daß derselbe Kopf, auch ganz realistisch, oft fast amoralisch gleichgültig, die Greuel der Epoche referiert, ohne jedes Dekadenzbewußtsein, abgebrüht genug, noch die kriminellsten Helden der Ära zu bewundern, jene zumindest, deren «strenuitas» und «virilitas» der Kirche nützen.

Die Bruder- und Bürgerkriege zwar passen dem Heiligen nicht ganz ins Konzept, weil diese natürlich ihn selbst und seine Kirche betreffen. Aber Kriege nach außen, Kriege zur Vergrößerung des allerchristlichen Reiches, zur Vernichtung von «Ketzern», zumal von Arianern (viermal tischt er die Kirchenväterlüge vom Krepieren des Arius im Abort auf), zur Auslöschung von Heiden und sonstigen Ungläubigen, können gar nicht genug geführt werden. So bekennt er unverhohlen zu Beginn des fünften Buches seiner «Fränkischen Geschichte»: «O möchtet doch auch ihr, o Könige, solche Schlachten schlagen, wie die, in denen eure Vorfahren ihren Schweiß vergossen haben, daß die Völker voll Furcht wegen eurer Eintracht, sich beugen müßten vor eurer Macht. Denket an Chlodovech, mit dem eure Siege begannen, was er getan hat: er tötete die Könige, die seine Gegner waren, schlug die feindlichen Völker, brachte die einheimischen unter seine Gewalt und hinterließ euch die Herrschaft darüber ungeteilt und ungeschwächt.»

Im merowingischen Gallien mit reichlich hundert Bistümern gab es zweitausend bis dreitausend Oberhirten. Sie besaßen große Landgüter mit Thermen, luxuriösen Speisesälen, Bibliotheken. Doch trieben sie nicht nur jeden Aufwand, sondern auch jede Art Machtpolitik «und wurden dennoch von ihren Zeitgenossen als Heilige verehrt» (Borst). Sie fungierten, juristisch, ökonomisch, sozial gestiegen, zuweilen auch als weltliche Potentaten, leiteten eigene Stadtherrschaften, ganze Fürstentümer; und gerade vom Episkopat aus verbreiteten sich Gewalt und Korruption durch die ganze Geistlichkeit. Es herrschte in dieser Kirche «ein barbarisches Niveau» (Fleckenstein).

Die Bischöfe, die ja längst nicht mehr aus der Mitte der Gemeinde kamen – Chlotar II. (584–629) setzte als Norm ihre Wahl aus den Kreisen des Hofadels durch –, unterdrückten mit der übrigen Herrenkaste gemeinsam das Volk. Sie herrschten manchmal als wahre Despoten in ihrem Umkreis.

Nicht selten steckten die Prälaten aber auch mit ihren eigenen Priestern fast in einer Art Dauerkrieg, befehdeten so mancher Bischof und sein Archidiakon sich auf Leben und Tod. Haßten die Oberhirten doch aus nichtigsten Gründen oft über jedes Maß und derart häufig, «daß es fast als ein Naturgesetz angesehen wurde, daß jeder Bischof der geborene Feind und Verfolger seines Klerus sei» (Rückert).

Die Priester konspirierten und intrigierten deshalb gegen ihre Vorgesetzten. Sie widersetzten sich offen, verbanden sich auch immer wieder zu Gilden, zu Verschwörungen, Eidgenossenschaften und riefen sogar die Hilfe der Laien an.

Den Erzbischof Praetextatus von Rouen stach, sinnigerweise am Ostersonntag 586 während der Messe am Hochaltar seiner Domkirche, ein Sklave der Fredegunde ab. Keiner der vielen Geistlichen, die um ihn waren, kam ihm zu Hilfe. Als fromme Beterin weidete sich die Königin selber am Anblick des Sterbenden. Sie hatte dafür 100 Goldgulden gezahlt; weitere 50 der Bischof Melantius, ebensoviel der Archidiakon von Rouen – kein singulärer Vorgang mehr. Später wurde der Mörder von Fredegunde ausgeliefert und durch den Neffen des Erzbischofs ermordet, während Fredegunde straflos blieb: Die Kleinen hängt man ...

Auch das Asylrecht wurde fortgesetzt mißachtet, noch in den Kirchen gemordet, waren sie doch besonders geeignet zur bewaffneten Pirsch etwa auf schlachtreife Fürsten. Allein König Guntram hätte dreimal beim Kirchgang liquidiert werden sollen. Und natürlich focht man auch in den «Gotteshäusern», wie zwei verwandte, bei Chilperich hochangesehene Familien, die einander erschlugen «bis vor den Altar». «Viele wurden mit dem Schwerte verwundet, die heilige Kirche mit Blut bespritzt, die Türen von Speeren und Schwertern durchbohrt» (Gregor von Tours).

Bei der Bischofswahl ging es zu wie nicht selten bei einer in Rom, geriet man gern «hart aneinander». In Clermont-Ferrand und Uzès half man mit Bestechungen nach. In Rhodez verschwanden aus gleichem Anlaß fast alle «heiligen» Geräte aus der Kirche und der größere Teil ihres Vermögens. In Langres erstach man bei der Bistumsbesetzung den Bruder des hl. Gregor, den Diakon Petrus, auf offener Straße, weil Petrus, wie Bischof Felix von Nantes behauptete, «auf das Bistum begierig seinen Bischof getötet hatte».

Obwohl die Konzilien das Waffentragen der Geistlichen regelmäßig verurteilten, blieb dies bei ihnen Brauch. Sie zogen damit zur Jagd und in die Schlacht. Sie mordeten eigenhändig Menschen, wie die Bischöfe Salonius und Sagittarius. Um 720 marschierte Bischof Savaricus von Auxerre höchst streitbar nach Lyon, um für sich Burgund zu erobern, fiel aber angeblich durch einen «Blitzstrahl» vom Himmel. Wiederholt ließen sich Geistliche auch als Killer dingen, um König Childebert oder Brunichild zu beseitigen. Aetherius, Bischof von Lisieux, sollte auf Betreiben seines Archidiakons durch einen Priester mit der Axt erschlagen werden.

Über den oder die Mörder eines seiner Vorgänger schweigt Gregor. Durch einen vergifteten Trunk, den er 529 genoß, «als gerade die hochheilige Nacht der Geburt des Herrn dem Volke anbrach» (nur dem Volke?), starb auf der Stelle der Bischof Francilio von Tours, ein von Senatoren abstammender, schwerreicher, verheirateter, doch kinderloser Prälat. Durch Gift, in einem Fischkopf gereicht, verblich 576 auch Bischof Marachar von Angoulême auf Anstiften seines Nachfolgers, des Bischofs Frontonius. Beteiligt waren auch einige Priester der dortigen Kirche. Und schon ein Jahr später ereilte Frontonius «das Gericht Gottes» (Gregor von Tours).

Im März 630 wurde der Bischof Rustikus von Cahors von Diözesanen ins Jenseits befördert, ohne daß wir von einem Einschreiten der Kirche gegen die Mörder hören. Ungesühnt blieb auch die Tötung des Bischofs Theodard von Maastricht, wahrscheinlich 671 oder 672, durch Kirchenräuber, wobei ihn seine Begleiter in einem Wald bei Speyer preisgaben. Auch Theodards Nachfolger, Bischof Lambert von Maastricht, endete, wahrscheinlich 705, durch Mord, nachdem er selber zwei seiner Gegner, die Brüder Gallus und Riold, hatte erschlagen lassen. Der Bischof Gaudinus von Soissons, von Bürgern öffentlich des Wuchers bezichtigt, wurde um 707 in eine Zisterne des Dorfes Herlinum gestürzt, in der er erstickte. Nach der Beseitigung des Bischofs Herchenefreda ließ König Dagobert I. die Schuldigen teils verbannen, versklaven, verstümmeln oder töten.

Lassen wir noch einige andere Vertreter dieses Klerus Revue passieren.

Bischof Chramlin von Embrun hatte sich durch eine gefälschte Urkunde sein Bistum beschafft. Bischof Agilbert von Paris und Bischof Reolus von Reims schwuren zur Täuschung des austrischen Herzogs Martin ihre Eide auf leere Reliquienkapseln, worauf dieser, den Prälaten Glauben schenkend, «mit all den Seinen getötet wurde». Dem Bischof von Riez, Contumeliosus, warf das Konzil von Marseille (533) «multa turpia et inhonesta» vor: Ehebruch anscheinend, sogenannte Sittenlosigkeit, auch die Aneignung geraubter Kirchengüter, die er seinem Privatbesitz zuschlug.

Auch Bischof Badegisel von Le Mans (581–586) gaunerte und raubte sich ein Vermögen zusammen, selbst bei seinen eigenen Geschwistern. Prozesse führte er ebenso vortrefflich wie das Schwert, weidete aber auch die eignen Schäfchen mit eiserner Hand. Natürlich hatte er eine Frau, natürlich war sie «noch schlimmer», trieb sie ihn «durch die abscheulichsten Ratschläge zu Schandtaten an». Magnatrude, die edle Bischofsgattin, machte sich ein Pläsier daraus, Männern den Penis mit der Bauchhaut abzuschneiden und die Schamteile von Frauen mit glühenden Eisen zu versengen. «Noch viele andere abscheuliche Dinge tat sie, aber es ist besser, davon zu schweigen», sagt Gregor.

Die Trunksucht, wie der Chronist bezeugt, grassierte beim Klerus nicht weniger als bei den Laien.

Die Bischöfe Salonius und Sagittarius durchzechten und durchsoffen noch die Nächte, «wenn die Geistlichen in der Kirche schon die Frühmesse lasen». Bischof Eonius von Vannes zelebrierte zwar etwas Ähnliches einst in Paris, immer eine Messe wert, aber so sternhagelvoll, daß er «unter lautem Schreien und Schnauben» zu Boden ging und vom Altar getragen werden mußte. Er beduselte sich oft derart, «daß er keinen Schritt tun konnte». Gunther von Tours, ein ehemaliger Abt, wurde als Bischof durch Alkoholismus «fast blödsinnig». Oberhirte Droctigisil von Soisson war so keusch, daß er sich buchstäblich um den Verstand soff. Der Diakon Theudulf, ein Freund des Bischofs Audovech von Langres, kam im Suff um.

Cautinus, Erzbischof von Clermont, der, wen immer er konnte, um sein Eigentum brachte, auch durch nackte Gewalt, betrank sich täglich und wurde gewöhnlich von vier Männern von seinen Sauforgien geschleppt. Er las weder weltliche noch kirchliche Bücher, verstand sie angeblich gar nicht, hielt es aber, ihm sehr verübelt, mit Juden und steckte tief in Wuchergeschäften. Einen seiner Kleriker, dessen Geld er begehrte, deponierte er, um ihn gefügig zu machen, neben einer schon faulenden Leiche in einer Gruft. Zuletzt erlag Cautinus – «am Leidenstage unseres Herrn» – eben jener Seuche, vor der er dauernd auf der Flucht gewesen. Etwas später, unter Karl Martell, gehörte Bischof Milo von Trier zu den Säufern.

Schlimmeren Schlages: die Brüder Salonius von Embrun und Sagittarius von Gap.

Beide einst tugendhafte Zöglinge des hl. Nicetius von Lyon, seinerseits Großonkel des hl. Gregor, Neffe und Nachfolger des hl. Sacerdos. Alles heilig ringsum! Und das edle Prälatengespann wütete «mit Raub, Blutvergießen, Mord, Ehebruch und anderen Verbrechen wie wahnsinnig» (Gregor von Tours). Doch erst als sie den Kollegen Victor von Trois-Châteaux in der Dauphiné, just während seines Geburtstagsbanketts, überfielen, verprügelten, bestahlen, seine Diener erschlugen, setzte sie eine Synode von Lyon (567 / 570) als «völlig schuldig» ab. Doch König Guntram, der Heilige, billigte ihre Berufung nach Rom – der einzige bekannte Fall einer solchen aus dem merowingischen Gallien im ganzen 6. Jahrhundert. Und der Heilige Vater Johannes III. führte sie wieder in Ämter und Würden und den Schutz Guntrams zurück. Weiter schlugen sie ihre Diözesanen «mit Knüppeln bis aufs Blut» und erlegten in offener Feldschlacht die Leute mit eigener Hand, bis ihre Einmischung in das Intimleben des frommen Königs sie hinter (weit voneinander entfernte) Klostermauern versetzte, die Fürsprache vermutlich geistlicher Freunde aber auch wieder heraus. Erneut bestiegen sie ihre Bischofsstühle, um es (nach etwas Fasten, Beten, Psalmensingen) nur desto toller zu treiben mit Schwanz und Schwert. Indes wollte sie ein geistliches Gericht noch immer nicht depossedieren. Doch der König, einen Hochverratsverdacht hegend, brachte sie abermals ins Kloster – und ihr Ausbruch endgültig unter die Räuber.

Methoden geistlichen Geldverdienens

Bereits im frühen 2. Jahrhundert hören wir, daß Diakone das Vermögen von Witwen und Waisen veruntreuen; daß Amtsträger, wie der Priester Valens zu Philippi, die Unterschlagung offenbar mehr lieben als den Herrn.

Der spätere Papst Kallist (217–222) gründet vor seiner großen Karriere eine christliche Bank in Rom, unterschlägt ein Depositum (Paratheke) – «nicht nur ein gewöhnliches, sondern auch ein eminent christliches Verbrechen» (Staats) – und ist auch nach seinem Konkurs wieder als Bankier tätig. Überhaupt scheint sich die Laxheit dieses Papstes (II 94 ff.) auszuzahlen: die Kaiser sind wohlwollend, die Behörden verbindlich, mehr Reiche als vordem werden Christen, die Güter und Gelder nehmen ebenso zu wie die Priester in Rom.

Im gleichen Jahrhundert stechen auch einige «Päpste» Alexandriens als ausgezeichnete Bankiers hervor, und zwar nur als solche: Erzbischof Maximos (264–282), der eine Depositenbank unterhält, in die ägyptische Christen, die mit Rom Getreidehandel treiben, ihre Gewinne einzahlen. Die Geschäfte vermittelt «Papst» Maximos selbst. Geleitet wird die Bank von seinem Finanzchef Theonas, der von 282 bis 300 als nächster «Papst» in Alexandrien amtiert.

Auf dem hochangesehenen Bischofsstuhl von Antiochien saß damals Paul von Samosata und hatte außer seinem geistlichen Amt auch das eines Prokurators inne, das ihm viel Geld einbrachte. Freilich ist der in Antiochien sehr populäre Kirchenfürst, der angeblich Frauen in der Kirche sogar das Singen erlaubt haben soll und sich selbst noch auf seinen Dienstreisen «zwei blühende und gutgebaute

Mädchen», allen möglichen Verdächtigungen sowie ständigen Bespitzelungen ausgesetzt. Er wird schließlich verketzert und das Opfer seines Hauptgegners, des Domnus, der Sohn des verstorbenen Bischofs Demetrianus ist und sich dann selber auf den schon lang begehrten Sessel von Bischof Paul schwingt.

Im Zeitalter der Christenverfolgungen gibt es viele Geistliche, die als Fabrikdirektoren im Dienst heidnischer Kaiser stehen. Die moderne Forschung nimmt an, daß zur Zeit Cyprians allein in Afrika «eher 50 denn 5 Bischöfe» nebenher derart als Unternehmer tätig waren, die, so Cyprian selbst, viel Geld kontrollierten, Landgüter räuberisch erwarben und den Ertrag durch sich vervielfältigende Zinsen steigerten. Cyprian schreibt: «Da war jeder nur auf die Vergrößerung seines Vermögens bedacht ... Während die Brüder in der Gemeinde darbten, wollten sie Geld im Überflusse haben, brachten Grundstücke durch tückischen Betrug an sich und mehrten durch hohen Wucherzins ihr Kapital».

In der folgenden Zeit uferte dieses Treiben immer mehr aus. Viele Priester und Bischöfe dachten nur noch an sich, trieben einen schwungvollen Handel, liebten üppige Zins- und Wuchergeschäfte, obwohl dies alle Kirchenväter strikt verbieten. Und viele biblische Schriften.

Bald aber übertrafen die Christen sogar die Heiden im Wucher. Hatten diese normalerweise in den letzten Zeiten der römischen Republik zwölf Prozent genommen, so klagt Chrysostomos über solche Gläubige, die, mit den üblichen zwölf Prozent nicht zufrieden, fünfzig Prozent erpreßten! Trotz vielfacher und vehementer Verbote gehörten auch Priester nicht selten zu den Erpressern. Ja, sie stellten bis zum 12. Jahrhundert einen bedeutenden Teil der Geldleiher. «Alle Arten und Formen des *Wuchers*», betont der katholische Theologe Kober vom mittelalterlichen Klerus, «wurden aufs Schwunghafteste betrieben». Da aber das kirchliche Zinsverbot bestehen blieb, verschleierte man das Geschäft. Entweder der Schuldner anerkannte eine höhere Summe als die empfangene. Oder man zog die Zinsen im voraus ab. Oder man tarnte sie als

Buße wegen Zahlungsverzug. «Den Financiers aber, die sich solcher Praktiken bedienten, vertrauten die Päpste selber Eintreibung und Verwaltung ihrer Gelder an» (Pirenne).

Mit dem wachsenden Reichtum der Klöster jagten auch die Religiosen dem Geld nach, was im Mittelalter ungeheure Formen annehmen wird.

Mancher Mönch, klagt der hl. Hieronymus, sei schwerreich geworden durch sein Herumtreiben bei reichen Weibern. Andere handelten gewinnbringend. Besonders das Amt des Mönchspredigers in den Städten soll eine Goldgrube gewesen sein. Wie so oft dann im Mittelalter entdeckte man zuweilen schon in der Antike beim Tod von Mönchen lebenslang gehortete Gelder. Auch nach Jakob von Sarug, dem 521 gestorbenen Bischof von Batnai, hat das Goldfieber Laien wie Priester angesteckt, Einsiedler wie Klöster verdorben. Wenn die Mönche Götterstatuen zerstören, gesteht er, sammeln sie sorgfältig das Gold und stecken es in eine Börse, die sie in ihren Gürtel eingenäht haben. Ebenso berichten Nilus Sinaita, ein Klostervorsteher bei Ancyra, und Papst Gregor I., viele Mönche seien von der Liebe zum Geld erfaßt. Auch Abt Johannes Cassianus von Marseille, im 5. Jahrhundert einer der bedeutendsten Autoren Galliens, weiß ein Lied davon zu singen. Und es spricht wohl für sich, daß er in seinem Opus «De institutis coenobiorum» das ganze siebte Buch der «philargyria», der Geldgier, vorbehält.

Wie mannigfach und unversiegbar aber auch die privaten Finanzquellen des Klerus sprudelten, das sozusagen ganz legal verdiente Geld der Kirche fällt unendlich mehr ins Gewicht und sei am Beispiel der drei größten und berühmtesten Bischofssitze der Antike, Alexandriens, Konstantinopels und Roms, kurz gezeigt.

Einige erlaubte Methoden kirchlichen Geldeinnehmens und -ausgebens

In Ägypten, wo das Patriarchat Alexandrien sich schon im 3. Jahrhundert an den Transaktionen eines christlichen Überseekaufmanns beteiligt (S. 483f.), ist eigener kirchlicher Schiffsbesitz seit dem ausgehenden 4. Jahrhundert nachweisbar. Im 6. Jahrhundert treibt das Patriarchat mit Hilfe einer eigenen Flotte Handel mit Palästina, Sizilien, im Adriatischen Meer und mit dem Bistum Rom. Dabei hatten Kirche und fast alle Kirchenväter längst Priestern den Handel strikt verboten, Ambrosius etwa oder Hieronymus, der schrieb, man müsse einen Handel treibenden Kleriker wie die Pest fliehen! Ende des 6. Jahrhunderts besitzt die alexandrinische Kirche bereits 13 hochseetüchtige Schiffe, wovon zumindest das größte Schiff (vielleicht aber jedes) bis England fährt. Das Patriarchat, dem damals 8000 Pfund Gold gehörten, hatte diese Schiffe in eigener Reederei hergestellt und das Holz von italienischen Kirchengütern bezogen. Doch auch ländliche Kirchen Ägyptens besaßen Schiffe und Werkstätten, die sie vermieteten.

Allein für Konstantinopel ist seinerzeit die Nutzung von kirchlichem Grund mit 1100 Geschäftslokalen erwiesen. Und zum Reichtum der Kirche Konstantinopels hatte sogar einer ihrer Patriarchen beigetragen, der wegen seiner schönen, nicht zuletzt oft so sozialen, um nicht zu sagen sozialistischen oder kommunistischen Sprüche (S. 452ff.) den Namen «Goldmund» bekam. Daß Johannes Chrysostomos aber auch eine Goldhand hatte, eine Hand, die zwischen all seinen hochengagierten, die Goldgier verdammenden Reden auch sehr emsig selber Gold kassieren konnte, zeigt seine Praxis. Kümmerte er sich doch, wie jeder echte Kirchenfürst bis heute, nicht nur um das Seelenheil seiner Schäfchen, sondern auch recht angelegentlich um ihr Erbe, zumal um das reicher Witwen; und je reicher sie waren, das ist logisch, desto mehr. So tätigte der hl. Patriarch, bei dem in der «Väter»-Literatur die Verachtung des Goldes – auf dem Papier – den Höhepunkt erreicht: er sieht darin bloß Lehm, nicht nur sehr profitable Immobiliengeschäfte, sondern höchstpersönlich widmete er sich auch den Verhältnissen der Witwe eines Reeders, eines Senators, einer gewissen Thekla.

Besonders verlockend aber fand der hl. «Kommunist» Geld und Gold einer gewissen Olympias.

Der Vater dieser jungen Frau war Comes palatii, ein hoher kaiserlicher Beamter; ihre Tante die Gattin des Königs von Armenien; ihr Mann, der sie im Alter von 21 Jahren zur Witwe machte, Präfekt Konstantinopels. Ihr Erbe bestand immerhin aus 250 000 Goldstükken, vom Silber zu schweigen, sowie aus ungezählten Ländereien und Immobilien. Selbst Kaiser Theodosius intervenierte in Konkurrenz mit der Kirche, indem er Olympias vorschlug, einen seiner Verwandten zu heiraten. Doch die Mädchen jener Zeit (und die aller folgenden Zeiten) wußten durch Mutter Kirche, daß Jungfräulichkeit weit besser als die Ehe sei und eine zweite Ehe gar noch schlechter als die erste. So gab Olympias dem Herrscher einen Korb, und die Kirche machte sich berechtigte Hoffnungen.

Freilich glückte der Fischfang der Petrijünger nicht gleich und nicht ganz. Der Kaiser war sauer und stellte den Besitz der Olympias unter staatliche Zwangsverwaltung. Auch ließ er ihre Kontakte zu Nektarios, dem Bischof von Kontantinopel (381–397), überwachen, einem Mann, den er doch selbst einst auf den Patriarchenstuhl gebracht, obwohl Nektarios noch nicht einmal getauft gewesen war (I 420). Nektarios, von Haus aus Jurist, ein Fuchs, vielerfahren, den Luxus liebend und noch heute im Osten als Heiliger verehrt, weihte vier Jahre später, als der Dame Olympias Reichtum wieder zur Verfügung stand, diese augenblicklich zur Diakonisse. Das verbot zwar ein staatliches Gesetz bei allen Witwen unter sechzig, doch kirchlicherseits bekam er über das begehrte Vermögen das entscheidende Vorkaufsrecht. Olympias begann auch sofort ihr Gold unter den Klerus und die Kirche Gottes zu streuen, und als Nektarios 397 starb, ergattert sein Nachfolger, der so unentwegt gegen den Reichtum wetternde Chrysostomos, immerhin noch einen Rest.

Wir haben folgende Liste der Zuwendungen, die Olympias «der hohen Kirche zu Konstantinopel durch Vermittlung des hochheiligen Patriarchen Johannes gemacht hat:

- 10 000 Pfund in Gold;
- 10 000 Pfund in Silber;
- die gesamten sogenannten ‹Olympias-Immobilien›, wozu ein Gerichtsgebäude, Bäder und eine eigene Bäckerei gehörten;
- die gesamten in der Nähe der öffentlichen Bäder von Konstanze gelegenen Immobilien;
- die gesamten sogenannten ‹Euandros-Immobilien›;
- alle ihre am Stadtrand gelegenen Landgüter;
- Ländereien in Thrakien, Galatien, Kappadozien, Bithynien ...»

Es ist wohl kein Wunder, daß Olympias Heilige der griechischen wie römischen Kirche wurde. Wer so viel schenkt, der Kirche schenkt, muß heilig sein! Und wer weiß, vielleicht schenkte Olympias noch mehr, als wir wissen. Nachdem ihr Freund, der hl. Kirchenlehrer, bei Hof in Ungnade gefallen und bis an den Fuß des Kaukasus geschleppt worden war, wo er starb (II 149ff., 151ff.), überlebte ihn auch die junge Freundin nicht mehr lang. Doch vorher empfing sie, völlig aufgelöst, verstört, in Tränen über die Trennung, immerhin 17 Briefe des Patriarchen, in deren einem es heißt: «Siehst du, was für einen großen Kampf es erfordert, die Trennung von dem Freunde geduldig zu ertragen, wie schmerzlich und bitter es ist ... Den Liebenden ist es ja nicht genug, im Geiste vereinigt zu sein, das reicht zu ihrem Trost nicht hin, sie verlangen auch nach leiblichem Zusammensein; und wenn sie das entbehren müssen, ist ihr Glück nicht wenig geschmälert ...»

Es versteht sich von selbst, daß auch ein Bistum wie Rom nicht arm war. Reich schon in vorkonstantinischer Zeit (S. 469f.), nahm die stadtrömische Kirche durch den ersten christlichen Kaiser noch einen enormen materiellen Aufschwung – von Dante als «Saat des Verderbens» gegeißelt, deren sich «der erste reiche Vater freute!»

Auch der Historiker Ammianus Marcellinus rühmt gegen Ende

des 4. Jahrhunderts den römischen Bischöfen Reichtum und feudales Leben nach und begründet damit die hartnäckigen Kämpfe um ihren Stuhl. «Es geht ihnen gut, weil sie von den Stiftungen vornehmer Damen reich werden. Sie fahren in Kutschen, tragen ausgesuchte Gewänder. Sie geben so aufwendige Essen, daß ihre Banketts mit denen von Königen wetteifern.» «Macht mich zum Bischof der Stadt Rom, und ich werde sogleich Christ», höhnt der hochangesehene heidnische Präfekt Praetextatus angesichts der Einkünfte des Damasus (366–384), der zu den bedeutendsten Päpsten seines Jahrhunderts gezählt wird. Er festigte die Lehre von der Trinität, die Primatstellung Roms, tätigte die finstersten Finanzgeschäfte, und sein Luxus war sprichwörtlich. Durch seine Vertrautheit mit reichen Christinnen profitierte der «Ohrenkitzler der Damen» derart, daß an ihn 370 ein Kaiserreskript erging, das energisch die Erbschleicherei des Klerus verbot (S. 505). Doch Leute wie er, ein vielfacher Mörder (II 111 ff.), oder Bischof Ambrosius von Mailand, benahmen sich «wie die Herren des Westens» (Katholik Clévenot).

Schon damals sah das Volk selbst im kleinsten Bischofsamt, so ein Kirchenvater, eine «fette Pfründe». Deshalb wurden Bischofsstühle bereits in der Antike, im Osten und im Westen, häufig durch «Geschenke» erworben. Der Metropolit von Ephesus, der Kirchengrund für die eigene Tasche verhökerte und allerlei Kostbares aus Gotteshäusern einschmelzen ließ, um sein Bad zu verschönern, verkaufte um 400 regelmäßig die Bischofssitze an den Meistbietenden.

Das führt uns zu einem Begriff, der in der kirchlichen Rechtsgeschichte noch des ganzen Mittelalters wiederkehrt und von beträchtlicher Bedeutung ist.

Paulus, das Neue Testament, die Kirchenväter und die Kirche treten für die Erhaltung der Sklaverei ein

Jesus hat sich in der Bibel zur Sklaverei nicht geäußert. Dagegen wird die Sklaverei von Paulus, in dessen Gemeinden es nicht an Sklaven fehlte, schon verteidigt. Ja, man nannte ihn mit Recht den konsequentesten Gegner der Sklavenemanzipation. Hält Paulus die Unfreien doch ausdrücklich zum Gehorsam gegenüber den Herren an. «Bist du als Sklave berufen», lehrt er, «laß dichs nicht anfechten, nein, selbst wenn du frei werden kannst, bleibe nur um so lieber dabei.»

Mit Paulus tritt das ganze Neue Testament für die Erhaltung der Sklaverei ein. «Ihr Sklaven», verkündet das «Wort Gottes», «seid euren leiblichen Herren gehorsam mit Furcht und Zittern, in Aufrichtigkeit eures Herzens, als gälte es Christus». «Verrichtet euren Dienst mit Willigkeit, als gälte es dem Herrn.» Nicht genug: Das Buch der Bücher, die «Frohe Botschaft», fordert Gehorsam selbst gegenüber den harten Herren und geduldiges Ertragen ihrer Schläge, wobei man den Elenden den leidenden Jesus als Vorbild hinstellt. Ja, die «Heilige Schrift» befiehlt den christlichen Sklaven, ihren gläubigen Herren nur desto eifriger zu dienen, weil diese Christen seien!

Auch die außerkanonischen christlichen Schriften des 2. Jahrhunderts bekämpften die Emanzipationsbestrebungen der Sklaven energisch. Die christlichen Wortführer verweigern ihnen den Freikauf aus der gemeinsamen Kasse und fordern: «sie sollen sich nicht aufblähen, sondern zur Ehre Gottes noch eifriger Sklavendienste tun». Sie sollen ihren Herren «wie einem Abbild Gottes untertan sein in Scheu und Furcht». Sie drohen den Ungehorsamen, daß sie einst «ruhelos ihre Zunge zerbeißen und mit ewigem Feuer gequält werden».

Natürlich machen sich auch die Kirchenväter zum Sprachrohr der herrschenden Klasse.

Der hl. Hieronymus hält Sklaven für skandalöse Schwätzer, Verschwender, für Verleumder der Christen. Sie erscheinen bei ihm fast als deren Ausbeuter. Durch zwei Jahrzehnte schreibt er Sätze wie: «Sie meinen, was sie nicht bekommen, würde ihnen weggenommen, und sie denken nur an ihren Lohn, nicht an dein Einkommen»; «sie ziehen gar nicht in Betracht, wieviel du hast, sondern nur, wieviel sie bekommen».

Gut fügt sich auch für Kirchenlehrer Ambrosius die Sklaverei in die christliche Gesellschaft, in der ja alles hierarchisch gegliedert ist, beispielsweise auch die Frau deutlich unter dem Mann steht. (Nie ermüdet der große Heilige, die «Minderwertigkeit» des weiblichen Geschlechts darzutun, die Notwendigkeit der Herrschaft des Mannes und die Unterordnung der Frau; er «perfectior», sie «inferior».

Kaum zweifelhaft wohl, wie ein solcher Mensch über die Sklaverei denkt. Vor Gott natürlich sind Herr und Sklave gleich, haben beide eine Seele, ja, rein spirituell wertet Ambrosius den Unfreienstatus derart auf, «daß viele Sklaven als Herren ihrer Herren erscheinen» (K.-P. Schneider). Gleichwohl spricht er von der «Niederigkeit» des «Sklavendaseins», von «schändlicher Sklaverei», zögert er nicht, sie als schimpflich anzusehen und fast ständig zu verunglimpfen, Sklaven pauschal als treulos, feig, hinterlistig, als moralisch minderwertig zu bezeichnen, gleichsam als den Bodensatz. Doch willig getragen, sei Sklaverei keine Last und für die Gesellschaft sehr nützlich, kurz: ein Gut, ein Gottesgeschenk. – Nach Logik darf man nicht fragen, wo es um Macht geht. «Man muß glauben und darf nicht diskutieren» (Credere tibi iussum est, non discutere permissum: Ambrosius).

Der Glaube geht selbstredend auch Johannes Chrysostomos über alles. Der Glaube und das Himmelreich. Und so verweist unser «sozialistischer» Kirchenlehrer die Sklaven aufs Jenseits. Auf Erden haben sie nichts zu erhoffen. Zwar schuf Gott den Menschen als Freigeborenen, nicht als Sklaven. Die Sklaverei aber entstand als Folge der Sünde und werde demnach existieren, solange man sündigen wird. Doch nur die Sklaverei der Sünde schade, nicht die physische Sklaverei. Auch nicht das Prügeln der Sklaven. Der hl. «Kommunist» ist gegen «Milde zur unrechten Zeit». Er ist natürlich auch gegen einen Umsturz, wie schon der hl. Paulus. Wortreich propagiert er die Beibehaltung des Elends überhaupt. «Wenn du die Armut ausrottest», belehrt er die Menschheit, «dann würdest du die ganze Struktur des Lebens vernichten; du würdest unser Leben zerstören ... Wenn alle reich wären, würden alle in Untätigkeit leben» – wie offenbar die Reichen – «und dann würde alles zerstört werden und zugrunde gehen.»

Bezeichnenderweise zählt auch dieser Kirchenlehrer wieder zur Sklaverei im weiteren Sinn die Knechtung der Frau durch den Mann – die Schuld Evas: weil sie hinter Adams Rücken mit der Schlange verhandelte. So muß der Mann über die Frau herrschen, muß sie «unter seine Herrschaft gestellt», «sein Herrschaftsrecht mit Freuden» anerkennen. «Denn auch dem Pferd ist es nützlicher, einen Zügel zu tragen ...»

Mit aller Entschiedenheit verteidigt Augustinus die Sklaverei (vgl. S. 457 ff.). Sie ist eine Folge der Sünde, ein selbstverständlicher Bestandteil der Besitzordnung und wird aus der natürlichen Ungleichheit der Menschen begründet. (Nach dem oft so demütig sich gerierenden Bischof von Hippo gibt es nicht einmal im Himmel Gleichheit, finden sogar dort – woher er das wohl weiß? – «zweifellos Abstufungen statt», «wird der eine Selige vor dem andern einen Vorzug haben»: ihre Ehrsucht reicht durch alle Ewigkeit!) Überall Hierarchie. Überall Abstufungen. Überall Diffamierung. Die Unterordnung des Sklaven gehört für Augustin ebenso zur gottgewollten Ordnung wie die Unterordnung der Frau unter dem Mann.

Nachdrücklich verwirft es Augustin, die bestehende Gesetzgebung mit Gewalt zu ändern, nachdrücklich lehnt er jede Sklavenemanzipation durch das Christentum ab. Flucht, Widerstand oder gar Racheaktionen der Unfreien, all dies wird schärfstens von Augustin verdammt, der solche «pessimi servi» der Polizei oder Justiz ausgeliefert sehen will. Eifrig fordert er von den Sklaven demütigen Gehorsam und Treue. Sie dürfen sich nicht eigenmächtig gegen ihre Versklavung auflehnen, sie sollen ihren Herren von Herzen und mit gutem Willen dienen, nicht unter dem Druck rechtlichen Zwanges, sondern aus Freude an der Pflichterfüllung, «nicht in heimtückischer Furcht, sondern in treuer Liebe», und dies so lange, bis «Gott ist alles in allem», ad calendas graecas also, bis zum Nimmerleinstag. Den Herren aber erlaubt der Kirchenlehrer, die Unfreien durch Worte oder Schläge zu strafen – jedoch immer im Geiste christlicher Liebe! Kann Augustin einerseits ja sogar die Sklaven durch die Gottgewolltheit ihres Schicksals trösten, andererseits den Herren den irdischen Nutzen vorstellen, der ihnen aus der kirchlichen Zähmung der Sklaven erwächst. Nicht genug: christliche Sklaven, die unter Berufung auf das Alte Testament – in dieser Frage fortschrittlicher als das Neue – Freilassung nach sechsjährigem Dienst erbitten, weist Augustinus brüsk zurück.

Selbst der berühmte hl. Martin von Tours, Schutzpatron Frankreichs und Patron der Gänsezucht, der noch als Soldat, wer wüßte es nicht, einem nackten Bettler am Stadttor von Amiens seinen halben Mantel schenkte (warum nicht den ganzen?), hat als Bischof, der er u. a. durch seine Totenerweckungen (!) wurde, dann 20 000 Sklaven gehalten – wer wüßte es! Die Legende kennt jeder!

Alle Behauptungen der Apologeten, das schreckliche Los des Sklaven habe sich in christlicher Zeit gebessert, sind unwahr. Eher trifft das Gegenteil zu.

War in den ersten Jahrhunderten vor allem durch die stoische Lehre von der Gleichheit der Menschen ein leichter Umschwung zugunsten der Sklaven erfolgt, auch in der Gesetzgebung der heidnischen Kaiser, besonders Hadrians (I 270 f.), so trat im 4. Jahrhundert eine rückläufige Bewegung ein. Die rechtliche Anerkennung der Sklaverei verschärfte sich, seit der Staat christlich wurde.

Während man vordem nach Geschlechtsverkehr einer Freien mit einem Sklaven die Frau versklavt hatte, befahl ein Gesetz des ersten christlichen Kaisers vom 29. Mai 326, mit sofortiger Wirkung die

Frau in diesem Fall zu köpfen, den Sklaven lebendig zu verbrennen (vgl. I 267 ff.). Auch wurden die Verfügungen gegen flüchtige Sklaven 319 und 326 verschärft, und anno 332 wird das Recht, Sklaven während des Prozesses zu foltern, erteilt. Ließ eine Verordnung des Heiden Trajan ausgesetzte Kinder unter keinen Umständen versklaven, verdammte sie 331 ein Erlaß Konstantins des Heiligen zu ewiger Sklaverei. Im Osten blieb dies Gesetz zweihundert Jahre, bis 529, in Kraft, im christlichen Abendland aber anscheinend bis zum Erlöschen der Sklaverei! Gelegentlich forderte der Klerus die Frauen sogar auf, heimlich geborene Kinder an der Kirchentür abzusetzen, worauf man sie wahrscheinlich aufgezogen und zu Kirchensklaven gemacht hat.

Auch die kanonischen Gesetze selber bestätigen die Verschlechterung für die Sklaven in christlicher Zeit.

Hatte die Kirche früher beispielsweise kaum Bedenken, Sklaven vor Gericht als Zeugen oder Kläger zuzulassen, sprach ihnen die Synode von Karthago (419) dieses Recht ausdrücklich ab. Und später hielt man stets strikt daran fest. Noch ihre Bekehrung mit Hilfe der Peitsche machte der christliche Staat den Herren zur Pflicht. Auch die Asylie wurde zum Nachteil des Sklaven beschränkt. Floh ein Unfreier in die Kirche, mußten ihn die Priester binnen eines Tages denunzieren. Versprach der Herr Verzeihung, gab ihn die Kirche heraus. Auch die Schaffung der bischöflichen Gerichtsbarkeit änderte an der rechtlichen Stellung der Sklaven nicht das geringste. Ebensowenig die «manumissio in ecclesia», das schon von Konstantin verfügte Privileg des Freilassungsaktes in der Kirche. Nicht einmal die Chancen der Freilassung wurden dadurch vermehrt, denn diese Möglichkeit hatten die Sklavenbesitzer längst.

Die Kirche erlaubte den Besuch des Marktes zum Einkauf von Sklaven ausdrücklich. Selbst Eltern konnten ihre eigenen Kinder verkaufen, was 391 Kaiser Theodosius zwar verbietet, später aber umständehalber wieder erlaubt ist. Jeder, der nicht selber Sklave war, konnte Sklavenhalter werden. Nur arme Christen besaßen keine Sklaven. In den anderen Häusern lebten je nach Vermögen und Stellung drei, zehn, dreißig Sklaven. Sogar in der Kirche erschienen die reichen Gläubigen umringt von Sklaven. Es gab Christen, die viele Tausende besaßen – nach Johannes Chrysostomos war ein Kontingent von 1000 bis 2000 Unfreien auf antiochenischen Domänen ganz normal –, Menschen, die ihren Herren oft weniger galten als das Vieh, geschlagen, gefoltert, verstümmelt, in Ketten gelegt, getötet werden durften. Kein staatliches Gesetz kümmerte sich darum. Die Sklaverei galt auch den Christen als selbstverständlicher Bestandteil der menschlichen «Ordnung».

Die Kirche respektierte voll das Eigentumsrecht der Herren und übernahm die Ansprüche der besitzenden Klasse selber um so entschiedener, je reicher sie wurde und je dringender auch sie Sklaven brauchte. So hat sie eine Änderung der rechtlichen Stellung der Sklaven von Jahrhundert zu Jahrhundert verhindert, hat sie die Sklaverei nicht bekämpft, sondern gefestigt. Stellte man doch selbst auf orthodoxer Seite «gegenüber der vorkonstantinischen Zeit eine Verschlechterung für die Sklaven» fest (Schaub), was der übereinstimmenden Anschauung der kritischen Forschung entspricht. Für die alte Kirche war die Sklaverei eine unentbehrliche, überaus nützliche Institution, so selbstverständlich wie der Staat oder die Familie. Die Zahl der Sklaven nahm im 5. Jahrhundert und während der frühen Merowingerzeit nicht ab, sondern zu, ihr Los wurde nicht besser, sondern schlechter; man hält es für wahrscheinlich, daß es im christlichen Abendland mehr Sklaven gab als im heidnischen Kaiserreich. Selbst die Klöster hatten Sklaven, sowohl zum Dienst im Kloster wie zur Bedienung der Mönche. Und wo immer in diesem christlichen Abendland die Sklaverei endete, lag es an den allgemeinen politischen und wirtschaftlichen Verhältnissen, aber niemals an einem Verbot der Kirche. Vielmehr nahm die Sklaverei, wie der renommierte Theologe Ernst Troeltsch betont, «gegen Ende des Mittelalters einen Aufschwung, und die Kirche ist nicht bloß am Sklavenbesitz beteiligt, sondern verhängt auch geradezu Versklavung als Strafe in den verschiedensten Fällen!».

Angesichts all dieser und weiterer, Kirche und Christentum

schwer belastenden Tatbestände (vgl. S. 532 ff.) zögert ein vielbändiges katholisches Standardwerk nicht, noch 1979 zu behaupten: «Gleichzeitig ist jedoch die Kirche so entschieden und umfassend für die Erleichterung des Sklavenloses eingetreten wie keine andere Institution oder gesellschaftliche Gruppe in der Welt.»

«Weide meine Lämmer!» – Von der Kirche der Pazifisten zur Kirche der Feldpfaffen

Die bis ins 20. Jahrhundert nicht abreißende Greuelchronik der Catholica ist um so degoutanter, als sie – blutiger Hohn! – im Namen des Friedens, der Liebe, der Frohen Botschaft geschah. Keine Religion der Weltgeschichte trat so revolutionär in sie ein, und keine wurde so erzreaktionär, keine hat ihre Praxis so sehr zum Gegenteil ihrer Predigt gemacht und keine die Kluft zwischen beiden derart geleugnet oder bagatellisiert. Wer sonst mußte die Lektüre seines eigenen Heiligen Buches Jahrhunderte hindurch verbieten, weil ihm die Wirklichkeit so scheußlich widersprach! Nur «frommen und gelehrten Leuten» wurde sein Lesen erlaubt; beim Lesen «in vulgari translatos», «in vulgari lingua», «mehr Schaden» befürchtet.

Zwar kennen wir kaum das Credo des geschichtlichen Jesus, ja, haben nicht einmal Gewißheit über seine Existenz. Doch wir wissen, daß der synoptische Lehrer frei ist von nationalistischen Instinkten, Leidenschaften, von Patriotismus und Machtambition, daß er jedes Faustrecht verwirft, jeden Terror, jede Despotie, daß er fordert, das Böse nicht nur bedingungslos hinzunehmen, sondern mit Güte zu belohnen, daß sein Gebot der Feindesliebe unbegrenzt ist – wie immer man diese eindeutigen Worte wendet, einschränkt, ins Gegenteil verkehrt. Wir wissen, daß die gesamte Frühchristenheit Krieg und Gewalt kompromißlos verabscheut hat – sei es auch nur, weil die Propagierung der pazifistischen Bibelpostulate ihrer eigenen politischen Ohnmacht entsprach. Umringt von Andersgläubigen, konnte man leicht Versöhnlichkeit und Feindesliebe lehren.

Man tat es mit allem Eifer, tat es bis ins 4. Jahrhundert hinein. Von Justin über Tatian, Athenagoras, Tertullian, Origenes, Cyprian bis zu Arnobius, Laktanz wurden die christlichen Theologen nicht müde, der Welt Frieden zu verkünden und religiöse Toleranz, Gewaltlosigkeit, Vergebung, ein Leben ohne Feindschaft und Krieg. In grandioser Monotonie beteuern sie ihre Harmlosigkeit, Güte, ihre Unschuld und Langmut.

Weil der Klerus jedoch stets betrügt, weil selbst und gerade der Patron der Prediger, der heilige Chrysostomos, die Notwendigkeit der Lüge zum Zweck des Seelenheils bejaht, sogar unter Berufung auf Beispiele des Alten und Neuen Testaments (!), lügen auch heute die Katholiken leichten Herzens, die Kirche habe die Lehre vom gerechten Krieg «immer und überall vertreten» (Ermecke), habe «zu allen Zeiten den schrankenlosen Pazifismus abgelehnt und neben der persönlichen Notwehr und der innerstaatlichen Notwehr – Todesstrafe – auch die überstaatliche, d. h. den gerechten Krieg anerkannt» (Fleischmann). Tatsächlich aber war der christliche Pazifismus vor Konstantin so absolut, daß noch zu Beginn des 4. Jahrhunderts die Synode von Elvira jedem Gläubigen, der auch *nur durch Anzeige* eines Mitmenschen zu dessen Hinrichtung oder Ächtung beitrug, zeitlebens, selbst in der Todesstunde, die Kommunion verweigerte.

In Übereinstimmung damit untersagt auch Kirchenvater Laktanz die Denunzierung eines Verbrechens, auf dem die Todesstrafe steht. Denn: «Wenn Gott das Töten verbietet, ist nicht nur das Ermorden von Menschen nach Räuberart verboten; das verbietet auch schon das staatliche Gesetz; sondern es ist dann jede andere Menschentötung verboten, auch eine solche, die nach weltlichem Recht sehr wohl erlaubt wäre.»

Konsequent bekämpft Laktanz – was immer zu Massakern geführt hat und führt, die Kirche seither aber stets unterstützt – Patriotismus und Nationalismus. Denn: «Was sind die ‹Vorteile des Vaterlandes› anderes als die Nachteile eines zweiten Staates oder Volkes, das heißt das Gebiet auszudehnen, indem man es anderen gewaltsam entreißt, das Reich zu mehren, die Staatseinkünfte zu vergrößern? Alles dieses sind ja nicht Tugenden, sondern es ist die Vernichtung von Tugenden.»

So in seinem Hauptwerk «Divinae Institutiones», knapp vor 313 verfaßt. Doch wie merkwürdig: Gleich darauf verzichtet eine verkürzte Neuausgabe desselben Traktates auf alle antimilitaristischen Partien und verherrlicht den Tod fürs Vaterland! 313 nämlich hatte Konstantin die Christen anerkannt, und sofort fielen sie jetzt um. Augenblicklich verriet Laktanz, Erzieher des Kaisersohnes, Erzieher vielleicht schon des Kaisers selber, nicht nur die eigne Glaubensüberzeugung, sondern auch eine dreihundertjährige Tradition. Mit allen Bischöfen und Heiligen ging er geradewegs ins Lager der ewigen Metzger der Menschheit über. Denn nun witterten sie Morgenluft, nun witterten sie die Chance der Macht, nun begannen sie mit den Wölfen zu heulen. Und mit welch süßen Engelszungen sie auch über die Zeiten hin Toleranz und Liebe gepredigt, Gewaltlosigkeit, Frieden – plötzlich predigten sie beides: Frieden *und* Gewalt, Feindesliebe *und* Feindeshaß, die Frohe Botschaft und die schlimmste: Krieg, Krieg, Krieg! Mit dem einen faszinierten sie Verdummte, mit dem andren hofierten sie die Macht, und durch beide wurden sie selbst die Allermächtigsten, die Allesüberdauernden, die ganze Geschlechter unter sich begruben.

Es muß ein eigentümliches Vergnügen für die Menschen sein, sich fort und fort verdummen, verkaufen, vernichten zu lassen: für das Vaterland, den Lebensraum, die Freiheit, für den Osten, den Westen, für diesen und für jenen Herrn, am meisten aber für die, die Gott stets so sicher mit ihrem Vorteil verwechseln und ihren Vorteil mit Gott, die so zielstrebig dem Tag dienen, doch die Ewigkeit nie aus dem Auge verlieren, die im Frieden Frieden propagieren und im Krieg den Krieg, und beides mit gleicher Überzeugungskraft und gleicher Perfektion: da das Christkind, dort Kanonen; da die Bibel, dort Pulver; da «Liebet einander», dort «Bringt sie um, Gott will es». «Sie haben geschworen, sie müssen gehorsam sein!» Sie müssen verrecken, sobald ein Haupt- und Staatsverbrecher es befiehlt, zu Tausenden, zu Hunderttausenden, Millionen. Ja, es muß ein eigentümliches Vergnügen sein, von Jahrhundert zu Jahrhundert im Blut der Menschheit zu schwimmen und Halleluja zu rufen. Es muß ein eigentümliches Vergnügen sein, fast zwei Jahrtausende hindurch zu lügen, zu fälschen, zu täuschen. Es muß ein eigentümliches Vergnügen sein, über Äonen, über alle Zusammenbrüche, alles große Völkernasführen und Völkerruinieren hinweg die Heuchelei zur Kunst aller Künste zu machen und sie fort und fort zu sanktionieren – auf daß es einem wohlergehe und man lange lebe auf Erden.

Wo sonst noch gibt es diese atemverschlagende Mischung von Wolfsgeheul und Friedensschalmei, Weihnachtsbotschaft und Scheiterhaufen, von Heiligenlegende und Henkersgeschichte! Wo sonst dies allumfassende Liebespalaver und den praktisch allesverschlingenden Haß! Wo sonst eine Religion, die aus Liebe tötet, aus Liebe foltert, aus Liebe raubt, erpreßt, entehrt, verteufelt und verdammt! Es wurde die große, die weltbeglückende Praxis des Christentums, die grassierende Pest der Jahrtausende. Mit einem Wort: Das Christentum wurde der Antichrist. Jener Teufel, den es an die Wand malte: er war es selber! Jenes Böse, das es zu bekämpfen vorgab: es war es selber! Jene Hölle, mit der es drohte: sie war es selbst! Von allem Schlimmen wurde es das Schlimmste: nicht weil andre minder schlecht gewesen, sondern weil sie's nicht so lang sein konnten, nicht so intensiv, weil sie nicht solche Macht über das Volk gewannen, das sich mit Hokus und Pokus, Latein und Lügen, mit pastoralem Pathos, den Gesten der Heiligkeit, den Schrecknissen und Süßigkeiten des Jenseits verzücken und bestürzen und zu jedem Verbrechen hinreißen ließ, geschah es nur in Gottes (und in ihrem) Namen, der alles erlaubte, alles erleichterte, alles ermöglichte, indes man sich selber die Hände in Unschuld wusch, die eigene Haut sicherte, den eigenen Säckel füllte und lehrte: «Sammelt nicht Schätze auf Erden», «Richtet nicht», «Liebet einander», «Tut Gutes denen, die euch hassen». Sie taten Böses jenen, die Jesus liebten, die seine Gebote befolgen wollten, sie rissen ihnen die Zungen, die Augen aus, zertrümmerten ihre Gebeine, sie begruben sie lebendig, sie kreuzigten, verbrannten, mauerten ein Leben lang ein, sie taten ihnen jede Schmach und jede Schande an und jeden Schmerz, sie rächten sich an ihren Kindern noch und Kindeskindern, sie fühlten sich gut und im Recht, sie fühlen sich noch immer so. Und schlugen doch die Menschheit ans Kreuz. Alle für Einen? Alle für sie! Seit Konstantin wurden Heuchelei und Gewalt die Kennzeichen der Kirchengeschichte, wurde Massenmord zur Praxis einer Religion. *Einen* zu töten war strikt verboten, Tausende umzubringen ein gottgefälliges Werk. Das Ganze heißt nicht Geisteskrankheit, das Ganze heißt Christentum.

Tauchte im ausgehenden 2. Jahrhundert die Frage, ob ein Christ Soldat werden könne, überhaupt erst auf, war dies im 4. gar keine Frage mehr. Taten Christen noch im 3. Jahrhundert Militärdienst nur ausnahmsweise, wurde er im 4. Jahrhundert für sie die Regel. Schlossen die Bischöfe vor 313 im Krieg nichtfahnenflüchtige Soldaten aus der Kirche aus, exkommunizierten sie danach die fahnenflüchtigen. Erlitten vordem einige Kriegsdienstverweigerer den Martertod, entfernte man ihre Namen nun schnell aus den Kalendern. Denn die Stunde der Soldatenmärtyrer war jetzt vorbei und die der Militärbischöfe da. Noch mit Konstantin rückten sie begeistert ins Feld, nicht um zu fechten, versteht sich, sondern um zu profitieren – und die Initialen Christi (welche Perversion!) leuchteten auf den Fahnen den Truppen der ersten christlichen Majestät voran, die, so jubilierte Kirchengeschichtsschreiber Bischof Euseb, mehr Völker bekriegt und unterjocht habe als alle heidnischen Kaiser.

Ja, die Hirten, die Ober-Hirten. «Weide meine Lämmer!» Welch schönes Wort. Nur: «stellt Euch doch einmal die Frage», schreibt der von Hitlerschergen am Schreibtisch erschossene Theodor Lessing, «wozu und aus welchen Beweggründen der gute Hirte für seine Herde das Nachdenken besorgt? Erstens: weil er sie scheren will. Zweitens: weil er sie fressen will.»

Für Mord hatten die Synoden der ersten Jahrhunderte gar keine

Buße festgesetzt, weil man glaubte, er käme bei Christen nicht vor. Doch um dieselbe Zeit, als Kirchenlehrer Basilius, der selbst freilich schon guten Kontakt mit höchsten Militärs unterhielt, für Krieger wenigstens noch jahrelange Kommunionverweigerung gebot, pries ein anderer, mehr Schule machender Kirchenfürst bereits das Töten im Krieg.

Athanasius, der berühmte «Vater der Rechtgläubigkeit», ebenso straßenkampferfahren wie intrigenerprobt, ein Hirte, den von vierundfünfzig Episkopen nur sieben, überdies eidbrüchige, zum Bischof gewählt, der gegen die Arianer, unter den Namen Kaiser Konstantins und seines Sohnes Konstantius II., widerliche Schmähbriefe fälschte, worin er jeden (ohne Appellation und Gnadenakte!) sofort liquidiert sehen wollte, der auch nur eine Schrift des Arius aufbewahrte, wie er überhaupt nicht frei ist vom Verdacht, an dessen Tod mitschuldig zu sein: dieser seltsame Heilige erklärte jetzt, Mord sei zwar nicht erlaubt, in Kriegen aber sei es «sowohl gesetzlich als lobenswert, Gegner zu töten».

Es wurde allgemeine Kirchenlehre.

Da aber das ganze nun einsetzende Schlachtgeheul der katholischen Heilsbringer doch zu kraß gegen das Evangelium und die gesamte frühchristliche Überlieferung verstieß, kreierte ein anderer Froher Botschafter desselben Schlags die Unterscheidung von «gerechten» und «ungerechten» Kriegen.

Augustinus, der auch die schlimmsten sozialen Gegensätze gerechtfertigt hat, dessen wesentlichster Ratschlag an die Armen hieß, «im ewig gleichen unverändert harten Joch des niedern Standes» auszuharren (wobei er mit Paulus ebenso übereinstimmt wie mit Thomas von Aquin), Augustinus, der auch Prototyp des mittelalterlichen Ketzerjägers wurde, indem er mit seinem bezwingenden cogite intrare, seinen schönen Seelsorger-Sprüchen: «Des Freundes Wunden seien besser als des Feindes Küsse», «Besser sei es, dem Hungrigen das Brot zu nehmen, wenn er die Gerechtigkeit verachte», «Wer härter strafe, zeige größere Liebe» und dergleichen katholischen Kostbarkeiten mehr die Zwangsbekehrung Andersgläubiger betrieb, Geldstrafen forderte, Konfiskation ihrer Kirchen, Verbannung; auch schon die Folter erlaubte, sie «leicht» im Vergleich zur Hölle nannte, eine «Kur» (emendatio) für den Menschen, auch die Todesstrafe zumindest hinnahm, wie er überhaupt den Krieg mit dem für seinesgleichen charakteristischen zynischen Zungenschlag als Weg zum Frieden verteidigte, zumal der Erfolg eine gewisse Verlustquote rechtfertige – ah, die Hirten, die Ober-Hirten. «Weide meine Lämmer!», dieser weitere seltsame Heilige verteidigte jetzt als «gerechte Kriege» alle jene, «die Unrecht rächen» – was Jesus doch gerade verbot.

Der große Profiteur der Gotenvernichtung: die Römische Kirche

Es ist klar, daß die katholische Kirche Italiens, daß besonders der hohe Klerus im Gotenkrieg – wie der katholische Klerus Afrikas im Wandalenkrieg – nicht auf der Seite der «Ketzer» und «Barbaren» stand. Und gilt dies schon von dem «gotischen» Papst, dem Hormisdassohn Silverius, auf dessen «Rat hin» doch, so das katholische «Handbuch der Kirchengeschichte», die Römer ihre Stadt «kampflos dem byzantinischen General Belisar übergeben hatten», so gilt es gewiß erst recht von dem «byzantinischen» Papst Vigilius, seinem Mörder. Vigilius hat den größten Teil seines Pontifikats in Konstantinopel verbracht. Er war eine Kreatur der Kaiserin, der er sein Papsttum verdankte. Und dem Kaiser diente er im Gotenkrieg als Mittelsmann zu den Franken, mit denen Justinian antigotische Bündnisverhandlungen zur Einkreisung und Vernichtung des Gotenkönigs Totila betrieb (der seinerseits gerade die katholischen Kirchen Roms und ihre Besitzungen schonte). Dem Bischof Auxanius von Arles befahl Papst Vigilius am 22. Mai 545 Gebete im Gottesdienst für Justinian, Theodora und Belisar. Den Nachfolger des Auxanius, Aurelian, verpflichtete er am 23. August 546 «mit bischöflichem Eifer allezeit zwischen den allergnädigsten Herrschern

(Justinian I. und Theodora) und dem ruhmreichen Könige Childebert die Bande unversehrter Freundschaft zu bewahren». Es ist begreiflicherweise wenig über dieses Beziehungsgeflecht bekannt. Caspar kommentiert: «Man tut hier einen Blick in das Spiel der diplomatischen Bündnisverhandlungen zwischen Byzanz und der neuen fränkischen Macht zur Umstrickung des letzten erfolgreichen Gotenkönigs Totila, Verhandlungen, bei denen Belisar und der Papst als Mittelsmänner wirkten».

Im Jahr 548 gelangte Papst Vigilius sogar «zu einmaliger geschichtlicher Bedeutung» (Giesecke).

Belisar, in Italien von Totila geschlagen, war nach Konstantinopel zurückgekehrt, der Kaiser schon fast ohne Siegeshoffnung. In diesem Augenblick, berichtet Prokop, beschwor «der Erzbischof von Rom» nebst anderen vornehmen Flüchtlingen aus Italien «den Kaiser, ihre Heimat doch wieder den Goten zu entreißen». Eindringlich trieb er den Regenten immer wieder zur energischen Fortsetzung des Krieges. Nach langem Schwanken ernannte Justinian seinen von ihm eifersüchtig beargwöhnten Neffen Germanus zum neuen Oberbefehlshaber und, nach dessen plötzlichem Tod, 552 den armenischen Eunuchen Narses. Mit einem starken Heer und unterstützt durch germanische Elitetruppen, stach Narses den Rest der Goten ab, was um so besser gelang, als er «unter dem besonderen Schutz der jungfräulichen Gottesmutter» stand, die «über allen seinen Handlungen» gewacht, ihm geradezu «als strategischer Berater» gedient hat (Euagrios).

Wie gegen die Wandalen, stand die Catholica auch gegen die Ostgoten auf der Seite des Kaisers. Und wie sie ihn einst zum Krieg gegen das Nordafrika der «Ketzer» angereizt, so drängte sie ihn jetzt zur Fortsetzung des Krieges gegen die Goten. Totila, der sein Schicksal zu ahnen schien, der wiederholt Byzanz Frieden angeboten, wird bald ringsum attackiert. Zuerst verliert er, durch General Artabanos, im Winter 551 Sizilien. Dann wird bei Sinagaglia die gotische Flotte vernichtet. Und nun erscheint im Norden Narses, der Eunuch, als Soldat wie Diplomat gleich versiert, Belisars Rivale,

Theodoras Günstling, ein kühler, schlangenhaft geschmeidiger Mensch, ein frommer auch, der alle seine Siege, so rühmt zumindest die Pfaffheit ihm nach, dem Gebet zuschreibt und der jetzt, schon über 65 Jahre alt, mit genügend Schlächtern freilich, zum «Besieger und Vernichter des ganzen Gotenvolkes» wird und «einen riesigen Reichtum an Gold, Silber und sonstigen Kostbarkeiten gewinnt» (Paulus Diaconus). 552 reibt er in der Entscheidungsschlacht bei Busta Gallorum oder bei Taginae an der Via Flaminia, nördlich von Spoleto, das gotische Heer gänzlich auf, auch durch 5500 Langobarden und 3000 Heruler. Totila fällt auf der Flucht. Seinen blutigen Kopf schwenken die Sieger auf einer Lanze herum. Und im Oktober 553 fällt nach sechzigtägigem Verzweiflungskampf auch der letzte Gotenkönig Teja mit dem Heereskern am Fuß des Vesuv. Beträchtliche weitere Franken- und Alemannenscharen unter dem Alemannenherzog Bucelin, der das Gotendebakel auf seine Weise nutzen und mit Bruder Leuthari Italien für sich haben wollte, liquidiert Narses in mörderischer Schlacht 554 am Volturno bei Capua. Sie wurden umgehauen wie Vieh. Der Rest soll in den Fluten des Flusses versunken sein. «Groß war darüber die Freude in Italien» (tota Italia gaudens), jubelt das römische Papstbuch. Ein ähnlich starkes Heer unter Bucelins Bruder Leuthari krepierte, schon auf dem Rückmarsch, schwer mit Beute beladen, im Venetianischen an einer Seuche. Nur angeblich fünf Mann von 70 000 kamen zurück. Kastrat Narses, auf den Stufen St. Peters vom Klerus mit Hymnen empfangen, warf sich betend am vermeintlichen Apostelgrab nieder und rief seine ausschweifende Soldadeska zu Frömmigkeit und fortgesetzter Waffenübung auf. Ein letztes Gotenkastell im Apennin widersteht bis 555. Im Norden gewinnt man Verona und Brescia (mit merowingischer Hilfe) sogar erst 562. In Ravenna residiert nun ein kaiserlicher Statthalter, der Exarch. Auch die Ostgoten verschwinden aus der Geschichte.

Der zwanzigjährige Gotenkrieg hat Italien in eine rauchende Ruine verwandelt, in eine Wüste. Er schlug ihm, so der vielleicht noch immer beste deutsche Kenner der Epoche, L. M. Hartmann, schlimmere Wunden als der Dreißigjährige Krieg Deutschland. Das Blutopfer geht vermutlich in die Millionen. Ganze Landstriche waren menschenleer, fast alle Städte einmal oder wiederholt belagert, zuweilen sämtliche Einwohner getötet, die Frauen und Kinder von den Byzantinern häufig als Sklaven fortgeschleppt, die Männer, auf beiden Seiten, als Feinde und «Ketzer» niedergemacht worden. Rom, die Millionenstadt, fünfmal erobert, fünfmal verheert, durch Schwert, Hunger und Pest heimgesucht, hatte nur noch 40 000 Einwohner. Die Großstädte Mailand, Neapel waren entvölkert.

Mit der Entvölkerung aber griff eine ungeheure Verarmung um sich, vor allem durch die Verödung der Felder, doch auch durch die weithin abgestochnen Herden. Die zerbrochenen Wasserleitungen, die Thermen verfielen, unersetzliche Kunst- und Kulturwerke gingen zugrunde. Überall Leichen und Trümmer, Seuchen und Hunger, Hunderttausende kamen dabei um.

Selbst Jesuit Hartmann Grisar gibt zu, «was die Byzantiner an die Stelle des gotischen Regiments brachten, war keine Freiheit, sondern das Kehrbild derselben ... lief auf Unterjochung freier Bewegung der Persönlichkeit, auf ein System der Knechtschaft hinaus», während «bei den Goten wahre Freiheit eine Heimstätte hatte».

Wohl am meisten aber gewann durch das Fiasko die Kirche, wie übrigens gewöhnlich nach Kriegen – noch und gerade auch im 20. Jahrhundert. («Man ist zur Überzeugung gelangt», bekannte nach dem Ersten Weltkrieg auf dem Katholikenkongreß in Liverpool Kardinal Gasquet, «daß der am besten aus dem Krieg herausgekommene Mann der Papst war!»)

In Italien und Afrika hatte man die arianische «Ketzerei» ausradiert. Auch das selbständige Königreich Italien war verschwunden und im allgemeinen Chaos als grandiosester Parasit eine Art «Kirchenstaat» im Wachsen begriffen. Die früheren Vorrechte Roms wurden wiederhergestellt, Macht und Ansehen des römischen Bischofs durch Justinian vermehrt. Auch im Altreich bevorzugte seine Kirchengesetzgebung immer deutlicher die katholische Kirche, besonders das Mönchtum. Und während man «Ketzer» stets schärfer verfolgt, regiert der Papst über ein tief in den Osten reichendes Patriarchat. Und da das Vermögen der Kirche viel beweglicher als jedes Laienvermögen war, da sie ihren großen Besitz nicht nur behaupten, sondern noch mehren konnte, vor allem durch den Raub der beträchtlichen arianischen Kirchengüter, wurde sie «zu einer wirtschaftlichen Macht ersten Ranges und zu der einzigen Institution des öffentlichen Lebens, welche in dem allgemeinen Niedergange Italiens im Aufstieg begriffen war» (Caspar), wurde sie «beinahe die einzige Geldmacht Italiens» (Hartmann) «und der Papst zum reichsten Mann im Lande» (Haller).

Nun profitierte die westliche Kirche aber nicht nur durch Besitzveränderungen und Mehrung ihres Vermögens, was den Kaiser persönlich interessierte; sondern jetzt füllten sich auch, wie nach jedem großen Krieg, die Bethäuser und damals vor allem die Klöster. (Wie noch nach dem Ersten Weltkrieg, wo der Klerus in Deutschland von 1919 bis 1930 pro Monat durchschnittlich zwölf bis dreizehn Klöster gründete; mit einem Gesamtmitgliederzuwachs von rund 2000 Mitgliedern je Jahr.) Denn der bankrotte Bauer, der hungernde Kolone, der von der Steuer überforderte städtische Beamte, sie alle kamen. «Die Kirche», schreibt Gregorovius, «stand jetzt mitten im Schutte des alten Staats allein aufrecht, allein lebenskräftig und eines Zieles bewußt da, denn um sie her war Wüste».

Hatte der Kaiser aber seine mehr als zwanzigjährigen Kriege auch gewiß nicht für «die Freiheit der Untertanen» geführt, so nicht zuletzt gewiß «für den ‹rechten Glauben›». Auf dessen Altar, das steht fest, hatte er zwei Völker geschlachtet und ausgemerzt. Denn die von vielen Zeitgenossen und vor allem von Justinian selber so bestaunte recuperatio imperii bestand vor allem in der blutigen Rückeroberung Nordafrikas und Italiens für den Katholizismus. Der Despot wurde damit der «Vorkämpfer der römischen Kirche», er gab «in erster Linie Rom und dem Papst, was er nur geben konnte» (Rubin).

Den Untertanen dagegen gab der Kaiser nichts, nichts Gutes jedenfalls. Denn wer immer Rom und dem Papst derart gibt, der nimmt es andern. Und fast immer unterdrückt er dann auch andere. Gerade die langen Kriege, angeblich für die Freiheit der Menschen Nordafrikas, Spaniens, besonders aber Italiens geführt, hatten – neben den Perserkriegen, 700 neuerbauten Festungen und Hunderten von neuerbauten Kirchen – Unsummen verschlungen. Um aber die Heere in Ost und West finanzieren zu können, wurden die Ostprovinzen durch enorme Steuern ruiniert, wurde das Volk, was Prokop betont, immer rücksichtsloser ausgesaugt, immer unzufriedener, zumal die Verwaltung ebenso korrupt war wie die Justiz, die Generalität frech, Erpressung, Rechtsbeugung und Gewalt alltäglich und in diesem großen Polizei- und Sakralstaat alles stahl, vom Polizisten bis zum Minister.

Papst Gregor umjubelt einen Kaisermörder

Als im Jahr 602 die oströmischen Truppen ins Winterquartier für einen Balkanfeldzug rücken sollten, aus Sparsamkeitsgründen aber jenseits der Donau, kam es unter Führung des Hauptmanns Phokas zu einer Meuterei. Er eroberte die Hauptstadt, entthronte Maurikios und wurde am 23. November mit seiner Gattin Leontia vom Patriarchen zum Kaiser gekrönt (602–610). Fast unmittelbar danach ließ Phokas die vier in den vermeintlichen Schutz einer Kirche geflüchteten jüngeren Kaisersöhne vor den Augen des Vaters ermorden, der jedesmal, zuckte das Messer des Mörders über einem Kind, gerufen haben soll: «Du bist gerecht, o Gott, und redlich sind deine Gerichte!» Dann wurde Maurikios selber abgestochen. Und kurz darauf auch sein ältester Sohn und Mitregent Theodosius, das päpstliche Patenkind.

Um die Bluttat zu rächen, ließ 604 der Maurikios-Verbündete, Schah Chosro II., der letzte sassanidische Großkönig (später gleichfalls liquidiert), in Dara und Odessa mehrere tausend gefangene Legionäre erwürgen. Phokas seinerseits tötete auch den Rest der kaiserlichen Familie, die in ein Nonnenkloster gesperrte Kaiserin Konstantina samt ihren Töchtern. Überdies ließ «das von Gott berufene Oberhaupt», so der katholische Kirchenhistoriker Karl Baus (1982), zwischen 602 und 610 noch einige hundert Verwandte, Senatoren und Anhänger des gemeuchelten Herrschers umbringen. Und der hl. Gregor zögerte jetzt nicht, mit dem Mörder des gesamten Kaiserhauses sofort gemeinsame Sache zu machen.

Phokas nämlich, dessen acht anarchische Regentenjahre zu den «blutigsten Epochen» (F. G. Maier), zu einer «der katastrophalsten Herrschaften in der ganzen Geschichte des Reichs» zählen (Richards), dieses Jahrhundertscheusal wurde nun in Rom gefeiert. Mit «Jubel» reagierte der Papst auf die Nachricht vom Tode des Maurikios, dem er doch samt seiner Familie so freundliche, herzliche Briefe geschrieben. Und als am 25. April 603 die Bildnisse der neuen Majestäten in Rom ankamen, ging man den «Laurata», den Lorbeerbekränzten, mit angezündeten Kerzen festlich entgegen. Klerus und Adel riefen bei der Huldigungszeremonie in der Kirche S. Cesario: «Erhöre Christus! Phocas dem Augustus und Leontia der Augusta langes Leben!» Und Papst Gregor plazierte die Konterfeis des allerhöchsten Gangsterpaares im Lateranpalast im Oratorium eines Märtyrers, des hl. Caesarius, und schrieb gleichzeitig dem ehrenwerten Thronräuberweib, es überschwenglich auffordernd zur Verteidigung des christlichen Glaubens!

Dem kaiserlichen Kopfjäger selbst aber versicherte der päpstliche Kirchenlehrer im Mai 603 brieflich, daß «der Heilige Geist in Eurem Herzen wohnt», und wünschte, «das ganze Volk des Staates, das bisher so sehr betrübt war, möge durch Eure guten Taten froh werden!» «Ehre sei Gott in der Höhe, der, wie geschrieben steht, die Zeiten wandelt und die Reiche überträgt», jubiliert Gregor «der Große». «Es freue sich der Himmel und es jauchze die Erde ...» etc. etc.

Ist das nicht prächtig! Einem Heiligen, dem «großen» Papst und Kirchenlehrer nur allzu angemessen, mitten aus der Mördergrube seines feigen, doch machtsüchtigen Herzens geschrieben?! Densel-

ben Kaiser, dessen durch Phokas ermordeten Sohn Gregor einst –
Höhepunkt seiner Nuntiuszeit – glückstrahlend aus der Taufe hob,
diffamiert er jetzt gegenüber dem Mörder als eine Strafe für die Sünden vieler, als brutalen Unterdrücker. Und den Mörder dieses Kaisers, den Mörder seiner ganzen Familie, feiert er als Sendboten des
barmherzigen Gottes, des Trost- und Gnadenspenders für alle Herzen, als fromme Majestät. Pfui Teufel, Papst!

Selbst des Großen größter Stuß
weist noch «nach vorne» ...

Nicht besser, eher übler steht es mit den 593/594 veröffentlichten
vier Büchern «Dialogi de vita et miraculis patrum Italicorum»,
worin Gregor umfassend und mit der ihm eigenen Bravour vorführt,
daß auch zu seiner Zeit noch das Wunder floriere, die Prophezei-
ung, Vision, daß, allem Anschein zum Trotz, «Gott der Herr noch
immer am Werk ist»; daß aber nicht nur der Orient glänze durch
mirakulöse Asketen, Mönche, sondern auch, wie ihm glaubwürdige
Gewährsleute, Priester, Bischöfe, Äbte und andere versichern, sein
eigenes Vaterland. Und ein halbes Dutzend Wunder, «Himmels-
zier», «Gaben des Heiligen Geistes», «Schutzwehr» will er selbst
erlebt haben.

Das grandiose Machwerk «Dialoge über Leben und Wunder der
italischen Väter» wurde mit göttlicher und geistlicher Hilfe rasch
und ungewöhnlich populär. Es übte den «breitesten Einfluß auf die
Nachwelt» aus (H. J. Vogt). Es half, über die Langobardenkönigin
Theudelinde, mit, die Langobarden für den Katholizismus zu ge-
winnen. Es wurde ins Arabische, Angelsächsische, Altisländische,
Altfranzösische, Italienische und Griechische übertragen. Es stand
in allen Bibliotheken und erweiterte besonders den geistigen Hori-
zont der Religiosen. Wurde es doch «von jedem gebildeten Mönch
gelesen», ja schuf mit seinen Schule machenden Einblicken ins Jenseits, vor allem aber mit seinen zahlreichen Mirakelschwindeleien

«einen neuen Typ der religiösen Pädagogik» (Gerwing). Nicht genug, Gregors Dialoge wiesen «nach vorne»; sie stellten (zusammen mit seinen «Homilien», eine Art Vorläufer der «Dialoge» und ähnlich umwerfend schlicht) «das Ergebnis einiger der dunkelsten Stunden Roms», wie man mit herrlich ungewollter Ironie schrieb, «die neue Form des Wissens» für das Mittelalter dar, «die neue Kultur ...» (Richards)

Nichts fehlt da an Krassem, Krudem, Abergläubischem, hier virtutes genannt: Blindenheilungen, Totenerweckungen, Geisteraustreibungen, wunderbare Wein- und Ölvermehrungen, Erscheinungen von Maria, Petrus, das Auftreten von Teufeln aller Art. Überhaupt waren Strafwunder besonders beliebt. Das Angstmachen war (und ist) die große Domäne der Pfaffen.

Papst Gregor «der Große» hält eine ganze Reihe von Totenerweckungen fest: durch den Priester Severus, den hl. Benedikt, einen Mönch vom Berg Argentarius, den berühmten Geisterbeschwörer Bischof Fortunatus von Todi, der auch einen Blinden durch das bloße Kreuzzeichen sofort wieder sehend macht. Anderseits wird ein arianischer Bischof mit Blindheit geschlagen. Und in Langobarden, von Mönchen aus einer Kirche geschleppt, fährt der Teufel.

Gregor überliefert uns eine Weinvermehrung des Bischofs Bonifatius von Ferentino, der aus wenigen Weintrauben ganze Fässer bis zum Überlaufen füllt. Und Prior Nonnosus vom Kloster auf dem Berg Soracte in Etrurien bewegt allein durch sein Gebet einen Stein, den «fünfzig Paar Ochsen» nicht von der Stelle hätten bringen können. Gregor berichtet, wie Maurus, ein Schüler des hl. Benedikt, auf dem Wasser wandelt – «O Wunder, unerhört seit Petrus, dem Apostel!»; wie ein «Bruder Gärtner» eine Schlange dressiert, die einen Dieb stellt; wie ein Rabe ein vergiftetes Brot beseitigt («‹Im Namen unseres Herrn Jesu Christi nimm dieses Brot und wirf es an einen Ort, wo es kein Mensch finden kann!› Da sperrte der Rabe den Schnabel auf ...») Gregor der Große! Eine Nonne vergißt, einen Salatkopf, bevor sie ihn ißt, «mit dem Kreuzzeichen zu segnen», so daß sie den Satan mit verzehrt, der aus ihrem Mund brüllt: «Was tat ich denn? Was tat ich denn? Ich saß ruhig auf der Salatstaude, sie kam und hat mich gebissen ...» Böses Weib. Aber ein Heiliger treibt ihr den Satan wieder aus, gottlob. Gregor der Große!

Auch die Topographie der Hölle bereichert der Wegweiser für Jahrhunderte. Ihre Eingänge, verrät er, sind feuerspeiende Berge. Und daß die Krater in Sizilien sich ständig vergrößern, erklärt der (wieder einmal) bevorstehende Weltuntergang: infolge des Andrangs der Verdammten bedarf es breiterer Zugänge zur Hölle. Wer da hineingeht, kommt nicht wieder. Doch seien, wußte Gregor, bestimmte Verstorbene für bis zu 30 Messen aus dem Fegefeuer erlöst worden; so ein Mönch, der sich gegen das Armutsgelübde vergangen. Aber Gregor wußte auch, daß nicht alle aus der Vorhölle erlöst werden, daß selbst ungetauft sterbende Kinder im ewigen Feuer schmoren.

Da die gegenwärtige Zeit, wie der Papst immer wieder einschärft, «sich dem Ende nähert», drängt sich die Befassung mit der Hölle einfach auf. Wo liegt sie überhaupt? Gregor wagt dies «nicht leichthin zu entscheiden». Doch aus dem Wort des Psalmisten «Du hast erlöst meine Seele aus der unteren Hölle» schließt er messerscharf, «daß die obere Hölle auf der Erde, die untere aber unter der Erde liegt». Mit der oberen Hölle hat es sicher seine Richtigkeit. Was die untere betrifft, steht für Gregor fest – und erhärtet Mt. 25,46 auch biblisch –, wer in die Hölle kommt, muß ewig brennen. (Neuerer also, Progressisten, die das Höllenfeuer – weil unglaubhaft inzwischen – jetzt flink erlöschen lassen wollen, haben nicht nur den großen Papst und Kirchenlehrer, sondern auch Jesus gegen sich samt ungezählten anderen Kirchenkoryphäen.) Nach Gregor ist die Ewigkeit der Höllenqualen «ganz gewiß und unzweifelhaft wahr», und doch – er müßte denn kein Pfaffe sein, und was für einer! – lehrt er, «ist ihre Feuersqual zu etwas gut».

Zu etwas gut?

Unsereinem schwer vorstellbar. Doch ist man Papst und Heiliger und Kirchenlehrer und «der Große», weiß man's eben. Gut ist's für die «Gerechten», für all die lieben Engelein im Himmel, die da der Anblick des Elends der Verdammten (gleich vis-à-vis dem Paradies) belohnen, erbauen, denen dies die Seligkeit, die ewige, versüßen, ewig versüßen soll – «es erkennen nämlich die Gerechten in Gott die Freude, deren sie teilhaftig werden, und sehen in jenen die Qualen, denen sie entrannen; dadurch sollen sie um so mehr ihre ewige Dankespflicht der göttlichen Huld gegenüber erkennen, je mehr sie die Sünde auf ewig bestraft sehen ...»

Ist das keine herrliche Religion, die Religion der Liebe?

Gregor vertrat auch den abstrusesten Reliquienglauben, und er wirkt damit fort bis heute.

Reliquien freilich gab's, bei aller Fülle, nicht unbeschränkt. So beschritt der Papst den Weg der «Multiplikation», indem er zum Beispiel mit der Apostelleiche berührte und dadurch geweihte Tücher in Umlauf brachte. Oder indem er von angeblichen Ketten Petri Eisenstaub abfeilen und als «benedictiones sancti Petri» in alle Welt verschicken ließ; selbstverständlich nur an Hochgestellte, vor allem an Fürsten. Kranken aufgelegt oder am Körper, etwa am Hals, getragen, taten sie Wunder. Ja, Papst Gregor bringt es fertig, Reste von der Nahrung des Täufers zu verschicken sowie zwei Hemden und vier Taschentücher «ex benedictione S. Petri».

Das sind starke Stücke des Großen.

Ermuntert offenbar von Gregors Großzügigkeit, begehrte die Kaiserin Konstantina, Gattin des Kaisers Maurikios, gleich den Kopf des hl. Paulus oder zumindest «sonst ein Glied von seinem Leibe». Das war natürlich zuviel verlangt, doch Gregor weder um Ausreden noch um Wunder verlegen. Es sei ein todeswürdiges Verbrechen, belehrte er die hohe Frau, heilige Leiber zu berühren, sie nur anzusehen. Er selbst habe einen Beauftragten beobachtet, der am Grab des hl. Paulus Gebeine berührte, nicht einmal die des Apostels (*dies* glaubt man sofort), doch jäh getötet wurde. Und Papst Pelagius I. od. II., so schreckte der mit wunderbaren göttlichen Strafen aufwartende Experte weiter, habe einst das Grab von St. Laurentius, dem zu Tod Gerösteten, öffnen lassen – und sämtliche Mönche und Aufseher, die den hl. Leichnam erblickt, seien innerhalb von zehn Tagen gestorben. Doch erbot sich der Papst, für die Monarchin einiges von den Ketten des hl. Petrus abfeilen zu lassen, falls es gelinge; oft feile man, ohne daß auch nur irgendwas abfiele.

Sie lügen, daß sich die Balken biegen.

Das Schönste aber: trotz all der Wunderdinge, der vielen mirakelwirkenden Reliquien, die Gregor laufend verschickte, die besonders seine Diplomaten verschenkten, sanktionierte Sensationen sozusagen, die man in Rom schon fabrikmäßig herstellen ließ, trotz allem half ihm selber, der an Magenschmerzen, an Podagra, Gicht, an stets neuen Leiden litt und 598/599 fast zwei Jahre im Bett lag, nichts. Er wurde, nach eigenem Bekenntnis, «beständig davon geplagt», bejammerte «Martern ohne Unterlaß». Dem Patriarchen von Alexandria schrieb er: «Meine Schmerzen wollen weder weichen noch mich töten» – und rühmte in Begleitbriefen beim Versand seiner Reliquien deren fabelhafte, Kranke heilende Kraft ...

Dieser Papst nun, der die Priester mit Göttern und Engeln vergleicht, der den Untergebenen verbietet, sogar schlechte Vorgesetzte zu kritisieren, der Gehorsam gegenüber der Obrigkeit lehrt, aber selbst dem Kaiser nicht gehorcht, der die Entwicklung zum Kirchenstaat einleitet mit kaum übersehbaren Ketten von Raub- und Eroberungskriegen, der noch mit den größten Bluthunden seiner Zeit kollaboriert, mit Phokas, der Brunichild, der den Religions- und Angriffskrieg gutheißt, zu Überfällen aus dem Hinterhalt, zur Geiselnahme rät, der Prügel, Folter, Kerker, hohe Steuern zu Bekehrungszwecken propagiert, der den Antisemitismus fördert, die Literatur, die Wissenschaften unterdrückt, dessen Werke von haarsträubendem Unsinn strotzen, von jeder Menge Wunder- und Reliquienkitsch – dieser Mann wurde Heiliger der katholischen Kirche, bekam als einziger Papst des Mittelalters und der Neuzeit den Beinamen «der Große» und – schon seit dem 8. Jahrhundert (Leo I. erst seit dem 18.) – den raren Titel eines «Kirchenlehrers». Er wurde der wohl meistzitierte Kirchenautor bei Theologen,

Kanonisten, Publizisten, wurde überhaupt einer der meistgelesenen Schriftsteller des Mittelalters, für lange ein Vorbild Ungezählter und eine Idealfigur des Papsttums.

Doch attestiert auch noch P. E. Schramm Gregor «Größe» selbst auf «dem geistigen Gebiet», feiern auch noch katholische Kirchenhistoriker des 20. Jahrhunderts Gregor als einen «der bedeutendsten Seelsorger unter den Päpsten» (Baus), «eine der edelsten, lautersten Gestalten auf dem Stuhl Petri» (Seppelt / Schwaiger) und sehen ihn längst auf einem «Platz unter den Großen des Himmelreiches» (Stratmann).

Beginn karolingischer Kultur oder Mit «christlichen Fahnen nach Sachsen hinein»

Die christliche Metzelei («Schwertmission»), womit Karl die Sachsenkriege seines Vaters fortsetzte, begann 772. Der «milde König», wie ihn gerade seinerzeit wiederholt die Reichsannalen nennen, eroberte damals die sächsische Grenzfeste Eresburg (heute Obermarsberg an der Diemel), in der ersten Hälfte der Sachsenkriege ein wichtiger Ausgangspunkt seiner Militäroperationen. Und er zerstörte (wahrscheinlich dort) die Irminsul, das sächsische Nationalheiligtum ...

Nachdem die Christen drei Tage lang die Kultstelle gänzlich verheert, den heiligen Hain verbrannt, die Säule vernichtet hatten, zogen sie mit den dort aufgestapelten Weihgeschenken, reichen Gold- und Silberschätzen, davon – «der milde König Karl», melden die Reichsannalen schlicht, «brachte das Gold und Silber, das er dort fand, mit». Und schon bald erhob sich über dem geplünderten und ruinierten heidnischen Heiligtum eine Kirche «mit Peterspatrozinium» (Karpf) – der Torwart des Himmels anstelle des sächsischen Gottes Irmin (vermutlich identisch mit dem germanischen Gott Saxnoth / Tiwas), welch ein Fortschritt!

Und dann trug Karl gleichsam selbst «die christlichen Fahnen nach Sachsen hinein» (Groszmann), wobei vor seinem «Auge der Krieg immer klarer zum Glaubenskrieg sich gestaltete», wie Domkapitular Adolf Bertram 1899 erkennt. Er eroberte die Sigiburg an der Ruhr und drang über die Weser, «viele Sachsen wurden dort erschlagen», nach Ostfalen vor, um «nicht eher abzulassen, bis die Sachsen entweder als Besiegte sich der christlichen Religion unterworfen hätten oder gänzlich ausgerottet sein würden» – das Programm eines 33jährigen Krieges, der eben «mehr und mehr auch religiös motiviert» worden ist (Haendler). Denn, so Mönch Widukind von Corvey, «da er sah, wie sein edles Nachbarvolk, die Sachsen, im leeren Irrglauben befangen war, mühte er sich auf alle Weise, es auf den wahren Weg des Heils zu führen.»

Auf alle Weise. Zum Jahr 775 verdeutlichen dies die Reichsannalen notorisch lapidar: «Nachdem er die Geiseln erhalten, reiche Beute an sich genommen und dreimal ein Blutbad unter den Sachsen angerichtet hatte, kehrte der genannte König Karl mit Gottes Hilfe (auxiliante Domino) heim nach Francien.»

Die Beute, die Blutbäder und Gottes Hilfe – das kehrt immer wieder. Stets von neuem ist der liebe Gott auf der Seite der Stärkeren. 776: «Aber Gottes Kraft überwand gerechtermaßen die ihre ... und die ganze Masse von ihnen, die in ihrer Angst einer vom andern in die Flucht mitfortgerissen worden waren, töteten sich gegenseitig ...» 778: «Dort wurde eine Schlacht begonnen und sehr gut zu Ende geführt: mit Gottes Hilfe blieben die Franken Sieger und eine Menge Sachsen wurden dort erschlagen ...» 779: «... mit Gottes Hilfe ...» etc. Und zwischen den regelmäßigen sommerlichen Massenmorden feiert dann regelmäßig im Winter, mal auf diesem Hofgut, mal in jener Stadt, «der genannte milde König Weihnachten ...»

Man kämpfte gegen Heiden; das rechtfertigte alles. Klerikerscharen begleiteten die Schlächter. Mancherlei Wunder geschahen. Und nach jedem Feldzug schleppte man reichen Raub mit heim. Noch unter Karl entstanden die Bistümer Münster, Osnabrück, Bremen, letzteres ein «Brennpunkt» christlicher Propaganda unter den Sachsen. Dabei entsprach die Verteilung der Missionsbistümer seit

777 «den militärischen Stoßlinien der Franken vom Niederrhein und Main aus» (Löwe).

Von überall drangen die klerikalen Propagandisten vor, aus Bistumsstädten und Klöstern – die schon in der Antike «Zwingburgen» (Schultze) waren, im Frühmittelalter aber häufig bereits Funktionen hatten, die später, als die mittelalterliche Politik zu einem beträchtlichen Teil Burgenpolitik war, den eigentlichen Burgen zukamen. So mußten die Sachsen nicht nur in jedem fränkischen Missionar einen Spion oder Festiger der Fremdherrschaft erblicken, sondern auch «in jeder christlichen Niederlassung einen Stützpunkt für die angreifenden fränkischen Heere» (Hauck). Jeder Krieg gegen die Christen war für die Sachsen auch eine Art Religionskrieg, der Kampf für das Heidentum und die staatliche Freiheit dasselbe.

779 stößt Karl bis zur Weser, 780 bis zur Elbe vor. Wieder tauft man, nicht nur Ostsachsen, sondern sogar Wenden von jenseits der Elbe und «Nordleute». Wieder gelobt man Treue und stellt Geiseln. Auf einem Reichstag in Lippspringe versucht der Herrscher die Verbreitung des Christentums in Sachsen «nachdrücklich zu fördern und damit die Entwicklung feudaler Verhältnisse zu beschleunigen» (Epperlein). Zwischen den besetzten Burgen verbreiteten die christlichen Priester die neue «Aufklärung» – «sie trugen Kreuze und sangen fromme Lieder. Schwer bewaffnete Soldaten in voller Rüstung waren ihre Begleiter, die mit ihren entschlossenen Mienen die Christianisierung beschleunigten» (de Bayac).

Weiter wird das geraubte Gebiet an Bischöfe und Äbte verteilt, werden Missionssprengel geschaffen, Kirchen gebaut und selbst kleinere Klöster wie Hersfeld, Amorbach, Neustadt am Main, von Karl zur Heidenbekehrung eingesetzt. Erst recht natürlich Fulda, dessen Abt Sturmi noch kurz vor seinem Tod auf der sächsischen Eresburg kirchlich und militärisch das Kommando hat. Im Nordwesten agitiert Bischof Alberich von Utrecht, der in Westfriesland die Reste des Heidentums zerschmetterte. In seinem Auftrag und von Karls Militärmacht gedeckt, vertilgten Alberichs Mönche die

Götterbilder, die paganen Heiligtümer und raubten, was ihnen wertvoll war. Überließ der König doch einen Teil der Tempelschätze dem Bischof für kirchliche Zwecke. Auch der hl. Angelsachse Willehad, der ebenfalls früher schon, nicht sehr erfolgreich, die Friesen indoktriniert hatte, organisierte seit 780 auf Karls Befehl den nördlichen Teil des unterworfenen Sachsenlandes. Im mittleren Friesland wirkte, gleichfalls von Karl berufen, in ähnlicher Weise der hl. Liudger. Hier vernichtete er, gestützt auf die königliche Macht, die heidnischen Heiligtümer (fana), drang bis auf die Inseln vor und verwüstete, geschützt von fränkischen Soldaten, noch die Opferstätten des friesischen Gottes Fosete auf Helgoland.

Viele Geistliche sollen allerdings nur ungern zu den widerspenstigen Sachsen gegangen sein. Und als diese sich 782, zugleich mit den Wenden, unter Widukind erneut erhoben, traf ihre Wut besonders Klerus und Christentum, flammten weithin die Kirchen im Feuer. Noch ehe Karl aber selbst zur Stelle ist, werfen sächsischer Adel und fränkische Truppen gemeinsam den Aufstand nieder. Die sächsischen «Edlen» liefern die Empörer aus. Und nun steigert Karl den Expansions- und Missionskrieg bis zu der bekannten Abschlachtung in Verden an der Aller.

Tatsächlich standen da 782 an einem Spätherbsttag 4500 Sachsen, eng zusammengedrängt, wie Tiere im Schlachthaus, und umgeben von ihrem eigenen «Adel», der sie ausgeliefert, sowie von den Helden des «großen» Karl, des «Leuchtturms Europas», wie ihn eine St. Galler Handschrift aus dem 9. / 10. Jahrhundert nennt. Und auf sein Urteil wurden sie niedergehauen, in die Aller geworfen, mit der sie in die Weser trieben und dann ins Meer ... «4500, und dies ist auch so geschehen» (quod ita et factum est), wie lakonisch der Reichsannalist festhält (dann, fast noch im selben Atemzug: «Und er feierte Weihnachten ...») – just dort, wo der künftige «Heilige» bald eine Kirche aufsteigen läßt (keine Sühne-, eher eine Siegeskapelle) und sich heute der Dom von Verden erhebt. Buchstäblich auf Strömen von Blut – wie, im übertragenen Sinn, längst alle Christentempel.

Man stelle sich vor: 4500 Menschen mit abgehackten Köpfen – und dann Heiligsprechung des Mörders. – «Es ist wahr, er hat die 4500 Sachsen umgebracht», schreibt Ranke und fügt hinzu, «später aber tritt in ihm die einfache Ruhe einer großen Seele hervor.»

Karls Blutgesetze
Eins im Verbrechen, eins in der Heiligkeit

Während seines Kampfes erließ der König drakonische Gesetze; jeweils dann offenbar, wenn er glauben mochte, die Sachsen endgültig unterjocht zu haben und zur «Ordnung» übergehen zu können: vor allem die Capitulatio de partibus Saxoniae (782) und das Capitulare Saxonicum (797). Und da die Übertritte zum Christentum durch Massentaufen erzwungen worden waren, das sächsische Volk aber insgeheim weithin am Heidentum festhielt und den Klerus verabscheute, drang Karl auf restlose Ausrottung des alten Glaubens und seiner Riten, auf die Zwangstaufe aller Sachsen, die vollständige ideologische Umerziehung. Von den vierzehn die Todesstrafe verhängenden Bestimmungen der Capitulatio betreffen zehn allein Vergehen gegen das Christentum. Er hatte zuvor auch den Rat des Papstes eingeholt und orientierte sich zudem ganz offensichtlich an jener Missionsmethode der Fuldaer Mönche zur Vertilgung des Heidentums, die mit rücksichtslos durchgeführten Massentaufen und vollständiger Vernichtung seiner Heiligtümer begann.

Mit einem stereotypen «morte moriatur» wird alles bedroht, was die Verkünder der Frohen Botschaft ausmerzen wollten.

Das hört sich so an:

«3. Wenn jemand gewaltsam in eine Kirche eindringt und in ihr etwas raubt oder stiehlt oder die Kirche in Brand steckt, so sterbe er des Todes.

4. Wenn jemand das heilige vierzigtägige Fasten aus Mißachtung des Christentums nicht hält und Fleisch ißt, so sterbe er des Todes ...

7. Wenn jemand nach heidnischer Sitte den Leib eines verstorbenen Menschen durch Feuer verzehren läßt und seine Gebeine zu Asche brennt, so sterbe er des Todes.

8. Wenn jemand künftig im Sachsenvolk ungetauft sich verstecken möchte und unterläßt, zur Taufe zu kommen, weil er Heide bleiben will, so sterbe er des Todes ...

10. Wenn jemand gemeinsam mit Heiden etwas gegen Christen plant und mit ihnen in Feindschaft gegen die Christen zu verharren sucht, so sterbe er des Todes. Und wenn jemand diesem selben Verbrechen gegen den König und das christliche Volk zustimmt, so sterbe er des Todes.»

Sogar die Übertretung des Fastengebotes zog die Todesstrafe nach sich! (Karl selbst war das Fasten zuwider; es sei seinem Körper, klagte er, nicht zuträglich.)

Befohlen wurde: Taufe im ersten Lebensjahr, Kirchenbesuch an allen Sonn- und Feiertagen, Ablegen des Eides in den Kirchen, ja sogar die Einhaltung der kirchlichen Ehegesetze. Man forderte, wie schon Alkuin rügte, «strenge Bußen für die leichtesten Vergehen». (Am Hof Karls aber vögelte man bei Gelagen, an denen auch seine Töchter teilnahmen, ganz schön durcheinander.)

Da dem zwangsbekehrten Sachsenvolk wenig oder nichts am Christentum lag, mußte es weiter mit Gewalt zur Erhaltung der Kirche genötigt werden. Jedermann, Adelige, Freie, Liten, hatte den Zehnten vom Ertrag des Grundbesitzes und von allem Erwerb der Kirche zu geben. Außerdem mußte jede Kirche zwei Hufe, also zwei Bauerngüter, erhalten, sowie von je 125 Einwohnern einen Knecht und eine Magd, wodurch die Masse der Sachsen noch stärker ausgebeutet wurde als je zuvor.

«Karolus serenissimus augustus a Deo coronatus magnus pacificus» (Karl, der durchlauchtigste, von Gott gekrönte, große und friedebringende Kaiser), wie der Beginn seines umständlichen Titels seit 801 lautete, dieser friedebringende, von Gott gekrönte und auch «per misericordiam Dei» (durch das Erbarmen Gottes) regierende

Kaiser, der sich seit 802 auch «imperator christianissimus» nannte und (angeblich) mit den Worten des 31. Psalms starb: «In deine Hände, Herr, befehle ich meinen Geist», dieser Mensch hatte ein Gemetzel nach dem anderen veranstaltet, in seiner 46jährigen Regierung, von 768 bis 814, nahezu fortgesetzt Krieg geführt, fast 50 Feldzüge, nur in zwei Jahren, 790 und 807, schlachtete er nicht – «eine glückliche Zeit für die Kirche» (Daniel-Rops). Er hat die Langobarden, Sachsen, Friesen, die Bayern, Awaren, Slawen, die Basken, die Araber in Spanien, die Byzantiner in Süditalien bekriegt, in fast lauter kalt berechneten Angriffskriegen, und er hat dabei ungezählte Menschen in den Tod getrieben, einen oft grauenhaften, qualvollen Tod. Doch hat er nicht nur in Kriegen gemordet, sondern auch 4500 Gefangene töten und Tausende Familien vertreiben lassen – oder, wie es in einer der frühesten liturgischen Karlsdichtungen heißt, «Tausende niedergeworfen, die Erde von heidnischem Unkraut [!] gesäubert ..., die Ungläubigen bekehrt, die Götzenbilder zertrümmert, die fremden Götter vertrieben». Wie denn für ihn selbst, nach seinem Biographen Einhard, die Sachsen- und Awarenkriege wichtiger waren als alle anderen politischen Aufgaben. Und wie dann ja gerade kirchliche Kreise des 10. Jahrhunderts die Sachsenkriege als sein bedeutendstes Werk für die christliche Mission in den Vordergrund stellten.

Nicht nur darum nämlich, obschon schlimm genug, geht es, daß Karl «der Große» so gut wie pausenlos (die Winter meistens ausgenommen) geschlachtet, unterjocht, versklavt hat, daß er nichts so sehr war wie Krieger, Eroberer, Mörder und Räuber im größten Ausmaß – das, belehren uns seit längerem die gelehrtesten der Gelehrten, sei damals eben so üblich, sei sozusagen der (gute) Stil der Zeit gewesen, es zu tadeln ein gräßlicher Anachronismus, von unserer «aufgeklärten» (in Wirklichkeit doch noch ganz genau so erobernden, mordenden und raubenden) Zeit her geurteilt, sei überdies unangemessen richterlich, rigoristisch, moralisch beckmesserisch, kleinkariert. Nein, es geht auch darum, daß Karl «der Große» diesen ganzen ungeheuren Blutsumpf mit intensivster

Beteiligung des Christentums und der Kirche seiner Zeit (die natürlich auch «zeitgebunden» waren!) angerührt, daß diese Kirche nie dagegen protestiert, vielmehr gewaltig davon profitiert hat. Es geht darum, daß christlicher Feudalstaat und christliche Feudalkirche so gut wie eins waren, eins gerade im Verbrechen.

Denn Karl, dessen eigentliches «Staatsbuch» die Bibel war, zu dessen Lieblingswerken Augustins «Gottesstaat» gehörte, regierte und agierte nicht nur als König der Franken, sondern auch als erklärter Schutzherr der Kirche, als Partner und Bundesgenosse des Papstes, wie seine Gesetzgebung, seine Korrespondenz, die Geistliche führten, und seine nächsten Mitarbeiter bezeugen. Dieser Monarch war eine Art Königspriester, war «rector et devotus sanctae ecclesiae defensor et adiutor in omnibus» (Lenker und der heiligen Kirche ergebener Verteidiger und Beistand in allen Dingen).

Reich und Kirche sind im Imperium christianum unlösbar verquickt.

Doch war «der Große» auch persönlich ein gläubiger Katholik, der seinen Untertanen gegenüber so gern die christliche Moral vertreten, sie den armen Seelen eingeschärft hat, der aber selbst nicht nur nicht zögerte, die Kinder seines Bruders Karlmann um die Hälfte des Frankenreiches zu bringen, sondern der auch alles sonst verstieß, was ihm lästig war: die Fränkin Himiltrud, die ihm schon vor seiner ersten Ehe einen Sohn, den buckligen Pippin, geschenkt, ebenso wie seine rechtmäßige erste Gattin, die Tochter des Langobardenkönigs. Und der dann noch drei weitere Ehefrauen verbrauchte. Alle drei starben jung, an einer Krankheit; und die vierte, Liutgard, teilte bereits sein Bett, als die dritte, Fastrada, noch am Leben war. Dazu kamen, ohne daß der Hofklerus auch nur den geringsten Einspruch erhob, noch Nebenfrauen, die der Alternde sogar am Hof bei sich hatte (vier Konkubinen sind namentlich bekannt, doch gab es weitere). Ihnen machte er acht uneheliche Kinder, vier Söhne und vier Töchter. Sie kamen vor, zwischen und vor allem nach den Geburten von elf ehelichen Kindern, vier Söhnen und sieben Töchtern, zur Welt.

Doch nachdem man schließlich von Krankenheilungen und Wundern an Karls Grab zu berichten wußte, sprach ihn 1165 Papst Paschalis III., Gegenpapst Alexanders III., auf Betreiben Kaiser Friedrichs I. und dessen Kanzler Rainald von Dassel, heilig. Zur Kanonisierung führte Barbarossa Karls Verdienste für Kirche und Glauben an: Durch seine Bekehrung der Barbaren wurde er ein «wirklicher Apostel» (verus apostolus), und sein Mühen machten ihn zum «Märtyrer» (eum martyrem fecit), und ein Armknochen des hl. Karl wurde als Reliquie in einem kostbaren Schrein aufbewahrt. Papst Gregor IX. bestätigte die Kanonisation, spätere Päpste erklärten sie nicht für ungültig, gestanden vielmehr einzelnen Kirchen die Verehrung Kaiser Karls als eines Heiligen zu.

Jahrhundertelang galt Karl «der Große» als Idealbild des Herrschers, und für viele, viel zu viele ist er es noch heute.

Voltaire und Gibbon hatten seine Barbarei gebrandmarkt und ihm persönliche Größe abgesprochen. Ranke aber fand ihn dann sogar «zu groß zu einer Biographie», nannte seine Tätigkeit «vielleicht die großartigste Regierung, die vorgekommen ist», und fand in seiner «Weltgeschichte», wo er weder Alexander noch Caesar noch den christlichen Heroen Konstantin oder Otto I. so viel Gewicht und Aufmerksamkeit beimaß wie Karl, mit dessen Namen sogar «die Idee moralischer [!] und historischer Größe unwiderruflich» verbunden.

Das karolingische Reich, das «imperium Christianum», wie es Alkuin seit 798 nannte, das «regnum sanctae ecclesiae» (Libri Carolini), reichte von der Nordsee bis zu den Pyrenäen und zur Adria. Es umfaßte das heutige Frankreich, Belgien, Holland, Westdeutschland, die Schweiz, den größten Teil Italiens, die Spanische Mark und Korsika. Es umfaßte etwa 1 200 000 Quadratkilometer, war fast so groß wie das weströmische Imperium, und so gut wie alles im Nordosten und Süden dieses «Königreichs der Kirche» war zusammengeraubt.

Noch heute gilt das Christentum, wunderbarerweise, als ein Verein des Friedens, der Nächsten-, Feindesliebe, Frohen Botschaft. Noch heute ahnt die Mehrzahl der Menschen und zumal der christgläubigen nicht das ungeheure Ausmaß der Verstrickung schon der spätantiken, vor allem aber der frühmittelalterlichen Kirche in Fehden und Kriege. Denn mehr als jede andere Religion, selbst mehr als der Islam, ist das Christentum die Religion des Krieges gewesen und geblieben.

Bereits im frühen 4. Jahrhundert erfolgt dieser Verrat, die jähe Metamorphose der Kirche der Pazifisten in die der Feldpfaffen, ihr schlimmster Fall, und sozusagen einer über Nacht (I 247 ff.!); wobei das ganze Kriegsgeschehen mit klerikalem Ungeist angereichert, der Massenmord pseudoreligiös ritualisiert, mystifiziert worden ist durch Verwendung christlicher Texte, durch Symbole, Weihe, Segen etc. in der Liturgie, der Schlacht, in deren Vorbereitung.

Bereits im 5. oder 6. Jahrhundert heißt es im leonianischen Sakramentar, seinerzeit in Rom entstanden: «Besiege, Herr, die Feinde des römischen Namens und des katholischen Bekenntnisses! Beschütze allerorten die Lenker Roms ...! Vernichte die Feinde Deines Volkes!» Die gallikanischen Sakramentare des 7. und 8. Jahrhunderts setzen in den Gebetstexten anstelle des römischen Reiches gewöhnlich das fränkische und schließen mit dem König manchmal auch schon das Heer in die Fürbitte ein.

Kriegsflaggen lehnten die frühen Christen selbstverständlich ab. Im 10. Jahrhundert aber taucht zuerst in deutschen Pontifikalien der liturgische Segen der Kriegsfahnen auf. «Wie du Abraham gegen fünf Könige hast triumphieren lassen und dem König David zum Ruhme deines Namens den Schlachtensieg gegeben hast, so lasse dich herbei und segne und heilige auch dieses Feldzeichen, das zur Verteidigung der heiligen Kirche gegen den Feind, der vor Wut rast, getragen werden soll.»

Natürlich wird auch die christliche Soldateska selbst benediziert. So lautet ein Segen für das Heer im 11. Jahrhundert: «ihr Mut sei unerschrocken, ihre Kampfesgier sei aufrecht, und wenn das Heer durch deinen Engel gesiegt hat, dann gebe es nicht seiner eigenen Kraft, sondern nur deinem Sohne, dem siegreichen Christus, den Dank und den Triumph, der durch die Demut seines Leidens und Sterbens am Kreuze über den Tod und den Teufel triumphiert hat.» Ja, wie gut läßt sich doch Golgatha vermarkten! Bis in die beiden letzten Weltkriege dient es den menschlichen Schlachttieren als Vorbild, wird es zum metaphysischen Kraftreservoir für das physische Krepieren.

Nur konsequent, daß man bereits auch die Mordwaffen weiht (was ich oft bestreiten hörte und meist ganz generell: «Die Kirche hat nie Waffen gesegnet!»).

Nun steht aber, wieder zuerst in deutschen Pontifikalien, bereits im späteren 10. Jahrhundert ein «Schwertsegen», der auch in den Titeln der Handschriften so heißt. Und er gilt vor allem dem Totschlagstück selbst: «Erhöre, Herr, unsere Bitten und segne mit der Hand deiner Majestät dies Schwert, mit dem dieser Dein Knecht N. umgürtet zu werden wünscht ...»

Die katholischen Kämpfer rüstete der Bischof selbst mit Fahne, Schwert, Lanze und Schild aus. Und spätestens im 10. Jahrhundert zogen Bischöfe oder Priester den tötenden Haufen mit Kreuzen, Fahnen, Reliquien voran. Sie sprachen Gebete, Litaneien, intonierten fromme Lieder, etwa das beliebte «In Gottes Namen fahren wir ...». (Noch über meinem Bauch stand im Zweiten Weltkrieg: «GOTT MIT UNS». Und bei vielen stand und steht es leider noch immer auch im Kopf.) Dann stürzten sich die in jeder Hinsicht Aufgerüsteten, fest um das Banner, das geweihte, geheiligte, geschart, auf den bösen Feind mit den allerreligiösesten Schlachtrufen, mit «Kyrieleison» oder den Namen diverser Heiliger, wie des hl. Benedikt. «Christ ist geboren», schrie Erzbischof Christian von Mainz, in Gedanken vielleicht noch bei seinen zahlreichen Lustweibern (S. 527). Der Bischof von Basel rief auf dem Marchfeld, Schauplatz so vieler Gemetzel durch zwei Jahrtausende: «Sant Marei, Mutter und Maid, all unsere Not sei dir geschlait.» Die Reichstruppen brüllten «Rom», die Franzosen «Montjoie», die Normannen «Gott hilf», die Kreuzritter «Heiliges Kreuz». Und dann begann die Arbeit ...

Die geistlichen Herren ziehen aber nicht nur ins Feld, sie kommandieren oft ganze Heere.

Oberhirte Arn von Würzburg, ein besonders rühriger Recke, erbeutet 871 beim Überfall auf den Hochzeitszug einer böhmischen Herzogstochter u. a. 644 Pferde. Im nächsten Jahr befehligt er eine Streitmacht gegen die Böhmen, 884 eine gegen die Normannen. 892 bricht er auf eigene Faust wieder in Böhmen ein, doch die Sorben erschlagen ihn mit dem größten Teil seiner Truppen, passenderweise angeblich, «während er die Messe sang». Und zumindest noch im 18. Jahrhundert verehrt man in Franken den wilden Kämpen als Märtyrer (Fest 13. Juli).

Arns Nachfolger, Bischof Rudolf, nach einem zeitgenössischen Chronisten zwar adelig, doch recht dumm (licet nobilis, stultissimus tamen), führt verheerende, ganz Ostfranken wie eine Naturkatastrophe erschütternde Fehden mit den älteren Babenbergern (V 354 ff.).

Nicht minder streitbar als die Würzburger: ihr Nachbar Erzbischof Liutbert von Mainz. Er attackiert bald Wenden, bald Normannen, zieht 872 mit einem Heer nach Böhmen, schlägt fünf ihrer duces und verwüstet das Land. 883 kämpft er auch gegen die Normannen und tötet viele. Sein Nachfolger Erzbischof Sunderhold fällt 891 in dem verlustreichen Treffen am Geulenbach bei Meersen als Führer einer fränkischen Feldschar.

Gegen die Normannen hatten schon 854 die Bischöfe Agius von Orléans und Burchard von Chartres Schiffe und Soldaten geschickt. Der Diakon und Abt von S. Amand, Karlmann, ein Sohn Karls des Kahlen, marschierte 868 gegen sie. Bischof Wala von Metz wurde 882 ihr Opfer. Bischof Franco von Lüttich und Abt von Lobbes (856–903) griff sie nach eigenem Bekenntnis in «vielen Kriegen» an. Auch Gauzlin, Abt von Saint-Amand, St. Germain-des-Prés, St. Denis, seit 884 noch Bischof von Paris, war Truppenführer gegen sie. Sein Nachfolger, Bischof Askerich von Paris (886–910), wird gerühmt, mit Gottes Hilfe sechshundert Normannen geschlachtet zu haben.

Nun bissen natürlich nicht nur teuflische Landesfeinde oder christliche Laien ins Gras. Vielmehr blieben damals, um 900, nicht weniger als zehn Bischöfe auf dem Schlachtfeld. Stellten die hohen Seelenführer für die Heerfahrten doch nicht bloß ihre Aufgebote, sondern partizipierten auch selbst «als Mitglieder des Schwertadels an den Feldzügen» (Prinz), ja sie kämpften «an der Spitze eigener Heereskontingente» (Störmer) – während sie später (nichts paßt uns!) nur noch andere für sich krepieren lassen.

Unter den Ottonen stand die Reichskirche sozusagen in voller Kriegsbemalung da. Und nicht selten stellte sie die stärksten Haufen der kaiserlichen Heere; im Aufgebot Ottos II., verglichen mit den Weltlichen, sogar im Verhältnis 2,5 : 1. Während der längsten Zeit seiner Regierung sind an allen Aktionen Bischöfe beteiligt.

Am häufigsten hat Heinrich II. die Oberhirten in den Krieg gerufen, war seine Regierung ja, einem Heiligen offenbar angemessen, «der eindeutige Höhepunkt in der Heranziehung des hohen Klerus zur Heerfolge im Westen und Osten» (Auer). Und wie schon vor den Ottonen weithin in Europa Seelenführer als Schlachtführer in Erscheinung traten, so kommandierten auch jetzt unter ihnen und ihren Nachfolgern Kirchenfürsten Heeresgruppen oder ganze Heere: die Erzbischöfe von Köln und Trier im Westen, wo u. a. auch die drei sächsischen Bischöfe Bernward von Hildesheim, Thiedrich von Münster und Meinwerk von Paderborn an Feindseligkeiten beteiligt sind; die Erzbischöfe von Magdeburg (die allein zwischen 983 und 1017 dreizehn Feldzüge unternehmen, wie immer wieder auch die Bischöfe von Halberstadt) in den Slawenkriegen; der Patriarch von Aquileja, der Erzbischof von Mailand, der Erzbischof Heribert von Köln, «ein Mann von großer Heiligkeit» (er wurde tatsächlich kanonisiert) und «durch viele Wunder berühmt» (Hermann von Reichenau), in Italien, wo insbesondere der Bischof Leo von Vercelli (998–1026), dort einer der führenden Anhänger Heinrichs II., jahrelang immer wieder in blutigen Gefechten als Feldherr fungierte.

Das gute Beispiel der Päpste

Natürlich war das Kriegstreiben des hohen Klerus nicht zuletzt deshalb möglich, weil auch die Päpste, entgegen der eigenen Kirchenlehre, damit einverstanden, ja selbst daran, indirekt und direkt, Land- und Seeschlachten leitend, beteiligt waren.

Bereits Gregor I. (590–604), der einzige Heilige Vater mit dem Beinamen «der Große», befehligte in Krisenzeiten die römische Garnison. Er rekrutierte Männer aus Klöstern, kümmerte sich um militärische Einrichtungen, um Truppenstützpunkte, Befestigungen, ja empfahl bei kriegerischen Operationen Rückenangriffe, Geiselnahme und Plünderung (IV 190 ff.). Er wurde Heiliger und Kirchenlehrer.

Schon 778 hatte Hadrian I., dieser extrem landgierige Mensch (IV 432 ff.), mit einem eigenen Heer den ersten päpstlichen Angriffskrieg geführt. 849 begleitete Papst Leo IV. seine Haudegen. 877 schlägt Johann VIII. die sarazenische Flotte bei Capo Circeo (V 265), 915 Johann X. die Sarazenen am Garigliano (V 484) und rühmt sich in einem Brief an den Kölner Erzbischof Hermann, zweimal persönlich gegen sie gekämpft zu haben. Benedikt VIII. besiegt sie 1016 bei Luni an der ligurischen Küste. Und Leo IX. (1049–1054), ein deutscher Graf von Egisheim, führt als erster Heiliger Vater selbst Krieg im Namen der Kirche (S. 197 ff.).

Die Normannen, notiert der gelähmte Mönch von Reichenau, «baten um Frieden, versprachen ihm Unterwerfung und Dienstbarkeit und versicherten, sie wollten alles, was sie bisher unrechtmäßig sich angemaßt und an sich gerissen hatten, durch seine Belehnung und Huld behalten; der Papst lehnte das ab». Schließlich erstrebte der Römische Stuhl Kampanien und Apulien schon seit den Tagen Karls des «Großen». Auch war Leos Heer zahlenmäßig überlegen. Also ignorierte der Heilige die cluniazensischen Friedensbestrebungen, ignorierte den vom Kaiser propagierten «Gottesfrieden», ignorierte dessen Truppenabzug, ignorierte auch sein eigenes, auf dem Konzil zu Reims 1049 erneuertes Verbot des Waffentragens, des Kriegsdienstes für Geistliche – alles wohl unter dem Einfluß seines Kardinaldiakons Hildebrand und dessen Lieblingsspruches: «Verflucht der Mann, der sein Schwert von Blut zurückhält.» Und noch ehe es zu einer Vereinigung mit den von Bari anrückenden Griechen kam, standen die Normannen am 16. Juni 1053 am Fortore bei Civitate, einem verschwundenen Ort nordwestlich von Foggia, schlachtbereit da.

Die päpstliche Armee, unter der sich, außer Kanzler Friedrich, auch Kardinal Humbert und die Erzbischöfe Petrus von Amalfi sowie Udalricus von Benevent, ein Deutscher, befanden, erschien erstmals mit den von Leo verliehenen Fahnen des hl. Petrus. Und ging, vom Papst gesegnet, ihrer Sünden losgesprochen, ins Gefecht und «nach dem verborgenen Richtspruch Gottes» ihrem jähen Untergang entgegen. Denn obwohl bereits «beinah von den Deutschen besiegt», umfaßten die Normannen sie mit Reservekräften aus dem Hinterhalt. Die italienischen Truppen, darin stimmen die Berichte überein, stoben beim ersten Ansturm Richards von Aversa in wilder Flucht davon. Und die Deutschen, die vorher geprahlt, die normannischen «Räuber» auszulöschen, starben nun, umzingelt und schlecht bewaffnet, fast samt und sonders. Von Robert Guiskards Lanzenreitern, die nur notfalls hatten eingreifen sollen, in der Flanke gefaßt, fielen sie vermutlich bis auf den letzten Mann – indes der hl. Leo mit den Bischöfen zunächst noch auf der Stadtmauer stand und, nach alter Feldherrenart, zusah.

Es war die Katastrophe seines Lebens.

Zuletzt, als die Normannen schon das Kastell bestürmten, die Vorstadt bereits brannte, plünderten die Bürger von Civitate das päpstliche Gepäck, das des klerikalen Gefolges, ja, den mitgeführten Kirchenschatz und trieben Leo samt seinen Kardinälen vor die Stadt, wo ihm seine Gegner demutsvoll die apostolischen Füße küßten und ihn, auf den Knien liegend, an seine priesterliche Sendung erinnerten, während er ihnen jetzt die – vordem verweigerte – Kommunion gab. Freilich inhaftierten ihn die Sieger auch acht Monate in Benevent, bis zum Frühjahr 1054.

Und was tat Leo IX.?

Nachdem er alle Gefallenen seines Heeres, wahrlich genug Räuber und Mörder darunter, zu Märtyrern und Heiligen erklärt hatte, schickte «dieser allersanfteste Mann» noch in Benevent die Kardinäle Friedrich von Lothringen und Humbert von Silva Candida, seine nächsten Vertrauten, nach Byzanz und forderte Konstantin IX. Monomachos (1042–1055) auf, zusammen mit Heinrich III. und ihm die Normannen zu bekämpfen. Behauptete er doch gar, entgegen der Wahrheit, ein persönliches Eingreifen des deutschen Kaisers in Unteritalien, ein Kriegszug gegen die Normannen, stehe unmittelbar bevor. Und starb, gerade fünfzig, am 19. April 1054, sofort als Heiliger verehrt und mit entsprechenden Mirakelmären umrankt.

Entstehung und Bedeutung der «Konstantinischen Schenkung» und die Aufdeckung der Fälschung

Täuscht nicht alles, entstand die sogenannte Konstantinische Schenkung, triumphaler Auftakt gewissermaßen ungezählter Fälschungen künftiger Zeiten, zu Beginn der fünfziger Jahre des 8. Jahrhunderts in der päpstlichen Kanzlei Stephans II., wahrscheinlich noch vor dessen Aufbruch ins Frankenreich. Nach Walter Ullmann und anderen Gelehrten spricht «alles dafür ..., daß die päpstliche Kanzlei der Geburtsort der Fälschung war». Denn man brauchte einen Rechtstitel für den erhofften Territorialbesitz. So beseitigte offenbar auf dem Reichstag in Quierzy der Papst mittels des

Machwerks alle Bedenken Pippins. Er präsentierte eine Urkunde, die den hl. Petrus als rechtmäßigen Herrn und Besitzer Italiens, den Papst als Inhaber kaiserlichen Ranges, ja, geradezu als «Kaiser des Abendlandes» (Brackmann) auswies und alsbald die Franken zum Krieg gegen die Langobarden trieb (S. 383 ff.).

Vorlage für das Constitutum Constantini oder das Privilegium sanctae Romanae ecclesiae, wie die Sache im Mittelalter gewöhnlich hieß, war die im ausgehenden 5. Jahrhundert wohl gleichfalls in Rom entstandene Legenda sancti Silvestri, die Silvesterlegende, einer der in Rom, England, im Frankenreich meistgelesenen Heiligenromane des Christentums, das mit Hilfe dieser Literaturgattung historische Tatsachen stets mit Vorliebe verdrängt und verfälscht hat. Schon Anfang des 6. Jahrhunderts fand die Fabel bei den sogenannten Symmachianischen Fälschungen (II 341 ff.) Verwendung.

Nach der in verschiedenen Fassungen umherschwirrenden, in Hunderten von Handschriften kolportierten Legende war Kaiser Konstantin Christenverfolger gewesen und zur Strafe dafür vom Aussatz befallen worden. Papst Silvester heilte aber den Kaiser und taufte ihn im Lateran. Tatsächlich jedoch hatte Konstantin die Christen bekanntlich nicht verfolgt, sondern immens begünstigt. Er war auch nie vom Aussatz befallen und nicht von Silvester getauft worden, sondern von Bischof Euseb von Nicomedien, einem Arianer, und zwar erst auf dem Totenbett im Jahre 337, während Papst Silvester schon 335 gestorben war.

Die Urkunde nun, mittels deren sich das Papsttum den Kirchenstaat erschleicht und seine Weltherrschaft rechtlich begründet, hat die bestehende Situation völlig verkehrt: der römische Kaiser, dem bisher das Christentum unterstand, wird verfassungsrechtlich jetzt dem Papsttum unterstellt. Der Schwindel gibt sich als Erlaß Konstantins I. an Papst Silvester I. aus, mit Datum, eigenhändiger Unterschrift und dem Vermerk des Herrschers, er habe dies selbst am Grab des hl. Petrus niedergelegt. Aus Dankbarkeit für seine wunderbare Heilung vom Aussatz schenkt er dem Papst und dessen Nachfolgern einen ganzen Kontinent.

Nicht kleinlich, wirklich, der große Kaiser.

Feierlich bestätigt er dem Römer den Primat über alle Priester, über die Patriarchate von Antiochien, Alexandrien, Jerusalem, Konstantinopel und den Erdkreis. Er gestattet dem Papst, um jedem Zweifel an seinem Rang vorzubeugen, alle Abzeichen kaiserlicher Würde und schenkt ihm und seinen Nachfolgern den kaiserlichen Palast auf dem Lateran, die Stadt Rom sowie alle Städte und Provinzen Italiens und des ganzen Westens (omnes Italiae seu occidentalium regionum provintias, loca et civitates).

Somit war der Grundstein gelegt für den jahrhundertelangen Kampf zwischen Kaisern und Päpsten.

Zunächst zwar benutzte Rom sein Supergangsterstück nur sehr diskret. Erst um die Mitte des 9. Jahrhunderts, als das Falsifikat schon eine gewisse Geltung genoß, wurde es als rechtlich bindend verwertet und ging in eine weitere große kirchliche Fälschung ein, die Pseudoisidorischen Dekretalen, sowie schließlich in zahlreiche andere kanonische Rechtsbücher. Die ungeheure Territorialpolitik des Papsttums, das sich allmählich Fürstentümer und ganze Königreiche unterwarf, hatte ihre Rechtsgrundlage in dieser Erschleichung, ja, noch der heute existierende «Kirchenstaat» beruht darauf.

Von Ausnahmen abgesehen, ruhte die Urkunde jedoch dreihundert Jahre im wesentlichen unbenutzt in den Archiven des Klerus. (Unser ältester Text steht in den Handschriften der um 850 entstandenen Pseudoisidorischen Dekretalen.) Nachdem sich freilich viele Generationen an die Vorstellung der riesigen «Schenkung» gewöhnt und die Gaunerei eine gewaltige Autorität gewonnen hatte, begann sie eine große Rolle zu spielen, insistierten die Päpste bis ins Spätmittelalter darauf, verdammten sie, durch den Betrug gedeckt, jeden, der sich am kurialen Besitz vergriff oder dies irgendwie begünstigte. Besonders das sogenannte Reformpapsttum berief sich auf den Betrug. Er stand für die Römische Kirche auf dem ersten Platz aller mittelalterlichen Kaiserprivilegien. Noch bis ins 15. Jahrhundert galt diese in ihrer Wirkung gar nicht zu überschätzende

Fälschung, ohne deren Hilfe Rom vielleicht nie seine spätere Macht und Bedeutung erreicht hätte, allgemein für echt. War sie doch nicht nur bei dem letzten großen Kampf des mittelalterlichen Papsttums gegen das Kaisertum, gegen Ludwig den Bayern (1314–1347), für weite Kreise die eigentliche Rechtsgrundlage der Kirche, sondern noch Sigismund mußte als künftiger Kaiser 1433 die Bewahrung der «Konstantinischen Schenkung» beschwören.

Einige kluge Köpfe ließen sich allerdings nicht täuschen.

Zum erstenmal hat Kaiser Otto III. (983–1002) in einem ganz ungewöhnlichen und singulären Akt gegenüber Papst Silvester II. (999–1003) die «Konstantinische Schenkung», die noch ein Dante für echt hielt, als null und nichtig bezeichnet. In einem berühmten, durch Bischof Leo von Vercelli, den Leiter seiner italienischen Politik, verfaßten Diplom überließ «Otto, der Sklave der Apostel und nach dem Willen Gottes des Heilandes der Römer imperator augustus» dem Papst beziehungsweise dem «heiligen Petrus» zwar die acht Grafschaften der Pentapolis zur Verwaltung, doch aus eigener Freigebigkeit und «unter Verachtung der erlogenen Urkunden und vorgespiegelten Schriftstücke». Otto III. nannte die «Konstantinische Schenkung» ausdrücklich Lügenwerk und Fälschung (documenta ... inventa). Alle darauf basierenden Ansprüche wies dieser Kaiser als unberechtigt zurück, die ganzen Ländereien der Päpste erkannte er als erschlichen. Und nicht zufällig verlegte er seine Residenz nach Rom selbst. Otto III. war also durchaus informiert über den Riesenschwindel der Catholica. Nach seiner Überzeugung hatte der Papst keinerlei Recht auf Territorialbesitz. «Denn es sind Lügen, von ihnen selbst erfunden (ab illis ipsis inventa), aus denen der Diakon Johannes mit dem Beinamen ‹der Stummelfinger› eine Urkunde mit goldenen Buchstaben zusammenschrieb und unter dem Namen des großen Konstantin einen gewaltigen Betrug spann (sub titulo magni Constantini longi mendacii tempora finxit).»

Im 12. Jahrhundert erkannten auch die Anhänger Arnolds von Brescia den Betrug. Im 13. Jahrhundert bezweifelte auch ein so außerordentlicher Herrscher wie Kaiser Friedrich II. ihre Echtheit.

Und als um die Wende zur Neuzeit Oberhirte und -hurer Alexander VI. (1492–1503) kraft der «Konstantinischen Schenkung» von Venedig die Übergabe der adriatischen Inseln an den Apostolischen Stuhl verlangte, höhnte der venezianische Gesandte, Seine Heiligkeit möge die Urkunde für das Constitutum Constantini herbeischaffen und finde dann auf der Rückseite den Vermerk, daß den Venezianern das Adriatische Meer gehöre.

Damals verbrannte man noch Menschen, die dieser Urkunde mißtrauten, wie einen gewissen Johannes Dränsdorf nach einem Verhör 1425 in Heidelberg. Und noch heute handeln Gelehrte den ganzen Fälschungs- und Schwindelkomplex des Mittelalters unter dem wohlklingenden Stichwort «Vergangenheitsfrömmigkeit» ab, nennen die Betrüger «ausgezeichnete Personen, bekannt für ihre Gewissenhaftigkeit», und selbst die Verbrecher der «Konstantinischen Schenkung» figurieren da immerhin als die «ehrwürdigen Fälscher» (Ariès).

Noch das Florentiner Konzil 1439 hatte keinerlei Zweifel an dieser «Schenkung» aufkommen lassen. Und obwohl schon im folgenden Jahr der Humanist Laurentius Valla, selbst päpstlicher Sekretär und Domherr am Lateran, den Betrug in einer durch Ulrich von Hutten 1519 publizierten Schrift endgültig aufgedeckt hat, gab die römisch-katholische Geschichtsschreibung die Fälschung erst im 19. Jahrhundert zu. Doch wurden die darin gemachten Privilegien von der päpstlichen Kurie fast bis an die Schwelle der Gegenwart immer wieder nachdrücklich beansprucht.

Die Pseudoisidorischen Dekretalen – «die folgenreichsten Fälschungen, die jemals gewagt wurden ...»

Mit allem Recht freilich nannte man die pseudoisidorischen Fälschungen «zwar die bedeutendste Fälschung der Karolingerzeit, aber keineswegs eine Ausnahme» (Dawson); denn der katholische

Klerus fälschte schon längst auf Teufel komm raus (III 1. Kap.! IV 393 ff.). Für den protestantischen Juristen Emil Seckel (gest. 1924), den vielleicht besten Kenner der pseudoisidorischen Dekretalen, sind diese die «kühnste und großartigste Fälschung kirchlicher Rechtsquellen, die jemals unternommen worden»; für Johannes Haller «die dreistesten, die folgenreichsten Fälschungen, die jemals gewagt wurden», ja, der überragende Papsthistoriker (gest. am 24. 12. 1947) brandmarkt sie als «den größten Betrug der Weltgeschichte».

Noch im 9. Jahrhundert hat Hinkmar von Reims die Fälschung geahnt, vielleicht erkannt, doch, von einzelnen Stücken abgesehen, nicht aufgedeckt. Schließlich fälschte der ehrwürdige Reimser Erzbischof – der als einer der wichtigsten Berater der westfränkischen Könige, besonders Karls des Kahlen, nicht nur politisch eine bedeutende Rolle spielte, sondern dem wir auch ein reges literarisches Schaffen verdanken, darunter «vor allem materialreiche Rechtsgutachten» (Schieffer) –, schließlich fälschte der Kirchenfürst mit hoher Virtuosität selber fast am laufenden Band.

Denn gefälscht wurde rundum. Auch Hinkmars Vorgänger, Erzbischof Ebo (gest. 851), fälschte. Auch Hinkmars Neffe, der an seinem Hof erzogene und von dem Onkel zunächst geförderte Hinkmar der Jüngere, Bischof von Laon. Er hat sogar als erster pseudoisidorische Fälschungen in größerem Umfang vertreten und stand wahrscheinlich mit der Fälscherwerkstatt in Verbindung.

Trotz frühzeitiger Bezweiflung der Echtheit des kolossalen katholischen Betrugs (bereits im 9. Jahrhundert; im 14. durch den als «Ketzer» verurteilten Staatstheoretiker Marsilius von Padua) galt der Schwindel im ganzen Mittelalter als echt, gelang der früheste grundlegende Nachweis der Fälschung erst 1559 den Magdeburger Centuriatoren in deren erster, von den evangelischen Fürsten finanzierten protestantischen Kirchengeschichte (1559–1574). Endgültig entlarvte die Unechtheit der reformierte Theologe (und spätere Professor für Geschichte in Amsterdam) David Blondel 1628, obwohl sich auch seinerzeit noch Verteidiger der Fälschung fanden.

Überhaupt taten auch nach deren Aufdeckung im 16. Jahrhundert die Katholiken häufig noch lange alles, um sie zu verharmlosen, schönzufärben, fast zu feiern. Sie sprachen von «Legende», «Dichtung» oder, wie Kardinal Bona (gest. 1674), gewohnt, «den höhern Zweck der Wissenschaft im Auge zu behalten» (Mast), von «frommem Betrug». Eine «Fraus pia» war es auch noch für den berühmten katholischen Theologen Johann Adam Möhler (gest. 1838). Er pries Pseudoisidor geradezu als «sehr frommen, innig gläubigen, tugendhaften, um das Wohl der Kirche aufrichtig besorgten Mann». Und auch für Möhlers Kollegen Roßhirt ist Pseudoisidor im Jahre 1849 gar nicht im eigentlichen Sinn Fälscher, sondern «ein Liebhaber des Kirchenrechts».

Die Pseudo-Isidorien entstanden um 850 (nicht vor 847 und nicht nach 852) im Westfränkischen Reich, vielleicht in Sens oder Tours, wahrscheinlich im Erzbistum Reims. Man wollte die Macht der Bischöfe, des Papstes gegenüber dem Staat stärken, und da man keine oder doch keine ausreichenden Rechtsgrundlagen hatte, schuf man sie einfach, fälschte sie. Ihren riesigen Schwindel aber gaben die geistlichen Halunken (wohl ein Pleonasmus) als das Werk des 636 in Sevilla verstorbenen Kirchenlehrers Isidor von Sevilla aus. Er war einer der bekanntesten frühmittelalterlichen Autoren, ja seit Augustinus der angesehenste Heilige des Abendlandes. Zudem wußte man von ihm, daß er ein umfangreiches Rechtsbuch hinterlassen, und so haben diese Rechtsfälschungen während des ganzen Mittelalters als echtes Erzeugnis Isidors gegolten und kraft seiner Autorität entsprechend gewirkt.

a) Umfang und Art

Der Umfang dieses Kriminalakts ist so außerordentlich, daß die bis heute erhaltenen Manuskripte und Fragmente, auf normales Buchoktav übertragen, mehrere tausend Seiten Text umfassen würden. Wahrscheinlich handelt es sich auch nicht um die Arbeit eines einzelnen, sondern einer ganzen theologischen Fälscherzentrale, einer Gruppe wohlinformierter westfränkischer Kleriker, «Reformer» ganz offensichtlich, denen das bisherige Staatskirchenrecht im fränkischen Reich nicht paßte, die aber bis heute, trotz aller Nachforschungen, unbekannt geblieben sind.

Der pseudoisidorische Komplex besteht aus vier großen Gruppen:

1) Die Hispana Gallica Augustodunensis, die verfälschte Bearbeitung einer Sammlung spanischer Kanones des 7. Jahrhunderts.

2) Die Capitula Angilramni, eine Kollektion von echten und unechten konziliaren, päpstlichen und kaiserlichen Gesetzen, die angeblich Papst Hadrian I. (772–795) dem Bischof Angilram von Metz am 14. September 786 übergeben hatte.

3) Der Benediktus Levita, eine enorme Anhäufung königlicher und kaiserlicher Dekrete von Pippin bis zu Ludwig dem Frommen, eine Kapitularienzusammenstellung in drei Büchern von insgesamt 1721 Kapiteln, wovon gut dreiviertel gefälscht oder verunechtet sind!

4) Die Pseudoisidorischen Dekretalen (Decretales Pseudo-Isidorianae), die umfangreichste und wichtigste Kollektion unter allen vier Gruppen, weil sie zu größtem Einfluß und Erfolg gelangte: eine Anthologie von Papstbriefen und Konzilsakten vom ausgehenden 1. bis ins 8. Jahrhundert, von etwa 90 bis 731. Unter dem durchtrieben erzeugten Anschein altertümlicher Echtheit will sie als vollständiges kirchenrechtliches Gesetzbuch der Catholica gelten. Dabei wurden die Dekretalen der Päpste der ersten Jahrhunderte vom angeblichen Klemens bis auf den hl. Miltiades (311–314) in lückenloser Folge durchweg gefälscht, die Dekretalen vom hl. Silvester I. (314–335) bis zum hl. Gregor II. (715–731) zum Teil gefälscht. Durch Einschübe verunechtet hat man eine lange Reihe von Konzilsbeschlüssen, vom hochberühmten Nicänum (325) bis zur dreizehnten Synode von Toledo (683). Besonders bemerkenswert, daß die Kleriker in ihre gewaltige Fälschung eine noch größere aufnahmen: die «Konstantinische Schenkung», ein Jahrhundert früher verbrochen (ausführlich: IV 405 ff.).

Das ganze weltgeschichtliche Schurkenstück besteht aus rund

zehntausend Zitaten, Exzerpten, nicht immer geschickt Wahres und Falsches mosaikartig vermischt, doch auch das Falsche nicht völlig frei erfunden, sondern aus echten Texten von Päpsten, Synoden, Kirchenschriftstellern zusammengebastelt, mit vielen Auslassungen, Zufügungen, Änderungen. Immerhin stecken darunter mehr als hundert gefälschte und verfälschte Papstbriefe, meist aus den ersten drei Jahrhunderten, in denen man römische Dekretalen gar nicht gekannt hatte. Kaisererlasse aus dem 5. Jahrhundert, etwa des Theodosius II., erscheinen als Papstverordnungen des 1. Jahrhunderts, Passagen der Synode von Paris (829) wörtlich in einem Text des fast zwei Jahrhunderte früher gestorbenen spanischen Kirchenlehrers.

b) Zweck

Als Zweck ihres Betrugs, der alles mögliche beinhaltet, liturgische, dogmatische, moralische, erbauliche Ergüsse, nannten die Betrüger selbst die systematische Sammlung der weit verstreuten Kirchenrechtsquellen; natürlich glatt gelogen. Vielmehr war es ihre Absicht, da das alte Recht für den Klerus unbrauchbar war, neues Recht zu schaffen, durchzusetzen und dabei vor allem die Macht der Bischöfe sowohl gegenüber dem Staat als auch gegenüber dem großen Einfluß der Metropoliten enorm zu stärken.

Was den Bischöfen nützt, nützt natürlich besonders dem Bischof von Rom. Und tatsächlich profitiert er durch die monströse klerikale Mogelpackung am meisten. Denn ihm allein gehört die Fülle der Macht. Er ist nicht nur Priester, sondern auch König, ist, wie man es Felix II. in den Mund legt, «gleichsam das Haupt der ganzen Welt». Deshalb verleihen ihm die Fälscher sogar das Recht, Staatsgesetze aufzuheben. Ja, nach den geistlichen Ganoven besaßen bereits die Päpste der frühesten Zeit Rechtsbefugnisse, die nicht einmal ihre viel späteren Nachfolger hatten.

Dem Papsttum am meisten nützten auf die Dauer die pseudoisidorischen Dekretalen. Von sämtlichen Pseudo-Isidorien hatten sie die stärkste historische Wirkung und waren in allen mittelalterlichen Kirchenrechtssammlungen das wohl am weitesten verbreitete Opus. Immer wieder zog man es heran, um Roms Macht zu stützen und zu mehren. Nicht zuletzt insistierten natürlich die Päpste selber darauf. Nikolaus I., Hadrian II., Gregor V., Leo IX., Gregor VII. u. a. haben es zu politischen Zwecken ausgebeutet. Der berüchtigte «Dictatus papae» Gregors fußt zum größten Teil auf diesem ungeheuerlichen Schwindel. Im Investiturstreit wurde er voll rezipiert; er spielte in den Kämpfen zwischen Kaisern und Päpsten des 11. und 12. Jahrhunderts eine außerordentliche Rolle. Das Fälschungswerk, schreibt Manfred Hellmann, hat «die Stellung und das Ansehen des Heiligen Stuhles in ungeahnter Weise gehoben». Es war «das willkommenste Geschenk», sagt Walter Ullmann, «das das Papsttum je erhalten hat». Zumal es verstand, daraus am meisten zu profitieren und die von den Betrügern vielleicht noch mehr begünstigten Bischöfe um diesen Vorteil zu bringen.

Der Einfluß der Pseudoisidorischen Dekretalen auf Kirche und Kirchenrecht, spätestens seit dem frühen Hochmittelalter enorm, ist bis ins 19. Jahrhundert groß. Und da es für die Prediger des Jenseits nichts Wichtigeres als Geld und Gut im Diesseits gibt, geht es in den großen Fälschungen nicht zuletzt auch um den Zehnten, um Dienstleistungen an Sonn- und Feiertagen, die Unverletzbarkeit von geistlichem Besitz. Was immer der Klerus einmal bekam, alles bewegliche und unbewegliche Gut, wird zu Kirchengut und jedes Antasten desselben mit Exkommunikation, Verlust aller Würden und schwersten Strafen vor dem weltlichen Gericht gesühnt.

Reliquien oder «Das Volk gläubet jetzt so leichthin, wie eine Sau ins Wasser brunzet ...»

Obwohl manche Märtyrer um Schonung, Ruhe baten, tranchierten sie die Priester immer häufiger. Heiligmäßige Bischöfe oder Äbte waren kaum erkaltet, mitunter noch am Leben, da schlug sich die Gemeinde oft schon um ihre Leiche.

In Deutschland schnitten Verehrer der hl. Elisabeth Haare und Nägel der Toten ab, Teile der Ohren und – zärtliche Kenner offenbar – die Brustwarzen. Ja, diese Säbelei floriert noch heute. So reiste 1955 zur Weihe der Lagerkirche in Friedland der Kölner Kardinal Frings mit einem Ellbogenknochen an, den er aus dem Seligen Altfried in Essen hatte heraussägen lassen. (Es war derselbe Kardinal, der – seit dem 2. Dezember 1948 Mitglied der CDU – 1950 als erster öffentlich in Deutschland die Wiederaufrüstung der Deutschen verlangte.)

In der Antike aber gab es Leute, die schon «Märtyrer!» riefen, sobald irgendwo Knochen auftauchten, weshalb selbst Mönchsvater Schenute von Atripe, ein großer Mordbrenner vor dem Herrn, sich fragte: «Hat man denn immer nur Märtyrer begraben?»

Ambrosianische Entdeckungen

Jedenfalls grub man sie aus; berief man sich auf Visionen, die Erscheinung eines Engels oder gar Heiligen, was einen, wurde man fündig, selber in den Geruch der Heiligkeit brachte. Noch blendendste Kirchenlichter operierten derart. So «fand» und erfand Ambrosius von Mailand – und Augustinus war Augenzeuge! – im Juni 386 die Leichen der Märtyrer «Gervasius» und «Protasius». Niemand hatte je von ihnen gehört. Doch Ambrosius stritt gerade mit dem arianischen Kaiserhaus und brauchte, um sich behaupten zu können, die religiöse Hysterie seiner Schäfchen. Die frisch entdeckten Märtyrer, die der Heilige, umringt von seiner Herde, aus der Tiefe seines Domes hob, wo die Erde noch gerötet war vom Blut der beiden Helden, trieben auch sogleich unreine Geister aus, heilten einen Blinden und erfüllten ihren Zweck. Und schon bald – so schießt das Heilige ins Geld, der Sinn der Sache – weihte die reiche römische Matrone Vestina den hl. Mailänder «Märtyrern» eine umfangreiche Stiftung, Liegenschaften in Rom, Chiusi, Fondi, Cassino samt Zinseinkünften von rund tausend Goldsolidi: titulus Vestinae! Der Kult der hl. «Gervasius» und «Protasius» aber verbreitete sich rasch über Afrika und Westeuropa, mit vielen ihnen geweihten Kathedralen, mit Gervasius- und Protasiuskirchen bis nach Trier und Andernach.

Doch schon für Ambrosius war sein Fund so nützlich, daß der hl. Kirchenlehrer im Sommer 393 bei einem Besuch in Bologna zwei weitere gänzlich unbekannte Märtyrer freilegte: «Agricola» und «Vitalis». Und zwei Jahre später stieß der begnadete Entdecker, nun in einem Garten außerhalb Mailands, erneut auf Blutzeugen, die hl. «Nazarius» und «Celsus», wenn er auch über sie – gar aus Scham? – in all seinen Werken schweigt ...

Ein Vorhautmenü, Reliquienexporte aus der Fabrik und «Originale» aus dem «Heiligen Land»

Zu den interessantesten körperlichen Reliquien zählen ohne Zweifel Jesu Nabelschnur und hochheilige Vorhaut, die man jahrhundertelang in der berühmten Lateran-Kapelle Sancta Sanctorum zur Verehrung aussetzte. Freilich hatte auch eine Kirche in Châlons-sur-Marne eine Nabelschnur Christi, deren Echtheit Pater Charles Rapine, Oberer der Rekollekten in Paris, sogar «bewies». Welche von drei Kirchen dagegen die echte Vorhaut Christi besitze, das vermochte um 1300 auch ein Innozenz III., der mächtigste Papst der Geschichte, nicht zu entscheiden. Er überließ es Gott. Der entschied aber nicht, und so vermehrte sich Jesu Vorhaut insgeheim. Eine 1907 verfaßte Monographie «Die hochheilige Vorhaut Christi» führt immerhin dreizehn Stätten auf, die sich des Besitzes einer «echten» göttlichen Vorhaut rühmen. 1427 gründete man eine «Brüderschaft von der Heiligen Vorhaut». In Antwerpen, wo man spezielle Präputiumkapläne hatte, zelebrierte man Woche für Woche ein feierliches Hochamt zu Ehren der heiligen Vorhaut, und einmal jährlich führte man sie «im Triumph» durch die Straßen. Katholische Heilige und Stigmatisierte, darunter Katharina von Siena, trugen Jesu Vorhaut auch als Verlobungsring am Finger. Und die 1705 in Wien verstorbene Nonne Agnes Blannbekin schluckte, wie der österreichische Benediktiner Pez dokumentierte, etwa hundert Vorhäute, ein komplettes Präputiummenü.

Bereits seit dem 4. Jahrhundert hat Rom Tuchreliquien fabrikmäßig hergestellt und massenhaft exportiert. Im 6. Jahrhundert erklärte Papst Gregor I., «der Große», in den auf Märtyrergräber gelegten Lappen vollziehe sich – sehr glaubhaft übrigens! – ein ähnlicher Prozeß wie in den eucharistischen Elementen bei ihrer Konsekration; ja er versicherte, Papst Leo I., gleichfalls «der Große» und, wie Gregor, Kirchenlehrer, habe einmal, um Zweifler von der Wunderkraft auch der künstlichen Reliquien zu überzeugen, in das Tuch geschnitten, und es sei Blut herausgeflossen ...

Zu Reliquien wertvollster Art kam man verhältnismäßig früh im «Heiligen Land», in Jerusalem, dem «Urpilgerort», in Bethlehem, Nazareth, den ersten Zielen christlicher Wallfahrten (peregrini, palmieri) seit dem 3. Jahrhundert. Fromme konnten hier offenbar erfolgreicher beten und so, natürlich nicht zu bald, dem Himmel näher kommen – «dann iederman wolt gen himl». Diese Notiz Burkhard Zinks aus der Mitte des 15. Säkulums galt selbstverständlich bereits tausend und mehr Jahre früher; ebenso freilich der Satz des 1525 enthaupteten Thomas Müntzer: «Das Volk gläubet jetzt so leichthin, wie eine Sau ins Wasser brunzet ...» Und schon im 5. Jahrhundert lebten allein in der Umgebung Jerusalems fast zweihundert Klöster und Hospize von Wallfahrtsbetrieb und Reliquien. So schießt das Heilige nun mal ins Geld.

Eine der ältesten Marienreliquien war offenbar ein Stein, auf dem die Gottesmutter unterwegs nach Bethlehem gerastet. Um 530 sah ihn ein Pilger in der Grabeskirche von Jerusalem, wo er als Altar diente. Ein halbes Jahrhundert später fand ihn aber ein anderer Pilger noch am ursprünglichen Ort, ausgezeichnet durch ein unbeschreiblich wohlschmeckendes Quellwasser, das aus ihm sprudelte. Damals zeigte man außerdem den Sessel, auf dem Maria den englischen Gruß entgegengenommen, ein Körbchen aus ihrem Besitz, Mehl, mehrere ihrer Kleidungsstücke. Aus dem «Heiligen Land» brachten Fromme mit: Teile von Marias Grab, das kein Mensch kannte und kennt, Splitter vom Stein, auf dem sie saß, als der Engel sie grüßte; etwas vom Weihrauch, den die Hl. drei Könige geopfert, etc.

Häufig halfen Haare Marias. Sie steckten in Kirchen ebenso wie noch in einem Medaillon, das Karl «der Große» als Talisman «im Leben und auch im Tode» trug – höchst erfolgreich, konnte er doch auf fast fünfzig Feldzügen ein Riesenreich zusammenrauben. Da Maria aber mit Haut und Haar zum Himmel aufgestiegen, mußte sie die Haare während ihres Lebens verloren und jemand sie gesammelt haben, unterstellt man nicht, sie seien erst später vom Himmel gefallen, wie etwa die berühmten «Himmelsbriefe», was freilich weitere Probleme brächte.

Mit Reliquien scheffelte Rom Schätze. Nicht bloß ferne, auch anreisende Fürsten und Prälaten erhielten überglücklich etwas heiliges Gerippe und revanchierten sich dafür mit erlesenen Gaben. So schießt das Heilige nun mal ins Geld. Zumal zwischen Rom und dem Frankenreich kam es fortgesetzt zu Transaktionen großen Stils, wobei man die fragwürdigsten Knochen durch Gold aufwog.

Geistliche und Mönche als Reliquienräuber und -fälscher, Ohrenschmalz der Maria und Milch mehr als von hundert Kühen

Zum lukrativen Reliquienhandel trat der Reliquienraub. Er galt im Mittelalter nicht nur als erlaubt, sondern geradezu als Großtat. Geistliche klauten oder raubten (auch) Reliquien, brachen bedenkenlos in die Altäre ein, Äbte und Bischöfe waren daran beteiligt, ja Heilige. Und selbstverständlich geschahen auch nach diesen Diebstählen von Reliquien zahlreiche Wunder.

Wichtige Zentren des Reliquienkults im Mittelalter wurden die Klöster. Mit ihrem Aufschwung besonders seit dem 10. Jahrhundert steigerte sich auch die Reliquienverehrung, seinerzeit wirksamstes Mittel ideologischer Propaganda und zugleich großes kirchliches Geschäft. Zu allen bedeutenderen Wallfahrtsstätten gab es eine zahlreiche und beliebte Literatur, Heiltumsbüchlein und Reliquienbeschreibungen, worin Legendenschwindel und Wunderbetrug Triumphe feierten. Gerade in den jüngsten Jahrzehnten wurde einwandfrei erwiesen, daß man im Mittelalter Heiligenleben, Translationsberichte, Mirakelbücher haufenweise fälschte, aus primitiver Gläubigkeit oder handfestem Zweck- und Gewinndenken, das gehörte zur «kirchlichen Alltagspraxis» (Schreiner), und die Fälscher waren fast ausnahmslos Geistliche.

Von Maria besaß und besitzt man unschätzbare Textilien. Es gibt ein ganzes Sortiment ihrer Schuhe, Gürtel, Schleier, Gewänder, darunter das Marienkleid aus der «Heiligen Nacht» in der Aachener Pfalz. Man verehrte auch einen «Kamm der Gottesmutter». Man erbaute sich selbst an Unserer Frau Bettstroh, wovor doch schon Bonifatius warnte. Und das Schleswigsche Augustinerkloster Bordesholm verwahrte nicht nur eine komplette Nähausrüstung, sondern auch etwas Ohrenschmalz der heiligen Jungfrau.

Vor allem aber hatte Maria jede Menge Milch hinterlassen. Schon im Trecento freilich urteilten durchaus rechtgläubige Florentiner, der Busen der Gottesmutter hätte sprudeln müssen wie ein Quell, sollte all die von ihr in Kirchen stehende Milch echt sein. Und im 15. Jahrhundert höhnte sogar der Franziskaner Bernhardin von Siena, der allerdings auch drei ihm angebotene Bistümer ausschlug: «Ja hundert Kühe haben nicht so viel Milch, als man von Maria auf der ganzen Welt zeigt.» Zu Beginn des 16. Jahrhunderts besaß die Wittenberger Schloßkirche «von der Milch der Jungfrawen Mariae 5 Particken», «von den Haaren Mariae 4 Partickel, von dem Hembd Mariae drey Partickel». Milch gab es am meisten (besonders Milch der frommen Denkart!).

Noch zur Zeit der Aufklärung förderten zumal die Jesuiten den Marienhaarkult. Mitte des 18. Säkulums behauptete ein Jesuit in München, die Verehrung der Marienhaare mache kugelsicher. «Als hing ein Wollensack über dich, wirst mitten im Kugelregen stehen, wenn du ein Diener der Haare Mariä bist, denn Mariens Haare schützen ihre Janitscharen.» Die Münchner Jesuiten führten seinerzeit eine «Andacht zum Haarkamm der Jungfrau Maria» ein, deren Haare auch ein Gedicht verewigt, das beginnt:

Gott der alle Häärlein zählet,
hat ihm diese auserwählet,
Mir seynd diese wenig Häärlein
Werther drum als alle Perlein.

Unter allen Wundern jedenfalls kein Wunder, daß man, nach einem
Spötter, da und dort Fläschchen konservierte mit Reliquien der
ägyptischen Finsternis.

Die christliche gibt es!

Eine Prüfung von nur neunzehn christlichen Heiligen ergab: von
ihnen ruhen in Kirchen und Klöstern – und im Herrn – einhundert-
sechsunddreißig hl. Leiber, einhunderteinundzwanzig hl. Köpfe sowie eine stupende Vielfalt anderer hl. Glieder. Allein der hl. Georg,
wir lernten ihn kennen, ist mit je dreißig Körpern präsent; ebenfalls
der hl. Pankraz, angeblich vierzehnjährig enthauptet und noch
heute in der Katakombe unter der Kirche S. Pancrazio in Ròm verehrt. Die hl. Juliana, die, von ihren Fesseln wunderbar befreit, auf
dem Marktplatz von Nicomedia den Teufel in die Latrine stoßen
und eine Tortur im siedenden Bleikessel unversehrt überstehen
konnte, ehe dann doch ihr edles Haupt fiel, ist heute noch mit
zwanzig hl. Leibern und sechsundzwanzig hl. Köpfen vorhanden.
Kurz, von den fünf Brüsten der hl. Agatha über die siebzehn Arme
des hl. Andreas bis zu den sechzig Fingern St. Johannes des Täufers
– wir besitzen noch genug, genug, genug!

Nahezu alles machten die Päpste zu Geld

Schon unter den ersten christlichen Kaisern vermehrte sich das Kir-
chenvermögen gewaltig. Im 6. Jahrhundert erhebt man den kirchlichen Zehnt, der unter Karl «dem Großen» gesetzlich festgelegt
und bis ins 19. Jahrhundert eingezogen wird. Im 8. Jahrhundert
erwirbt man durch Betrug und Krieg den Kirchenstaat. Und im
Mittelalter befindet sich nicht weniger als ein Drittel des gesamten

europäischen Bodens in klerikaler Hand und wird von hörigen Bauern bearbeitet.

Früher als die meisten Höfe geht die Kurie von der Naturalien- zur Geldwirtschaft über und entwickelt sich rasch im engen Kontakt mit den aufkommenden Banken zu einer der bedeutendsten Finanzmächte der Welt. Mit Exkommunikation und Interdikt treibt sie die Zahlungen ein oder schickt gegen säumige Schuldner die Fürsten vor, die sie am Gewinn entsprechend beteiligt. In den Gewölben der päpstlichen Burg in Avignon, «der widerwärtigsten und unsaubersten Stadt», wie Petrarca schreibt, «die ich je gekannt», stauen sich die Schätze aus aller Herren Ländern. Alvarez Pelajo, ein durchaus papsttreuer Kurialer, berichtet, niemals in die päpstlichen Gemächer gekommen zu sein, ohne die geistlichen Herren beim Zählen des Geldes getroffen zu haben.

Schon um das Jahr 1000 brandmarkt der Bischof von Orléans die «Schande», daß an der Kurie fast alles käuflich sei, die Urteile nach dem Goldgewicht abgemessen werden. Im 13. Jahrhundert klagt Bischof Jakob von Vitry: «Alles nur um Irdisches und Zeitliches, um Könige und Königreiche, um Prozesse und Streitigkeiten. Kaum ein Gespräch über geistliche Dinge war erlaubt.» Ende des 15. Jahrhunderts ruft Savonarola in Florenz: «Sie handeln mit Pfründen und verkaufen sogar das Blut Christi.» Und Mitte des 20. Jahrhunderts wundert sich der französische Arbeiterpriester Henri Perrin darüber, «wie wenig die christlichen Kreise das Arbeiterproblem jemals ernst genommen haben. Von einem Jahr zum andern nichts als frommes Geschwätz» – was die päpstlichen «Sozialenzykliken» «Rerum novarum» (1891), «Quadragesimo anno» (1931) sowie die nur im Ton mildere, in der Sache dasselbe vertretende «Mater et Magistra» (1961) eklatant bezeugen.

Nahezu alles machten die Päpste zu Geld, von Jahrhundert zu Jahrhundert ein Beispiel größter Korruption und Verdorbenheit. Trotz Verbotes verkauften sie jeden Bischofsstuhl, jeden Abtssitz, jede Domherrenwürde. Ja, sie verkauften schon die Anwartschaft darauf, sogar an mehrere Anwärter zugleich, wobei die Taxe mit der

Wahrscheinlichkeit der Expektanz stieg. Sie verkauften jede Bulle, Gnadenerweisung, Urkunde, jede Entscheidung. Sie verkauften die heiligsten Reliquien. «Die Vorhaut Christi», schreibt Alfonso de Valdes, «habe ich selbst gesehen in Rom, Burgos, Antwerpen, allein in Frankreich gibt es über 500 Zähne des Jesuskindes. Die Milch der Muttergottes, die Federn des Hl. Geistes werden an vielen Orten aufbewahrt.»

Derart übertölpelten sie das Volk weit länger als ein Jahrtausend. Kein Wunder, sitzt es noch im 20. Jahrhundert jedem ideologischen Schwindel auf! Kein Wunder auch, wenn die Hierarchen, seit den Tagen der Apostel und rabiater als die Nazis, jede kritische Literatur verboten, verbrannten, über ein halbes Jahrtausend hinweg den Laien sogar die Lektüre des Buchs der Bücher, besonders der Evangelien, «mit allen Kräften» untersagten, wie es noch im 16. Jahrhundert, als man im bischöflichen Würzburg bibellesenden Bauern den Kopf abschlug, unter Papst Julius III. heißt, was die Nazis doch nicht einmal mit «Mein Kampf» zu tun brauchten, denn dort stand nur, was sie auch tatsächlich trieben.

Die Päpste kassierten Pacht und Zins aus ihren Hoheitsrechten, ihnen unmittelbar unterstellten Kirchen, Klöstern, Städten, aus ganzen lehenspflichtigen Ländern. Sie kassierten das gesamte Eigentum aller im Kirchenstaat verurteilten «Ketzer» und von jeder Kirche der Welt den zehnten Teil ihrer Einkünfte, von mancher aber auch erheblich mehr. Sie kassierten die Einnahmen suspendierter Bischöfe und den Besitz testamentslos verstorbener Kleriker. Sie kassierten Geld für die Verleihung und Bestätigung von königlichen Kronen, für die Pflichtbesuche der Kirchenfürsten an den Apostelgräbern, die Abweisung unerwünschter Visitierungen. Sie kassierten gewaltige Bestechungssummen, trieben den schwungvollsten Ablaßhandel, verkündeten immer häufiger monetenreiche Jubeljahre, wobei man gelegentlich das Geld mit Rechen vom Altar strich. Sie erhöhten ständig die Steuern und erfanden laufend neue, allein Papst Urban VIII. nicht weniger als zehn. Sie erfanden Zehnten für Kreuzzüge, die nie stattfanden, und finanzierten damit, was immer sie wollten – Johannes XXII., eines der größten Geldgenies der Geschichte, seinen Kampf gegen Ludwig den Bayern, Gregor IX. seinen langjährigen Krieg gegen Friedrich II., dessen Reich er just überfiel, als der Kaiser auf einem Kreuzzug war. Bonifazius IX. annullierte 1402 alle Anwartschaften auf irgendwelche Pfründen, bloß um jeden, der schon dafür gezahlt, nochmals zu erpressen. Papst Sabinianus hortete Getreide und verhökerte es 605 in Zeiten der Hungersnot zu Wucherpreisen. Papst Sixtus IV., ein ehemaliger Franziskaner, der es auch mit seiner Schwester, seinen eigenen Kindern trieb, gründete Freudenhäuser in Rom, vermietete sie an Kardinäle und belegte noch die Huren mit einer Sondersteuer.

Genug. Diese Finanzwirtschaft, die sich, nachgeahmt von Bischöfen, Äbten, weltlichen Herren, immerhin weit über ein Jahrtausend erstreckt, ging und geht natürlich nur auf Kosten des Volkes, zunächst des italienischen, das während des ganzen Mittelalters am meisten und von allen Seiten, besonders aber vom Klerus ausgeplündert worden ist. «Tod den Pfaffen und Mönchen!» schreit man in Perugia. «Tod der Kirche!» in Bologna. «Nieder mit dem Papst!» in Napoli. Die Florentiner stürmen das Gebäude der Inquisition und füttern Hunde mit Priesterfleisch. Rom wird zur aufrührerischsten und meistgeschröpften Stadt des Abendlandes. Hungersnot, Despotie, Revolten nehmen kein Ende. 1585, im ersten Regierungsjahr von Sixtus V., sagt man, es seien mehr Köpfe gerollt als Melonen auf den Markt gekommen.

Papst Sergius III., Mörder zweier Päpste – und Auftakt des «Römischen Hurenregiments»

Doch wie stand es in Rom zur Zeit der Karolinger, der Ottonen, der frühen Salier?

Die Turbulenz jener Jahre, die Anarchie interner Parteifehden macht den Mangel an Dokumenten verständlich. Von nicht wenigen Päpsten ist vieles ungewiß. Von etlichen steht heute noch nicht fest, waren sie rechtmäßig oder nicht. Manche werden von manchen zu Gegenpäpsten erklärt, gelten aber im allgemeinen als legitim. Andere saßen nur so kurz auf dem Heiligen Stuhl, daß sie schon deswegen nie anerkannt wurden. Der römische Mönch Philipp resignierte noch am Tag seiner Wahl, am 31. Juli 768, und ging freiwillig wieder ins Kloster. Der Diakon Johannes regierte im Januar 844 gerade eine Stunde lang. Leo VIII. regierte von 963 bis 965; doch von Mai bis Juni 964 regierte auch Benedikt V. – und beide gelten als rechtmäßig. Andererseits wird Papst Christophorus, der anno 903 seinen unmittelbaren Vorgänger Leo V. nach nur 30tägiger Amtszeit ins Gefängnis warf und marterte, heute nicht mehr für so recht legitim gehalten, obschon ihn das ganze Mittelalter dafür hielt. Im übrigen flog auch Papst Christophorus bald ins Gefängnis, und dort hat sowohl ihn als auch seinen Vorgänger Leo V. ihr Nachfolger Papst Sergius III. erwürgt.

Nicht wenige Päpste kamen vorübergehend oder dauernd in den Kerker. So Stephan VI., der darin 897 stranguliert, Johann X., der 929 im Verlies der Engelsburg mit einem Kissen erstickt wurde; Benedikt VI., den dort sein Nachfolger, Papst Bonifaz VII., 974 durch den Priester Stephan erdrosseln ließ; Johann XIV., der 984 im Castel Sant' Angelo entweder verhungerte oder vergiftet worden, Stephan VIII., der im Kerker, scheußlich verstümmelt, 942 seinen Verletzungen erlegen ist. Hinter Schloß und Riegel gerieten auch die Päpste Benedikt III. (gest. 858), Johann XI. (gest. 936), Benedikt X. (gest. nach 1073).

Ins Kloster steckte man Konstantin II., dem man die Augen ausriß, Benedikt X., Christophorus, Johann XVI., Philagathos, den man ebenfalls geblendet, brutal an Nase, Zunge, Lippen, den Händen verstümmelt und danach auf einer Spottprozession durch Rom geführt hat.

Exiliert wurden Benedikt V. nach Hamburg, wo er bald darauf starb, und Gregor VI. nach Köln, wo er gleichfalls bald starb.

Und wie oft hat nicht einer den andern exkommuniziert! Johann XII. exkommunizierte 964 den entflohenen Leo VIII.,

Benedikt VII. anno 974 den flüchtigen Bonifaz VII., der Episkopat des Reiches im Jahr 997 Johann XVI., die Synode von Sutri 1059 Benedikt X. Alexander II. und Honorius II. exkommunizierten sich gegenseitig, Leo IX. exkommunizierte Benedikt IX. (er war der Neffe zweier Papstvorgänger und der einzige Papst, der das heilige Amt, jedenfalls de facto, dreimal hintereinander innehatte). Und Benedikt IX. wiederum exkommunizierte Silvester III., den er mit Schimpf und Schande aus Rom vertrieb, wie er zuvor selber aus Rom vertrieben worden war. Aus alledem möchte man im Heiligen Geist eine ziemlich konfuse Persönlichkeit vermuten.

Benedikt IV. war im Sommer 903 gestorben. Seine beiden Nachfolger überlebten bloß wenige Monate. Papst Leo V., der nur im August 903 regierte, wurde durch den Kardinal Christophorus, seinen Nachfolger, in den Kerker geworfen. Doch auch Christophorus (903–904) konnte den Heiligen Stuhl gerade bis zum nächsten Jahr einnehmen. Dann verdrängte ihn Sergius III. (904–911), ein gebürtiger römischer Aristokrat, früher Gegenpapst zu Johann IX., und kurz nach seiner Amtseinführung im Lateran von Johann abgesetzt, verdammt und verbannt. Unterstützt durch die Antiformosianer und Herzog Alberich I. von Spoleto, rückte Sergius mit einem bewaffneten Haufen gegen Rom vor, ließ sich zum Papst machen, Christophorus in eine Mönchskutte und zu dessen eigenem Opfer Leo V. hinter Schloß und Riegel stecken, womit in nur acht Jahren acht Päpste von der heiligen Bildfläche verschwunden waren.

Nachdem man auch die ihm feindlichen Kardinäle verjagt oder erschlagen hatte, erreichte Sergius nach siebenjährigem Exil endlich sein langverfolgtes Ziel und ließ alsbald seine beiden Vorgänger, Leo V. und Christophorus, im Kerker ermorden, angeblich aus Mitleid. Doch bei allem Mitgefühl für die heimgegangenen Kollegen, war Sergius nicht ohne Tatkraft und saß immerhin sieben Jahre auf dem ja doch recht heißen Stuhl.

Entscheidend für länger als ein Jahrhundert wurde, daß durch den Heiligen Vater Sergius III., den Doppelmörder, das Geschlecht eines gewissen, mit ihm wahrscheinlich verwandten Theophylakt in Rom die Macht bekam, darunter auch einige herrschbegierige, ebenso gerissene wie genußsüchtige Damen. – Das Etikett «Römisches Hurenregiment» oder «Pornokratie» haftet dieser Periode der Stellvertreter Christi seit dem protestantischen Theologen Valentin Ernst Loescher an (Herausgeber der theologischen Zeitschrift «Unschuldige Nachrichten von alten und neuen theologischen Sachen»: 1701–1720). Doch florierte die Hurerei, an sich ja kein so schlimmer Zug, wie beim katholischen Klerus überhaupt, so auch in Rom, wo es am heiligsten ist, durch alle Zeiten fort.

Theophylakt (gestorben in den frühen 920er Jahren), aus römischem Hochadel, Konsul, Senator, magister militum, stand nicht nur an der Spitze der römischen Stadtverwaltung, sondern stieg auch zum Leiter der päpstlichen Finanzen, zum höchsten Verwaltungsbeamten der Kirche auf.

Seine Frau, die ehrgeizig-energische und schöne Theodora d. Ä. – «die schamlose Hure», wie Bischof Liutprand von Cremona in seinem anrüchigen, oft boshaft-ironischen, episodenreichen, aber gleichwohl wichtigsten Geschichtswerk dieser Zeit «Antapodosis» sagt –, nannte sich selbst «Senatrix», war Mutter zweier Töchter, Theodora d. J. und der Marozia, «sogar noch eifriger im Venusdienst», und koitierte mit einem künftigen Papst, Johann X. Theodoras nicht minder verführerische Tochter Marozia (diminutiv für Maria: Mariuccia, Mariechen), in erster Ehe Gattin des Herzogs Alberich I., der sich nach Kaiser Lamberts Tod Spoletos bemächtigt hatte, trieb es indessen, wenn wir Bischof Liutprand und dem offiziösen Papstbuch glauben dürfen, mit Papst Sergius III., vermutlich ihrem Onkel; beider Bemühungen entsprang Papst Johann XI. (931–935).

Nachdem Papst Lando (913–914), eine Marionette Theodoras d. Ä. (gest. nach 916), deren Schützling Johann vom Bischof von Bologna, der er angeblich gewaltsam und tatsächlich ohne Weihe geworden war, für neun Jahre (905–914) zum Erzbischof von Ravenna gemacht, soll Johann – «zweifellos eine starke Persönlichkeit» (Handbuch der Kirchengeschichte) – öfter bei Theodora im

Bett als zu Ravenna in der Kirche gewesen sein; Gerüchte vielleicht, nicht zuletzt Pfaffengerüchte. Doch schildert Bischof Liutprand ziemlich atemberaubend den Aufstieg des nachmaligen Papstes Johann: wie geistliche Pflichten ihn wiederholt nach Rom rufen, wie Theodora, die «recht schamlose Dirne, von der Hitze der Venus entflammt (Veneris calore succensa)», sich in die schöne Erscheinung des Priesters verliebt – «und wollte mit ihm nicht nur huren, sondern nötigte ihn nachher immer wieder dazu ...» Natürlich waren die Wartezeiten, wie immer man sie sich vertrieben haben mag, lang und lästig, besonders wohl für Theodora, die bedürftige. Und so ist es wirklich wunderbar, wie nun ein Kirchenfürst nach dem andern rasch verbleicht und sozusagen seinen Sessel für Johann freimacht, der derart immer höher und vor allem Rom ständig näher rückt. Und erwies sich Johann X. (914–928) wohl schon im Bett als der, wofür man ihn hielt, im Krieg stand er erst recht seinen Mann.

Johann XII. macht die Liebe zum Mittelpunkt seines Pontifikats

Johann XII. (955–963), Alberichs unehelicher Sproß, war ein großer Weidmann, Reiter, Würfelspieler, der gern die Götter anrief, die heidnischen, versteht sich, und, nach Auskunft der Zeitgenossen, mit dem Teufel im Bunde stand. Einen Zehnjährigen ordinierte er in Todi zum Bischof. Eine Priesterweihe vollzog er, etwas unkanonisch, im Pferdestall, «und nicht einmal zur gesetzlichen Zeit». Einen anderen Kleriker ließ er kastrieren. Die Messe feierte er, ohne zu kommunizieren, Prälaten weihte er für Geld. Er begattete die Witwe seines Dienstmannes Rainer, setzte sie über viele Städte und verehrte ihr goldne Kreuze von St. Peter, goldne Kelche. Er koitierte mit der Konkubine seines Vaters, Stephana, mit deren Schwester. Er schlief auch mit den eignen Schwestern und trieb es mit der Witwe Anna und deren Nichte. Er vergewaltigte fromme Rompilgerinnen, Ehefrauen, Witwen, Mädchen, die an den Apostelgräbern hatten beten wollen.

Doch tat dies etwas unkeusche Leben, meint jedenfalls John Kelly, der Oxforder Kirchenhistoriker, dem Ansehen des Papstes in der Gesamtkirche anscheinend kaum Abbruch. Denn auch Johann XII., der derart die Liebe in den Mittelpunkt seines Pontifikates rückte, regierte nicht nur im Bett.

Heiligkeit konspirierte auch mit den alten Christenfeinden, den heidnischen Ungarn. Ja, Johann XII. steckte sich noch hinter kaiserfeindliche italische Kreise, obschon es die teilweise mit den Sarazenen hielten.

Im Frühjahr 963 hatten Otto in Pavia auch Nachrichten über das lustreiche Leben des Heiligen Vaters erreicht, der den Papstpalast in ein Bordell verwandelt habe, an seine Dirnen ganze Städte verschleudere, indes der Regen durch die eingestürzten Kirchendächer auf die Altäre rinne und keine anständige Frau mehr die Wallfahrt nach Rom riskiere, aus Furcht, in die Hände Seiner Heiligkeit zu fallen. Am 1. November 963 erschien Otto vor Rom, und während man ihm nach kurzer Belagerung am 3. die Stadttore öffnete, flohen Adalbert und der Papst, der eben noch in voller Rüstung mit seinen und Adalberts Truppen, auch sarazenischen, am Tiber verzweifelt Widerstand geleistet, eilends mit dem Kirchenschatz, um sich anscheinend im starken Tivoli festzusetzen.

Drei Tage darauf, am 6. November 963, trat unter dem Vorsitz des Kaisers in St. Peter ein vier Wochen tagendes Konzil zusammen – immerhin 17 Kardinäle und mehr als fünfzig Bischöfe, doch leider, wie der Monarch bedauerte, nicht «der Herr Papst Johann».

In einer ersten höflich-dringlichen Einladung an den summus pontifex et universalis papa, die dieser äußerst bündig mit einer Exkommunikationsdrohung der zum Konzil Versammelten quittierte, hatte man ihn noch mit «Euer Würden» (magnitudo vestra) apostrophiert. In einer zweiten Vorladung wünschte man dem «summo pontifici et universali papae, dem Herrn Johann» zwar noch immer «Heil im Herrn», verglich ihn aber bereits mit Judas, «dem Verräter, ja vielmehr Verkäufer (proditor immo venditor) unseres Herrn Jesu Christi». Auf der folgenden Sitzung schimpfte man ihn «ein noch nie dagewesenes Geschwür», das man mit einem entsprechenden Brenneisen auszubrennen empfahl, und nannte ihn schlicht «Monstrum». Aber der Papst ging Wichtigerem nach, der Jagd bei Tivoli: «er war schon mit Köcher und Bogen ins Feld gegangen» (Liutprand).

Die Synode hatte fein säuberlich das lange Sündenregister des Stellvertreters Christi aufgezählt, Sakrilegien aller Art, eine Fülle schwerster Bezichtigungen: Versäumnis der Kommunion, der kanonischen Gebetszeiten, Irregularitäten bei der Vornahme der Ordination, wie die eines Diakons im Stall, Ämterhandel, Verschleuderung von Kirchengut, Verachtung der Bekreuzigung, Verhöhnung der Sakramente, Abfall zum Heidentum, Bündnis mit dem Teufel, Jagd- und Spielleidenschaft, diverse Unzuchtdelikte, Ehebruch, Blutschande, Geschlechtsverkehr mit der Konkubine seines Vaters, mit deren Schwester u. a., Handgreiflichkeiten gegenüber Pilgerinnen in St. Peter, Meineid, Kirchenraub, Brandstiftung, Verstümmelung, Kastration und Tötung eines Kardinals, Blendung seines Paten, Mord von Geistlichen etc.

Manches an diesem Lasterkatalog mag durchaus übertrieben, vielleicht sogar unwahr sein. Doch dann haben 17 Kardinäle und mehr als 50 Bischöfe gelogen. Und immerhin stützten sich die von dem Kardinal Benedikt angeführten Konzilsväter teils auf eigene Augenzeugenschaft, teils auf sicheres Wissen. Ja, sie beeideten einstimmig und bei Gefahr ihrer ewigen Seligkeit – an die sie freilich selber kaum recht geglaubt haben mögen –, mit Selbstverfluchung also, Johann XII. habe nicht nur die genannten, sondern noch viel mehr der schändlichen Verbrechen begangen. Und auch der Biograph des Papstes schildert ihn im «Liber Pontificalis» gänzlich negativ.

In der dritten Sitzung, am 4. Dezember 963, wurde Johann XII., der gar nicht gehört, auch nicht verteidigt, auch nur zweimal statt, wie kanonisch erforderlich, dreimal vorgeladen worden war, wurde

Johann, der Otto erst unlängst gesalbt und gekrönt, auf dessen Wunsch an jenem Tag einstimmig abgesetzt und, ebenfalls entgegen der Kirchensatzung, ein neuer Papst, der Kandidat des Kaisers selbstverständlich, im Petersdom, angeblich una voce, am 6. Dezember 963 erhoben: Leo VIII. (963–965). Da der bisherige Kanzleivorstand Leo noch Laie war, verpaßte man ihm, die kirchlichen Kanones wieder schwerstens verletzend, im Schnellverfahren alle Weihen bis zum Priester an einem Tag und ordinierte ihn am 6. Dezember zum Papst.

Der Umsturz aber machte böses Blut in Rom.

Johann/Oktavian war immerhin der Sohn des «großen Alberich», war Fürst und Kirchenhaupt der Römer. So kam es am 3. Januar 964 zu einem von ihm selbst angezettelten Anschlag auf den Kaiser, wofür der nach Korsika geflüchtete Pontifex als Lohn «den Schatz des heiligen Petrus und sämtlicher Kirchen (beati Petri omniumque ecclesiarum pecuniam) versprochen haben soll – der erste Aufstand der Römer gegen einen deutschen Kaiser, ein mörderischer Straßenkampf, den Otto, noch am selben Tag gewarnt, freilich niederschlug. Doch kaum war er abgezogen, wurde Leo VIII., «ein Lamm unter lauter Wölfen», im Februar 964 aus der Heiligen Stadt vertrieben, und Johann XII., für den sich seine zahlreichen Mätressen, «da sie von vornehmem Geschlechte und ihrer viele waren», mächtig und erfolgreich ins Zeug legten, kehrte im selben Monat zurück. Widerstandslos öffnete man ihm die Tore.

Der Papst nahm nun recht christlich Rache an seinen beiden einst zu Otto gesandten Legaten, ließ dem Kanzleivorsteher Azzo die rechte Hand, dem Kardinal Johann Nase, Zunge und zwei Finger abschneiden. Der deutsche Vertreter in Rom, Bischof Otger von Speyer, wurde nach päpstlicher Anweisung ausgepeitscht und eingekerkert. Auf einer Synode in St. Peter Ende Februar, feierlich eröffnet durch das Hereintragen der vier Evangelien, erkannten fast dieselben Kardinäle, die Johann XII. vor drei Monaten abgesetzt, ihn jetzt wieder an. Und fast dieselben Kardinäle, die den flüchtigen Leo VIII. erhoben hatten, exkommunizierten ihn nun.

Doch wurde Johann XII. seines Sieges nicht froh. Vor dem anrückenden Kaiser wich er in die Campagna aus. Und dort starb er «in einem Ehrenhandel» (Kämpf) noch am 14. Mai 964, wenige Tage nach einem Ehebruch, «als er sich mit der Frau eines gewissen Mannes ergötzte» (Liutprand), wahrscheinlich durch die Aufmerksamkeit des betrogenen Gatten – oder, wie es auch gut heißt, durch einen «Schlaganfall». Und dies sogar «ohne daß er die heilige Wegzehrung empfangen» (Seppelt).

Ein Papst geht mit Heiratsplänen um und verkauft das Papsttum

Nach dem Tod Johanns XIX., jenes Heiligen Vaters, der durch enorme Bestechungen an einem einzigen Tag vom Laien zum Papst aufstieg (S. 134), folgte Benedikt IX. (1032–1045, 1047–1048), der Neffe seiner beiden Vorgänger. Somit saß wieder, zum drittenmal hintereinander, ein Graf von Tusculum auf der sogenannten Cathedra Petri, und wieder einer kraft der Waffen und des Goldes, auch wieder ein Laie, angeblich einer erst mit zehn oder zwölf Jahren. Und mochte Benedikt IX., wer weiß, auch etwas älter sein, hielt er sich doch, einige erzwungene Pausen beiseite, ein Dutzend Jahre fast unangefochten auf dem Heiligen Stuhl, nahm er ihn sogar, jedenfalls faktisch, als einziger Papst dreimal hintereinander ein.

Das Leben des unreifen Jungen, dessen kriminelle Erhebung Kaiser Konrad offenbar wohlwollend geduldet hatte, wie er mit ihm überhaupt gut harmonierte, glich bald weniger dem eines Zölibatärs als eines Sultans. Auch sollte er anhand von Zauberbüchern die Dämonen beschwören, in Wäldern mit dem Teufel umgehen, durch Magie die Weiber anziehen, Ehebruch, Raub und Totschlag begehen, sagen kirchliche Berichterstatter.

Vielleicht war er ja nicht ganz so schlimm, wie es dem Abt Desiderius von Monte Cassino erschien, den es schauderte, Einzelheiten preiszugeben. Die päpstliche Kanzlei sandte immerhin Erbauliches in die Welt, predigte die Verachtung irdischer Lust, die Sehnsucht nach der himmlischen Heimat. Heiligkeit selbst freilich ging mit Heiratsplänen um, warb offen um die Hand einer römischen Verwandten und wurde, nachdem er – während Pest und Hungersnot das Abendland marterten – alles verbraucht hatte, was zu verbrauchen war, noch zum Objekt eines Mordversuchs. Vornehme Roms verschworen sich, ihn am Altar zu erwürgen, sinnigerweise am Fest der Apostel; freilich vergebens. Erst im Herbst 1044 verjagte ihn eine Adelsrevolte, ohne daß er formell abgesetzt wurde. Und nach langen und blutigen Faktionskämpfen erhob man im Januar 1045 den Bischof Johann von Sabina, offenbar einen Mann der Crescentier, als Silvester III. zum Papst, und auch er hatte die Aufständischen wieder durch Gold bestochen. Doch schon nach wenigen Wochen, um den 10. März, mußte er fliehen, da Benedikt von seinen Burgen in den Albanerbergen wiederkehrte. Dann aber schien ihm die Lage doch zu riskant, ein erneuter Sturz zu wahrscheinlich, schien ihm, anders als vielen seiner Vorgänger, ein Rücktritt von der Stellvertretung Gottes auf Erden durchaus möglich, auch erträglich, allerdings nur durch das Erstatten der erheblichen Unkosten, die eben seine Erhebung gekostet hatte.

Ernsthaft interessiert am Geschäft war ein gewisser Johannes Gratianus, der greise Erzpriester von S. Giovanni a Porta Latina, der Taufpate des Papstes (patrinus; möglicherweise Beichtvater) und wahrscheinlich ein Verwandter des reichen jüdischen Bankhauses der Pierleoni. Der getaufte Jude Baruch schoß Johannes viel Geld vor (zwischen 1000 und 2000 Pfund Silber); die Zahlenangaben schwanken, die finanzielle Transaktion bleibt wohl absichtlich unklar. Doch verhökerte der Papst nach den meisten Quellen in einer förmlichen Rücktrittsurkunde vom 1. Mai 1045 seinem Paten für eine riesige Summe, zumal, wie man annahm, für die Erträge des Peterspfennigs aus England (S. 154), den apostolischen Stuhl; zwar ein singulärer Fall in der Papstbranche, aber ringsum offensichtlich akzeptiert.

An den An- und Verkauf geistlicher Güter und Glorie war die

christliche Gemeinde doch längst gewöhnt (S. 201 f.). Auch an das Verschenken zwecks Sicherung der lieben Verwandten, ein ja recht menschlicher, nahezu schöner Zug. Herzog Richard von der Normandie, Ahnherr des vom Papsttum so ermutigten Wilhelm des Eroberers (S. 249), vermachte das Erzbistum Rouen seinem Sohn, zwei Bistümer einem Neffen. König Heinrich I. von Frankreich, der Wundertäter, stattete seine Tochter mit der Abtei Corbie aus; ein Graf von Toulouse tröstete seine Witwe mit den Einnahmen der Diözese Albi und des Klosters St. Gilles; die Grafen von Barcelona bedachten ihre Erben mit ganzen Bistümern. Ein Graf der Bretagne erhob sich gleich selbst zum Oberhirten von Quimper, vererbte die Diözese seinem Sohn, der sich verehelichte und das bischöfliche Amt dann wieder seinem Sohn weitergab.

Natürlich war man bei fernerstehenden Nächsten nicht ganz so selbstlos und verkaufte kurzerhand. Das Bistum Albi zum Beispiel 1038 für 5000 Schillinge. Für 100 000 Schillinge beförderte 1016 Graf Wifred von Barcelona-Urgel seinen gleichnamigen zweijährigen Sohn auf den erzbischöflichen Stuhl von Narbonne, und der Sprößling erwies sich dankbar und schanzte für die gleiche Summe seinem Bruder die Diözese Urgel zu. «In einigen Ländern, besonders in Süd- und Westfrankreich, kamen regelrechte Handelsgeschäfte mit Bistümern vor» (Tellenbach). Für den Bischofssitz von Florenz beglich man um die Mitte des 11. Jahrhunderts angeblich 3000 Pfund. Doch sollen seinerzeit im Land des Papstes alle Bischöfe ihre sogenannte Würde gekauft haben und, falls die zeitgenössische Quelle übertreibt, sicher nicht arg.

Wie auch immer, infolge mehrfacher schwerer Verstöße gegen das Kirchenrecht hatte man im Mai 1045 wieder einen Heiligen Vater, Gregor VI. (1. Mai 1045–20. Dezember 1046). Und auch er konnte offenbar nichts Schlimmes an dem Handel finden. Oder hätte er sonst, wie es heißt, geäußert, er habe seinen wertvollsten Besitz, das Geld, für die wertvollste Würde der Welt gegeben?

Gregor VII., der Untergeordnete des Kaisers, macht sich zu dessen Herrn und will die Welt beherrschen

Alle Primatansprüche der Päpste bildeten sich erst in langen Zeit-räumen heraus und wurden dabei immer mehr gesteigert, kannten Ehrgeiz und Machtgier dieser demütigen Diener Christi, dieser «Knechte der Knechte Gottes», zuletzt ja kaum noch Grenzen. Zu-nächst aber hatten sie länger als zwei Jahrhunderte nie auf einer Einsetzung durch Jesus bestanden, hatten sie nie darauf gepocht, Nachfolger Petri zu sein. Doch gab man schließlich als schon längst bestehend aus, was krasse Neuerungen waren und was auf Fäl-schungen und Lügen beruhte (II 124 ff.).

Selbst Leo I. aber, der nicht zufällig den Beinamen «der Große» bekam und den raren Titel eines «Kirchenlehrers», wie nur noch ein einziger Papst, selbst Leo I., der in einer Zeit des politischen Zu-sammenbruchs den papalen Vorrang nicht hoch genug hinauftrei-ben, der auch, um beiläufig daran zu erinnern, die Juden nicht ge-nug herabsetzen, verdammen, die «Ketzer» nicht genug verfolgen konnte und dem Kaiser die Religion der Liebe anpries, weil sie «die Macht der Waffen unüberwindlich» mache (!), selbst dieser «große» Leo buckelt vor dem Imperator, ja, spricht ihm Unfehlbar-keit im Glauben zu und sich die Pflicht, den kaiserlichen Glauben zu verkünden (II, 5. Kap.). Dennoch freilich tritt bereits unter Leo I. das Imperium des Papstes theoretisch gleichberechtigt neben das des Kaisers.

Nur wenige Jahrzehnte später, 495, formuliert Gelasius I. die so-genannte Zwei-Gewalten-Lehre, über ein Jahrtausend das wohl meistzitierte Papstwort, wonach «zwei Dinge» (quippe) die Welt regieren, die bischöfliche Autorität und die königliche Gewalt (II 329 ff.), und ordnet auch die bischöfliche Macht der kaiserlichen über: – es war aus den Fiktionen seiner Vorgänger zusammenge-schwindelt. Und widersprach natürlich kraß den wirklichen Machtverhältnissen. Noch unter mittelalterlichen Monarchen, un-ter Karl «dem Großen», den Ottonen, unter so manchen noch des

11. Jahrhunderts, sind die Päpste nicht mehr als die Befehlsempfänger ihrer Gebieter.

Jetzt aber, nachdem man allein dank der Kaiser im selbstverschuldeten Sumpf, in der eigenen Korruptheit nicht untergegangen, nachdem man allein mit imperialem Beistand mächtiger geworden war, jetzt möchte Gregor VII. sich auch die Kaiser gefügig machen, auch die Kaiser absolut unterordnen. Jetzt zögert er nicht, die Dinge, die Gesetze, die Geschichte, die hierarchischen Gegebenheiten auf den Kopf zu stellen.

Die weltlichen Potentaten werden von Gregor nach Kräften degradiert. Das Königtum, erklärt er, gestützt auf Augustin, als eine Erfindung menschlichen Hochmuts, auf Antrieb des Teufels geschaffen. Es werde aber gar wohltätig, ordne es sich dem Klerus unter.

Der Bauernabkömmling aus der Toskana kann kaum genug betonen, «wie sehr» königliche und bischöfliche Würde differieren, wie sehr, so belehrt er am 8. Mai 1080 König Wilhelm I. von England, «die königliche Gewalt nächst Gott durch die apostolische Fürsorge und Leitung gelenkt wird» – welch ein «Abstand des höheren Ranges vom niedrigeren»!

«Behalte auch im Sinn», droht er dem «Kleriker» Tedald, von Heinrich IV. 1075 zum Erzbischof von Mailand ernannt, «daß die Macht der Könige und Kaiser und alle Anstrengungen der Sterblichen vor dem apostolischen Recht und der Allmacht des höchsten Gottes» – die erst nach dem apostolischen Recht rangiert – «wie Asche gelten und Spreu».

Welch impertinenter Pfaffendünkel!

Doch Gregor VII. war von der fixen Idee beherrscht, die speziell seine Idee war: daß der Papst der Herr der Welt sei. Denn er, der ehemalige Mönch, der so oft die Herrschgier anderer brandmarkte, ist herrschsüchtiger als sie alle. Jedermann soll ihm gehorchen und dienen, Bischöfe und Könige. Der Papst allein soll den Vorrang vor allen haben, den Vorrang und die Vorrechte. Im Grunde verachtet er alle und will von allen geachtet sein.

Am konzentriertesten prangt sein exorbitanter Größenwahn in dem berüchtigten «Dictatus papae», in jenen undatierten, aber 1075 entstandenen 27 knappen, ungeordneten Pseudo-Rechtssätzen, die vermutlich Grundlage einer neuen Rechtssammlung sein sollten. Die bezeichnendsten davon:

«VII.   Daß es allein ihm (dem Papst) erlaubt ist, entsprechend den Erfordernissen der Zeit, neue Gesetze aufzustellen, neue Gemeinden zu bilden ...

VIII.   Daß er allein die kaiserlichen Herrschaftszeichen verwenden kann.

IX.   Daß alle Fürsten allein des Papstes Füße küssen.

XII.   Daß es ihm erlaubt ist, Kaiser abzusetzen.

XVIII.   Daß sein Urteilsspruch von niemandem widerrufen werden darf und er selbst als einziger die Urteile aller widerrufen kann.

XIX.   Daß er von niemandem gerichtet werden darf.

XXII.   Daß die römische Kirche niemals in Irrtum verfallen ist und nach dem Zeugnis der Schrift auch in Ewigkeit nicht irren wird.»

Sind diese Diktate auch großenteils aus früheren Texten abgeleitet, vor allem aus Fälschungen, so waren doch die meisten der (hier zitierten) Sätze völlig neu, revolutionär. Gregor, dessen Autorschaft heute unbestritten ist, hat sie aus sich herausgesponnen und dabei sogar die Behauptung von der Erbheiligkeit oder Amtsheiligkeit der Päpste vertreten.

Der Papst also, der, ist er kanonisch gewählt, unzweifelhaft heilig wird, darf als einziger alle Urteile aufheben, während sein Urteil niemand widerrufen darf, wie ihn auch niemand richten darf. Er kann sogar Kaiser absetzen, er allein kann kaiserliche Herrscherzeichen verwenden, ihm allein müssen alle Fürsten die Füße küssen. Und solche Pharisäer predigen der Menschheit Demut!

Sapienti sat.

Selbstverständlich fehlen für einen derart eskalierenden Überheblichkeitswahn so gut wie alle historischen Belege. Die meisten dieser hypertrophen Dreistigkeiten sind aus weitgehend gefälschten Traditionen abgeleitet, besonders aus Pseudoisidor (V 181 ff.!), und wohl eine reichlich überspannte Reaktion Gregors auf den Streit mit dem deutschen König und Episkopat. Nicht von ungefähr hatte er kurz vorher, am 7. Dezember 1074, Heinrich IV. geschrieben, «daß Du dann erst die königliche Gewalt richtig wahrnimmst, wenn Du die Erhabenheit Deiner Herrschaft dem König der Könige, Christus, zur Wiederherstellung und Verteidigung seiner Kirche dienstbar machst».

Dem König der Könige? Gregor und seinesgleichen!

Sich unterwerfen wollte Gregor indes nicht nur den deutschen Herrscher, sondern auch andere, am liebsten alle. Er wollte in der Tat nichts Geringeres, als die gesamte Welt seinem Kommando unterstellen. War ursprünglich der Papst dem Kaiser unter-, dann nebengeordnet, so wollte Gregor nun in rücksichtsloser Verfolgung der päpstlichen Primatgelüste alle Herrscher sich subordinieren, wobei er bevorzugt eben auf Fälschungen zurückgreift. Kaiser und Könige sollten nur noch Beschützer des Papstes, Handlanger des Klerus sein, hörige Schutzherrn des Bischofs von Rom, Funktionäre seines Willens. Noch der niedrigste Kleriker stand für Gregor über allen Fürsten, Herzögen und Königen, die doch nur unterjochen konnten «durch Herrschsucht, Raub, Mord, kurz durch fast alle Verbrechen». In der römischen Kirche aber sieht Gregor die Gerechtigkeit verkörpert.

Demgemäß schreibt er dem König Sven II. von Dänemark 1075: «Das Gesetz der Römischen Päpste erlangte über mehr Länder Geltung als das der Römischen Kaiser; in alle Welt ging ihre Stimme, und denen einst der Kaiser gebot, gebot nun Christus.» Nicht genug: dem irischen König Terdelvach log Gregor vor, Christus habe Petrus über alle Königreiche der Welt eingesetzt (super omnia mundi regna constituit), also wünsche er für Petrus und dessen Nachfolger alle Gewalt «in saeculo». «Das ganze Universum muß der römischen Kirche gehorchen und sie verehren.» Ähnlich klärt er 1079 König Alfons von Kastilien auf: «Dem heiligen Petrus hat der allmächtige Gott alle Fürstentümer und Gewalten des Erdkreises unterworfen.»

Einst hatte selbst der machtbewußte Mailänder Bischof und Kirchenlehrer Ambrosius auf den Vorrang des Klerus nur in religiöser Hinsicht bestanden. Jetzt beansprucht Gregor auch namentlich über zahlreiche Länder die Oberherrlichkeit, und dies mit den abenteuerlichsten Begründungen. Über Böhmen (wo Volk und Klerus schon 1073 gegen Gregors Gesandte rebellierten), weil Vorgänger Alexander II. dem Herzog Wratislaw den Gebrauch einer Mitra zugestanden! Über Rußland, weil ein verjagter Großfürst durch einen Sohn sein Land vom hl. Petrus zu Lehen nehmen ließ. Über Ungarn, weil es Eigentum der römischen Kirche, ein Geschenk König Stefans an St. Peter sei. Sachsen hat angeblich Karl «der Große» dem hl. Petrus geschenkt. Auch Korsika, das er tatsächlich seinem Machtbereich eingliedert, gehört zu den «karolingischen Schenkungen». Ferner beansprucht der Papst kraft des gefälschten Constitutum Constantini Spanien als altes päpstliches Eigentum. Er beansprucht die Lehnshoheit auch über Sardinien, Dalmatien, Kroatien, über Polen, Dänemark, England, die er sämtlich als alten Besitz Sankt Peters ausgibt. Wie er denn noch König Philipp I. von Frankreich erklärt, daß sein Reich wie seine Seele in der Gewalt des hl. Petrus seien, und dem widerspenstigen Monarchen 1075 die Exkommunikation androht.

Der Kampf ums Zölibat beginnt

Die ersten christlichen Herrscher hatten weder die verehelichten Geistlichen noch deren Familien benachteiligt. 528 aber verfügte Kaiser Justinian, wer Kinder habe (nicht wer verheiratet ist!), könne kein Bischof werden. Der Grund für dieses häufig wiederholte Dekret war eindeutig vermögensrechtlicher Natur. Und schon zwei Jahre darauf wandte sich Justinian auch gegen solche, die nach empfangener Weihe heiraten und «mit Weibspersonen Kinder erzeugen». Jede nach der Ordination geschlossene Priesterehe erklärte er jetzt für ungültig und alle daraus hervorgehenden oder schon hervorgegangenen Nachkommen für illegitim, ja infam und ohne Erbrecht. Mitte des 6. Jahrhunderts weihte Papst Pelagius I. für Syrakus einen Familienvater zum Bischof, bestimmte jedoch, daß dessen Kinder keine «Kirchengüter» erben dürften. Die dritte Synode von Lyon (583) drohte mit Absetzung nur, «wenn ein Kind geboren wurde». Und mit fortschreitender Verchristlichung entrechtete man die Priesterdeszendenz immer mehr (S. 165 ff.).

Wichtiger aber noch als der finanzielle Faktor war den Ekklesiarchen sicherlich die ständige freie Verfügbarkeit über einen unbeweibten Klerus. Immerhin wußte schon Paulus: «Der Unverheiratete kümmert sich um die Dinge des Herrn; der Verheiratete dagegen sorgt sich um die Dinge der Welt, wie er seiner Frau gefalle, und ist geteilt.» Und bis heute wurde (ungeachtet der – meist unterschlagenen – Tatsache, daß Paulus damit Priester selbstverständlich gar nicht meinen konnte) zur Zölibatsbegründung kein Bibelwort häufiger bemüht als dieses, das klar zeigt, was man braucht: allzeit disponible, an keine Familie, keine Gesellschaft, keinen Staat gebundene willenlose Werkzeuge, mittels deren man herrschen kann.

Nun blieb es nicht bei Vorschriften. Vielmehr wandte man über ein Jahrtausend die verschiedensten Zwangsmittel an. Das Verfolgen, mit Paulus zu sprechen, der «Dinge des Herrn» hatte, wie stets, die ungeheuerlichsten Folgen.

Häufig strafte man Kleriker, die mit ihrer Frau geschlechtlich verkehrten – von den Synoden gern als «Rückkehr des Hundes zu seinem Gespei» charakterisiert –, durch Entlassung. Abgesehen von seltenen Fällen einer Restitution schloß dies auf immer vom Kirchendienst aus. Sehr oft aber wurden «Unenthaltsame» auch in ein Kloster gesperrt, wo man sie fasten, fesseln, peitschen und auf vielerlei Weise schikanieren ließ. (Schon ohne Strafverschärfung führte diese Haft oft zur völligen Erschöpfung eines Menschen.) Doch mußten selbst gewaltsam Ordinierte bei weiterem Zusammensein mit ihrer Frau «zeitlebens» in einem Klosterkerker büßen.

Papst Zacharias, der Mitte des 8. Jahrhunderts auch gelübdebrechende Mönche und Nonnen ins Gefängnis zu werfen befahl bis zu ihrem Tod (S. 128), hetzte die Gallier und Franken zur Vertreibung des beweibten Klerus auf, ihnen versprechend: «So wird kein Volk vor euch Stand halten, alle heidnischen Völker werden vor euch zusammenstürzen, und ihr werdet Sieger sein und noch dazu das ewige Leben besitzen.»

In England gebieten später die unter König Edgar gegebenen Kirchengesetze: «Wenn ein Priester, ein Mönch oder ein Diakon eine rechtmäßige Frau hat, ehe er geweiht worden ist, so muß er sie vor seiner Ordination verlassen. Pflegt er dann öfter mit ihr den Beischlaf, so soll er *wie für einen Menschenmord fasten*.» Das lag meist auf *einer* Linie – für die Religion der Liebe!

Auch die libri poenitentiales, die Bußbücher jener Zeit, gehen hart gegen «Unenthaltsame» vor. So ließ man Priester, die heirateten, zehn Jahre sühnen, drei davon bei Wasser und Brot, man strafte sie durch Absetzung, Exkommunikation, steckte sie geschoren in einen Sack und für immer ins Kloster. Begingen sie Ehebruch, bekamen sie zehn Jahre Buße, drei Jahre nur Wasser und Brot; für Sexualverkehr mit einer Gottgeweihten zwölf Jahre Buße, fast die halbe Zeit davon nur Wasser und Brot.

Mitte des 8. Jahrhunderts erlegt die «regula canonicorum» Chrodegangs einem Geistlichen für Mord, Unzucht, Ehebruch – wieder ganz gleich gewertet! – zuerst eine körperliche Züchtigung auf; dann kommt er, solang es dem Bischof oder dessen Vertreter paßt, in den Kerker, wo niemand ohne Erlaubnis mit dem «Verbrecher» reden oder umgehn darf. Nach seiner Freilassung muß er büßen und zu den kanonischen Stunden vor der Kirchentür liegen, bis alle hinein- und hinausgegangen sind. Diese Regel des Metzer Bischofs wurde beispielhaft für die fränkische Kirche und beherrschte jahrhundertelang das Leben des Klerus.

Verheiratete Kleriker hat man häufig ihres ganzen Besitzes beraubt und sogar umgebracht – bis in die Neuzeit hinein. Noch Melanchthon, ein Hauptmitarbeiter Luthers, schreibt, daß man «die *ehrenhaften Priester ermordet wegen frommer Ehe».* Der 1628 unter dem Erzbischof von Gran in Preßburg tagende Konvent sichert allen, die sich «künftig zu *verehelichen* oder die sich Verehelichenden zu trauen erkühnen sollten ..., *immerwährendes Gefängnis* gewiß zu». Ferner putscht man die Laien auf, keine Verbindung von Frauen mit Pfarrern zu dulden, und mahnt die domini terrestres, alle Untertanen, die dabei «auf irgendeine Weise mitgewirkt haben, sowohl an ihren Personen als an ihren Sachen streng zu züchtigen». Bischof Ferdinand von Paderborn ließ noch im späten 17. Jahrhundert einen Geistlichen wegen seines Sexuallebens exekutieren.

Die Priesterfrau: gepeitscht, verkauft, versklavt

Man strafte diese Frau schon dadurch barbarisch, daß man ihr, obgleich legitim verheiratet, den ehelichen Umgang rundweg versagte. Ging sie daraufhin, was nahe genug lag, ein außereheliches Verhältnis ein, mußte sie ihr Mann entlassen. Tat er es nicht, wurde er, wie bereits die Synode von Elvira vorschrieb, lebenslang exkommuniziert. Die Synode von Agde erlaubte die Ordination eines Ehemanns nur, wenn seine Frau selbst den Schleier nahm. Und die erste Synode von Toledo verordnete anno 400: «Hat das Weib eines Klerikers gesündigt, so hat er, mit Ausnahme der Tötung, das Recht, sie zu bewachen, zu binden, sie fasten zu lassen.»

Noch härter ging man mit den extraneis um. Gerieten sie in Verdacht, wurden sie gegeißelt, vertrieben oder versklavt. In Spanien begann die Prügelei bereits unter dem westgotischen König Rekkiswinth; und auch der Fuero Juzgo, das von einer Bischofsversammlung verfaßte spanische Rechtsbuch, schrieb für jede verheiratete oder unverheiratete Frau, die mit einem Kleriker geschlechtlich verkehrte, hundert Peitschenhiebe vor (während man ihn selbst in ein Strafkloster verbannte). Schon vom späten 6. Jahrhundert an aber hat die Kirche «Verdächtige», das heißt mit Geistlichen zusammenwohnende «Weibspersonen» sowie Mägde, einfach verkauft, etwa an ein Kloster, zuweilen jedoch auch den Richtern geschenkt.

Einen Höhepunkt kirchlicher Kultur brachte 653 das achte «heilige Concilium» von Toledo, das nicht nur, wie frühere Synoden, den Verkauf verdächtiger oder übel beleumundeter Frauen vorschrieb, sondern, bei Entdeckung der Unenthaltsamkeit, auch den der regulären Ehefrau!

Das Verhältnis zur Gattin des Priesters und seine andern Amouren, Verbindungen, die man vordem streng unterschied, werden nun gleich bestraft. Immer weniger interessierte nämlich, ob eine legitime oder illegitime Vereinigung vorlag. Der eheliche Verkehr wird allmählich ganz wie der außereheliche als fornicatio, «Unreinheit», «Schmutz», verdammt. Und dementsprechend stellt man auch die Begriffe Ehefrau (uxor) und Konkubine (concubina) immer häufiger einander gleich.

Mitte des 11. Jahrhunderts machte Leo IX. alle Frauen Roms, die mit Geistlichen zusammenlebten, zu Sklavinnen seines Palastes. Und die Synode von Melfi (1089), der Papst Urban II. vorstand – Initiator des ersten, in der Abschlachtung von fast 70 000 Sarazenen in Jerusalem kulminierenden Kreuzzuges und 1881 (!) seliggesprochen –, ordnete im Falle fortgesetzter Klerikerehe den Verkauf der Ehefrau als Sklavin durch die weltliche Macht an, die man derart sogar für das Zölibat interessierte.

Verkauf, Versklavung, Übergang der Priesterfrauen mit ihrem ganzen Besitz auf die Bischöfe sowie Verlust des Erbrechts – immer wieder hat dies die Kirche von Spanien bis Ungarn und England befohlen. Weiterhin verhängte sie über die «notorischen Konkubinen» bis in die Neuzeit den Bann, Ausschluß von den Sakramenten, Scheren des Haars, «öffentlich in der Kirche am Sonntag oder an einem Feiertag in Gegenwart des Volkes», wie die Synode von Rouen 1231 verfügt (im Mittelalter derart diskriminierend, daß man nach altburgundischem Gesetz einen Sklaven tötete, schnitt er einer Freien das Haar ab); die Kirche bedrohte die Priesterfrau mit Verweigerung der Beerdigung, Verscharren auf dem Schindanger und immer wieder auch mit der Übergabe an den Staat, was dann häufig mit Vertreibung oder Gefängnis endete. Noch im 17. Jahrhundert appellierte der

Bamberger Bischof Gottfried von Aschhausen an die «weltliche Gewalt», «damit sie in die Pfarrhöfe eindringe, die Konkubinen heraushole, öffentlich auspeitsche und in Haft setze».

Das Schicksal der Frauen, die mit den Geistlichen, in oder außerhalb einer Ehe, verbunden waren, kümmerte die Catholica nicht im geringsten. Sie hat diese Menschen (und ihre Familien) vielmehr rücksichtslos und auf jede Weise zugrunde gerichtet. Von persönlichen Rechten der Priesterfrau ist in der immensen Fülle von Dekretalen und Konzilskanones so wenig die Rede wie von einer personalen Begegnung der Partner.

Die ungezählten, von Generation zu Generation sich wiederholenden individuellen Tragödien der Liebe und Freundschaft sind fast alle verschollen.

Die Priesterkinder

Wie die Frauen der Kleriker, wurden auch ihre Söhne und Töchter seit der ausgehenden Antike immer rigoroser entrechtet.

Schon 655 fällte die neunte Synode von Toledo über alle Priesterkinder das Verdikt, sie «sollen nicht bloß ihre Eltern nicht beerben, sondern auf immer als Sklaven der Kirche gehören, bei der ihre Väter, die sie schandmäßig erzeugten, angestellt waren» (sed etiam in servitutem eius ecclesiae de cuius sacerdotis vel ministri ignominio nati sunt jure perenni manebunt). Alle Nachkommen von Geistlichen, gleichgültig ob mit freien oder unfreien Frauen gezeugt, hatten somit (in den westgotischen Gebieten) keinerlei Erbrechte gegenüber ihren Eltern und wurden lebenslänglich Kirchenknechte.

Im 11. Jahrhundert versklavte auch die große Synode von Pavia sämtliche Söhne und Töchter der Priester, «seien sie von Freien oder Unfreien, Frauen oder Konkubinen geboren», für immer.

Die Beschlüsse von Pavia wurden 1019 auf der Synode von Goslar auch für Deutschland verbindlich gemacht, wobei sie der fromme, von Papst Benedikt gekrönte (und noch heute in Bamberg hochverehrte) Kaiser Heinrich II. zu Reichsgesetzen erhob und verschärfte. So mußten Richter, die Priesterabkömmlinge für frei erklärten, ihres Vermögens beraubt und auf immer verbannt, die Mütter solcher Kinder auf dem Markt ausgepeitscht und dann gleichfalls exiliert werden, Notare, die Klerikern freie Geburt und Analoges attestierten, die rechte Hand verlieren. Heinrich der Heilige! Dagegen sprach ein sizilisches Gesetz Friedrichs II., des großen Freigeistes und Papstgegners, den Priesterkindern ausdrücklich die Erbberechtigung zu. Und als sich in Spanien, etwa vom 9. Jahrhundert an, während der blühenden maurischen Kultur das Konkubinat, die Barragania, beim Klerus sehr verbreitete, waren die Söhne aus solch eheähnlichen Verbindungen vielfach bis zum 13. Jahrhundert frei.

Mit dem vierten Laterankonzil von 1215, dem Erstarken des papalen Zentralismus und der fortschreitenden Reconquista aber begann in Spanien eine scharfe Reaktion. So erklärte 1228 die erste Synode von Valladolid unter Leitung eines päpstlichen Legaten alle nach dem vierten Laterankonzil geborenen Klerikerkinder ihrem Vater gegenüber wieder für erbunfähig und schloß sie vom geistlichen Stand aus. Und während des ganzen Mittelalters eiferte man gegen die Priesterkinder fort, wobei man nicht zwischen legitimer und illegitimer Abkunft unterschieden, ja noch die Enkel einbezogen, wie überhaupt die gesamte Nachkommenschaft auch durch das bürgerliche Recht schwer geschädigt hat. Verweigerte man jedoch, wie in Schweden, der Kirche ein Erbrecht, jammerte man in Rom über die «ungebändigte Roheit des schwedischen Volkes» (so – der unentwegt Kreuzzüge fordernde – Papst Honorius III.).

Die Catholica hat den Klerikern aber auch jedes familiäre, jedes menschliche Verhältnis zu ihren Kindern unmöglich gemacht. Sie verbot den Vätern, ihre Söhne und Töchter bei sich zu haben und daheim zu erziehen, verbot den Geistlichen die Teilnahme am Verlöbnis, an der Hochzeit oder dem Begräbnis ihrer Kinder und Enkel. Sie verbot, Töchter einem Priester oder dessen Sohn zur Frau zu geben. Und kein Laie durfte die Tochter eines Klerikers heiraten. 1567 verordnete man, Geistliche mit ihren Söhnen nicht mehr am gleichen Ort zu begraben und jeden Vermerk über einen Sohn auf dem Grabstein eines Klerikers auszumerzen. Noch im 17. Jahrhundert befiehlt die Synode von Tyrnau, die Söhne und Töchter von Priestern sollen «auf immer verunehrt» sein und sie selbst «auf immer ins Gefängnis gestoßen» werden.

Rom fordert die Ermordung eigener Geistlicher

Man muß schon katholischer Theologe sein, um angesichts solch beispielloser Barbarei schreiben zu können: «Dieser Einsatz von Klugheit und Festigkeit, von Verständnis und Rücksicht ist auch heute noch der Beachtung wert.» Und Papst Johannes XXIII. konnte all das der Kirche sogar als «Ruhm» anrechnen.

Die jahrhundertelange Flut der Dekrete, Sanktionen und Strafen hatte die Zustände im Klerus nirgends entscheidend zu ändern vermocht. Das ganze erste Jahrtausend hindurch waren Priesterehen und -konkubinate weit verbreitet. Mit forciertem Terror ging deshalb das «erneuerte» Papsttum dagegen vor, unterstützt von zwei einflußreichen Mönchen, dem Benediktiner Damiani und dem Benediktiner Hildebrand, der selbst als Gregor VII. den römischen Stuhl bestieg. «Beide verkörperten das Ideal der Reform von Cluny.»

Im Grunde zwar brachte auch Gregor nichts Neues, weder an Motiven noch Strafen. Neu war nur die Härte, mit der er den bestehenden, doch vordem so oft ignorierten Gesetzen Geltung zu verschaffen suchte, neu, wie unnachsichtlich er das Ansehen der verheirateten Priester als «Konkubinarier» untergrub. Selbst die Frau eines Bischofs verunglimpfte er als «Kuh», auf welcher der Bischof «geackert», bis sie dann «geworfen» habe.

Gregors Aktionen kannten kaum noch Grenzen. Er verdammte alles, was ihm nicht ins Konzept paßte, beschwor einzelne ebenso wie ganze Völker, schrieb an Gemeinden, Fürsten, Bischöfe und Äbte. Überallhin schickte er seine Legaten, reichlich versehen mit Suspensionen und Bannflüchen; wobei man sich erinnern mag, daß gerade der Kirchenbann damals als fürchterlichste Strafe galt, weil er vom irdischen und, wie man glaubte, himmlischen Leben ausschloß und jeden direkt in die Hölle stürzte, ja noch jene traf, die sich aus Mitleid der Verfluchten annahmen.

Da der Papst der eigenen Prälaten oft nicht sicher war – einige Episkopen, wie die von Reims und Bamberg, setzte er ab –, wiegelte er nicht nur weltliche Herrscher, sondern auch die Masse auf, von deren Mithilfe er eine «heilsame Wirkung» erhoffte. Er entband sie vom Gehorsam, erklärte, der Segen verehelichter Kleriker verwandle sich in Fluch, ihr Gebet in Sünde, worauf viele keine Messen der «Götzen- und Teufelsdiener» mehr besuchten, keine Sakramente von ihnen empfingen, statt Öl und Chrysam schmutziges Ohrenschmalz nahmen, ihre Kinder selbst tauften, «das Blut des Herrn» verschütteten, seinen «Leib» mit Füßen traten und sich von solchen «Heiden» nicht einmal mehr begraben lassen wollten.

Jedes Mittel zur Erreichung seines Zieles war Gregor recht, auch der Mord. So bekannte er dem Bischof Burkhard von Halberstadt, ihn dränge jenes Wort bei Jeremias 48,10: «Verflucht ist der Mann, der sein Schwert vom Blutvergießen abhält!» Das Killen selbst der eignen Geistlichen war kein Verbrechen, doch deren Liebe zu ihren Ehefrauen!

«Die Kleriker», berichtet der Bischof von Gembloux, «sind der Verhöhnung auf offener Straße ausgesetzt; wo sie sich zeigen, empfängt sie wüstes Geschrei, man zeigt mit Fingern auf sie, man greift sie tätlich an. Manche sind um Hab und Gut gekommen ... Andere sind verstümmelt worden ... Wieder andere hat man in langen Martern hingeschlachtet, und ihr Blut schreit zum Himmel um Rache.»

Tatsächlich ergriff man wieder die Waffen, focht selbst in den Kirchen (nachher reinigte man sie mit Weihwasser), Geistliche wurden während des Gottesdienstes ermordet und ihre Frauen *auf* den Altären geschändet. Kurz, ähnlich wie in Mailand ging es in Cremona zu, in Pavia und Padua; auch in Deutschland, Frankreich und Spanien kam es zu Tumulten. Das Chaos war derart, daß man das Weltende erwartete. Um 1212 soll allein der Bischof von Straßburg annähernd einhundert Zölibatsgegner verbrannt haben.

Der Keuschheitswahn und seine Folgen

Um die Jahrtausendwende behängte man sich wieder mit Ketten und Panzern, trug Bußgürtel mit Bleikugeln und Stacheln auf der bloßen Haut, und zur Zerfleischung der Beine Strafstrumpfbänder aus eisernen Zacken.

Geradezu Mode wurde es, sich peitschen zu lassen oder sich selbst zu peitschen. Ist eine Disziplin von fünfzig Schlägen erlaubt und gut, schloß Kardinal und Kirchenlehrer Damiani, dann erst recht natürlich eine von sechzig, hundert, zweihundert, ja tausend und zweitausend Schlägen. Denn unvernünftig nannte Damiani es, mit verblüffender Logik, den größten Teil einer Sache zu tadeln, deren kleinsten man doch gutheiße. Als weitere Prophylaxe empfahl der Heilige: Flucht vor dem Anblick der Weiber, häufiges Kommunizieren und Wassertrinken; endlich erzählt er auch, wie ein Mönch mit einem glühenden Eisen sein Glied bändigte.

Dominikus de Guzman, der Stifter des Dominikanerordens (1215), peitschte sich oft bis zur Bewußtlosigkeit. Überhaupt sollen sich die Dominikaner geprügelt haben «wie die Hunde».

Der Dominikaner Heinrich Seuse (gest. 1366), hochbegabter Schüler Meister Eckeharts, geißelte sich täglich und trug acht Jahre lang, Tag und Nacht, ein mit dreißig Nägeln gespicktes Kreuz auf dem Rücken. Seuse soll oft von eiternden Wunden nur so übersät gewesen sein und sich nie gesäubert haben.

Ein lebensfroher Mensch oder «Es scheint manchmal, sie haben ihre Natürlichkeit verloren ...»

Als großer Keuscher vor dem Herrn glänzt Aloysius Gonzaga. Der 1591 erst dreiundzwanzigjährig verstorbene Jesuit, dessen Attribute Lilienstengel, Kreuz, Geißel und Totenkopf sind, errötete schon vor Scham, war er mit seiner Mutter allein. Er fiel bei seiner ersten Beichte in Ohnmacht, sprach auf jeder Stufe einer Treppe ein Ave Maria, betete oft stundenlang bäuchlings vor einem Kruzifix und flennte, daß sogar das Zimmer feucht davon wurde. Außerdem fastete er wöchentlich mindestens drei Tage bei Wasser und Brot, und wenigstens dreimal disziplinierte er sich entsetzlich, später sogar jeden Tag und außerdem dreimal zwischen Tag und Nacht. «Seine Hemden, die der Marchesa gezeigt wurden, waren wegen der Züchtigungen alle blutig.» Und dabei, versichert ein moderner Jesuit, war er «ein lebensfroher, gesund empfindender Mensch»! Er avancierte denn auch, im Jahrhundert der Aufklärung, zum Patron der studierenden Jugend.

Der gleichfalls kanonisierte, gleichfalls sehr jung (1621 zweiundzwanzigjährig) verstorbene belgische Jesuit Johannes Berchmanns floh nicht nur den Anblick der Frauen, sondern auch den der Männer. Dafür rutschte er noch nach Mitternacht mit nackten Knien betend auf der Erde herum, seufzte und stöhnte und küßte inbrünstig ein Bild der allerheiligsten Jungfrau Maria, der er unaufhörlich die schönsten Namen gab. Wagte er sich aber ins Bett, teilte er zuvor dessen verschiedene Plätze an diverse Heilige, die Beschützer seiner Keuschheit, auf, und ans Fußende legte er noch den gekreuzigten Christus. Auch geißelte er sich drei- bis viermal wöchentlich und trug an Festtagen ein Büßerhemd. Und vermutlich traktieren sich ja nicht die Jesuiten allein noch im 20. Jahrhundert mit Peitschen und Stahlspitzen – ist doch, nach einem Wort des heiligen Franz von Sales, die äußere Abtötung *der Hafer für den Esel, damit er schneller laufe.*

Fast alles, was die Kirche in die Hand bekam, wurde ruiniert oder zu ruinieren versucht. Fast alles, was sich verführen ließ, wurde fit gemacht für den Himmel und «fertig» für die Welt. Fast alles wurde «abgetötet» (ein prächtiger Terminus!) – auch die armen Klosterfrauen. Sie, die so oft von anderen sich schlagen lassen mußten, schlugen sich, wie die Mönche, noch selbst «für vergangene, für später einmal zu begehende Sünden, dann für die lebenden Verwandten, für die Seelen im Fegefeuer, zur größeren Ehre Gottes und aus hundert andern Gründen».

Noch die Nonnen der Neuzeit sind besessen von der Sucht, sich zu schinden und ihr Fleisch zum Verstummen zu bringen.

«Schmerz allein macht das Leben erträglich», behauptet die heilige Marguerite Marie Alacoque: «Immer leiden und dann sterben!» ruft die heilige Theresia; «Immer leiden, ohne doch zu sterben», korrigiert die heilige Maria Magdalena dei Pazzi. Maria von der Trinität «möchte vom Leiden zerbrochen werden». Maria du Bourg bekannte noch vor kurzem, daß sie, wäre Schmerz auf dem Markte feil, «hineilen würde, um ihn dort zu kaufen». Und bei dieser Tradition des unvermischten Irrsinns wundert sich heute eine Nonne über ihre Mitschwestern: «Es scheint manchmal, sie haben ihre Natürlichkeit verloren. Es scheint, sie sind irgendwie verkümmert, verarmt, auch ihrer menschlichen Substanz nach.»

«Und so nährten sie das Fleisch in Gelüsten»

Aber alles Vorbeugen und Strafen, Predigen und Prügeln war vergeblich, die Libertinage der Ordensleute sprichwörtlich (S. 148), ja der Hautgout des Unmoralischen um sie so stark, daß mancher Ritter, ehe er auf Abenteuer zog, in eine Kutte kroch.

Überdies forderten die Isoliertheit der Klöster, der Schutz der Klausur und der Müßiggang geradezu Ausschweifungen heraus. Tanzte man doch selbst in den Kirchen und sang Schlager dort. Mönche unterhielten Schenken mit Possenreißern und Dirnen. In Jütland wurden die Religiosen wegen ihrer Hurerei verjagt oder dauernd versetzt; bei Halle trieben sie es mit Mädchen in einem abgelegenen Klosterraum; in Magdeburg walzten Bettelmönche mit Weibern herum, die sie Marthae nannten. In Straßburg tanzten und hurten die Dominikaner in Zivil mit den Nonnen von St. Marx, St. Katharinen und St. Nicolai. In Salamanca huschten die unbeschuhten Karmeliter «bei Frauenspersonen aus und ein». In Farfa bei Rom lebten die Benediktiner ganz offen mit ihren Mätressen. In einem Kloster der Erzdiözese Arles steckten die noch übriggebliebenen Asketen wie in einem Bordell mit Frauen zusammen. Und auch die Kuttenträger des Erzbischofs von Narbonne hatten öffentlich Konkubinen (focarias), darunter selbst Weiber, die sie den Ehemännern abspenstig gemacht.

Um Frauen leichter zu bekommen, banden ihnen die Patres auf, mit Mönchen in Abwesenheit des Gatten zu schlafen verhüte verschiedene Krankheiten. Immer wieder auch erschlichen sie sich den Geschlechtsverkehr durch die Behauptung, mit ihnen sei er eine viel leichtere, ja hundertmal geringere Sünde als mit einem fremden Ehemann. Die Kalmückinnen sollen dem Koitus mit Klerikern geradezu aus religiösen Gründen geneigt gewesen sein. Offenbar hatte man ihnen weisgemacht, sie nähmen dann an deren Heiligkeit teil.

Ein plastisches Bild dieses geistlichen Lebens gibt auch der Oxforder Theologe John Wiclif (1320–1384): «So groß ist der Verderb und die Freiheit im Sündigen», schreibt er, «daß Priester und Mönche ... die Jungfrauen, die ihnen das Beisammensein weigerten, töteten. Ich übergehe ihre Sodomie, die jedes Maß übersteigt ... Unter Kapuzen, Kutten und Gewändern führten sie ihre jungen Weiber (juvenculas), manchmal nachdem ihr Haar geschoren war ... Die Bettelmönche mißbrauchten, wenn sie Beichte gehört hatten, während die adligen Männer im Kriege waren, die Geschäftsleute in Geschäften, die Handelsleute beim Handel und die Bauern auf dem Felde, deren Frauen ... Prälaten besaßen Nonnen und Witwen. Und so nährten sie das Fleisch in Gelüsten.»

Die Äbte aber gingen oft, wie etwa Bernharius vom Kloster Hersfeld, «allen mit dem schlechtesten Beispiel voran», hatten haufenweise Kinder, Abt Clarembald von St. Augustin in Canterbury zeugte allein in einem Dorf siebzehn, oder begatteten sogar ihre nächsten Verwandten, wie der Abt von Nervesa, Brandolino Waldemarino, der seinen Bruder ermorden ließ und mit seiner Schwester koitierte.

Eine prächtige Vitalität demonstrierten auch die Ritter des Deutschen Ordens. Denn wie sie ihre Feindesliebe nicht im geringsten hinderte, den halben Osten auszumorden, so hielt auch ihr votum castitatis, ein Leben «allein im Dienste ihrer himmlischen Dame Maria», sie nicht ab, alles zu vögeln, was eine Vagina hatte, Ehefrauen, Jungfrauen, kleine Mädchen und, wie wir nicht ohne Grund vermuten dürfen, sogar weibliche Tiere. In ihrer Residenzstadt Marienburg verließen die Ehemänner abends kaum noch das Haus vor Angst, ihre Frauen und Töchter würden dann auf die Burg geschleppt und mißbraucht. Lang noch hieß ein Teil der Schloßfreiheit in Erinnerung an die Sexpassionen der geistlichen Ritter «der Jungferngrund». «Aus den Strafakten des Marienburger Ordenshauses hat sich ergeben, daß unter dem Deckmantel der christlichen Beichte Jungfrauen und Ehefrauen systematisch verführt, Vergewaltigungen selbst an neunjährigen Mädchen von den Ordenskaplanen verübt wurden.»

Bemühungen um Brüder, weibliche Tiere und Gnadenspendungen per Peitsche

Andererseits freilich mußte gerade die häufige Erschwerung heterosexuellen Verkehrs viele Mönche zu homosexuellem Umgang und sonstigen Geschlechtskontakten treiben.

Gewiß traf man auch da alle erdenklichen Vorkehrungen. Schon im ältesten Mönchtum durfte keiner mit dem anderen im Dunkeln sprechen, keiner des andern Hand ergreifen, ihn waschen, salben, tonsurieren, mußte noch beim Gehen und Stehen zwischen ihnen ein kleiner Abstand bleiben. Und es sollten auch «nicht zwei auf dem Rücken eines nackten Esels reiten». Man ließ die Mönche nicht gern in Einzelzellen nächtigen. Im Saal aber hatte jeder angekleidet im eigenen Bett zu liegen, meist ein Älterer zwischen Jüngeren, und der Schlafraum bis zum Morgen ununterbrochen beleuchtet zu sein, überdies eine kleine Gruppe abwechselnd zu wachen.

Doch wie umfassend immer die Bespitzelung war, stets blieben die Klöster, wie die Gefängnisse, Zentren des homosexuellen Verkehrs, und er wurde auch vor allem durch Mönche verbreitet.

In der Antike geschah dies offener, zerstörte man durch Päderastie ganze Kirchengemeinschaften. Heute wahrt man Diskretion. Ein fünfunddreißigjähriger Anonymus gesteht: «In der reinen Männerwirtschaft der Klosterschule verstärkte sich in mir eine homoerotische Neigung.» Er führt Buben «einzeln oder in kleinen Gruppen in die Geschlechtlichkeit ein», auch durch «sexuelle Handlungen». Doch hat er «Angst vor Entdeckung», und so war es «bis auf eine Ausnahme eigentlich nicht viel gewesen. Die Ausnahme war ein Junge, mit dem ich mehrere Male regelrechten Geschlechtsverkehr hatte.» Ein zweiter Ordensmann, Universitätsdozent: «Mein Verlangen führte mich zu einigen Freunden und zu homosexuellen Beziehungen mit ihnen ... Niemand konnte mir etwas anderes bieten.» Ein dritter: «Durch das völlige Abgeschnittensein von Mädchen im Internat (berufsgebunden) hat sich diese Neigung einseitig weiterentwickelt und ist bis heute geblieben.»

Koitierten die Mönche doch selbst mit Wesen, die man sonst im Christentum nicht eben schätzt. So entfernte der Abt Plato, als es im frühen 9. Jahrhundert im Osten wegen ständiger Skandale zur Beseitigung der Doppelklöster kam (worin beide Geschlechter getrennt unter einem Dach dem Himmel zustrebten), mit staunenswerter Konsequenz auch noch alle weiblichen Tiere aus seinem Klosterbereich! Sogar Tierfreund Franziskus sah sich in seiner Zweiten Regel genötigt, allen Brüdern, «den Klerikern wie den Laien», zu verbieten, «daß sie in keiner Weise selbst oder bei andern oder sonst irgendwie ein Tier halten». Und im 14. Jahrhundert tolerierte auch Ordensmeister Konrad von Jungingen wieder «kein weibliches Tier im Ordenshaus zu Marienburg».

Ein seltsamer Sexualbefriedigungsversuch war das in den Klöstern seit je praktizierte Prügeln, das kurioserweise nicht zuletzt der Sühnung sexueller Sünden diente. Denn was der Strafende um des Bestraften willen tut, was er Ordnung, Zucht, Moral oder wie immer nennt, bezweckt oft nur die eigene Lust, die sadistische Besänftigung seiner Libido, was häufig bis zur Pollution (oder bei der Frau zum Orgasmus) während des Geißelns führt. Manche Erzieher genossen das Hose-stramm-Ziehen oder Übers-Knie-Legen derart, daß sie nicht mehr koitieren konnten.

Freilich war der Genuß mitunter gegenseitig; bewirkt passive Flagellation doch, besonders in der Jugend, Erigierung von Penis oder Klitoris, ja manchmal, bei Schlägen auf den Rücken, Ejakulation, was schon der Talmud weiß.

Ein mittelalterlicher Holzschnitt präsentiert eine Äbtissin, die eifrig mit der Birkenrute den nackten Hintern eines Bischofs peitscht, offensichtlich mit beiderseitigem Pläsier. Im Doppelkloster von Fontevrault, wo die Jurisdiktion in der Hand einer Äbtissin lag, den Schwestern die Herrschaft zukam, den Mönchen der Dienst, durfte jede Nonne nach Belieben einen Mönch auf Schulter, Rücken oder Unterleib geißeln. Beschwerte er sich, klopfte die Äbtissin ihn abermals. Doch geschah das nicht zu streng, und züchtigte man Mönch und Nonne zusammen, fungierten Beichtvater und Äbtissin als «Gnadenspender».

Die «Disziplinierung» der Frauen aber, auch solcher der Hocharistokratie, wurde im Mittelalter geradezu ein Gesellschaftsspiel, besonders der Jesuiten. Satzungsgemäß verpflichtet, «die Reinheit der Engel durch strahlende Lauterkeit von Leib und Geist nachzuahmen ...», stäupten sie nicht nur ihre Schüler, sondern auch beichtende Mädchen, um sie nackt betrachten zu können.

In den Niederlanden gründeten die Jesuiten unter vornehmen und reichen Frauen eine förmliche Brüderschaft, deren Mitglieder sich einmal wöchentlich geißeln ließen. Sie bekamen aber nicht die «Buße» auf den bloßen Rücken, die disciplina secundum supra, sondern, angeblich aus Rücksichtnahme, die weit beliebtere, doch durchaus umstrittene «spanische» disciplina secundum sub, die auf den nackten Unterleib, auf Beine, Lenden und Gesäß. Gerade bei Mädchen und Frauen soll sie häufig angewandt worden sein und natürlich geile Bewegungen ausgelöst haben. Die niederländischen Damen genossen damals diese Art des Strafens sehr und spornten die Patres an, «mit der väterlichen Zucht immer fortzufahren».

In Spanien waren körperliche Pönitenzen für Frauen nach der Beichte gang und gäbe. Selbst in den Vorzimmern der Königin beglückten die Jesuiten damit entblößte junge Hofdamen, fremde Prinzessinnen sowie die Gattinnen und Töchter der Gesandten. «Bei Damen, die besonders hübsch waren, leiteten sie die Execution selbst.»

Bei der wochenlangen Belagerung des stark befestigten, strategisch bedeutsam an der wichtigsten Straße durch Kleinasien, der «Pilgerstraße», gelegenen Nikaia, der Residenz Sultan Sulaimāns, enthaupteten die katholischen Kämpen scharenweise ihre Gefangenen, warfen die Köpfe mit einer Schleuder in die Stadt zurück und schickten, laut geistlichem Zeugnis, tausend Köpfe, wohlverpackt in Säcken, seiner christlichen Majestät, dem byzantinischen Kaiser Alexios I. «Niemand, so denke ich, hat jemals gesehen oder wird jemals sehen eine ähnliche Zahl so vollkommener Ritter.» Nun gut, ein zeitgenössischer christlicher Chronist läßt kaum andres erwarten. Wie aber muß es im Kopf eines modernen Historikers zugehen, der allen Ernstes schreiben kann, in den Kreuzzügen fand der «ritterliche Geist seine schönste Entfaltung»?

Kämpfend, sterbend drang «das Heer Gottes» im sengenden Juli über Dorylaion weiter durch Anatolien nach Syrien «auf das Haus unseres Herrn Jesus vor», wie der Graf Stephan von Blois seiner Gattin Adele von der Normandie berichtet, einer Tochter Wilhelm des Eroberers, wobei er nicht die Mitteilung versäumt, «an Gold und anderen Reichtümern gegenwärtig zweimal soviel zu besitzen», als ihm die Dame seines Herzens mitgegeben. Man nahm türkische Festungen, Mensch und Tier hungerten, gingen an Entbehrungen zugrunde, doch siegte man fort und fort und machte, mit Graf Stephan zu sprechen, Eroberungen «für den Herrn».

Man muß sich dies vorstellen, diesen Wahnsinn «für den Herrn»: – den Wallfahrer-Wurm, der mit Weibern und Kindern sich dahinquält, kilometerlange Schlangen im ausgedörrten Land, glühende Wüsten, unwegsames Gebirg, Ritter, Bogenschützen, Gebärende, Halbwüchsige und Nutten, alles unter schwarz schwirrenden Wolken von Fliegen, Dunstglocken von Gestank, von Schweiß, Weihrauch, stechende Sonne, verseuchte Nahrung, Kruzifixe und Fußangeln, Fiebergeschüttelte, Verdurstende, an Hitzschlag Sterbende, an Erschöpfung, Hunger, wer arm ist, krepiert zuerst. Man säuft, wie die auf Burg Xerigordon zernierten Bauernkreuzzügler, Pferde-, Eselsblut, Urin. Man stirbt zwischen Marschmusik und Delirierenden, bei Viehgebrüll, Vergewaltigungen, Psalmen. Aufgeschlitzte Roßbäuche, erstickende Reiter, Prozessionen und Massaker. Kirchenfahnen an Kolonnenspitzen, Ikonen, Heiligenbilder, Reliquien, die nicht bloß schützen, die Waffen mörderischer machen sollen, und vor dem Schlachten Priester mit hochgerecktem Kreuz und Abendmahlskelch – in diesem Zeichen JEDES VERBRECHEN. Und bei alldem und immer: während die Masse des elenden Fußvolks teils auf den Blutfeldern untergeht, teils in der Sklaverei, teils einfach auf dem Weg, dem «Weg des Kreuzes», rettet die Elite auf schnellen Pferderücken ihr kostbares Leben.

Allmählich gelangte man in mehr rechtgläubige Gefilde, seit etwa 1020 von armenischen Auswanderern besiedelt. In Artah massakriert die ansässige Christenheit beim Heranziehen des Kreuzheers die türkische Besatzung, säbelt ihr die Köpfe ab und wirft sie über die Mauer. «Fromm und fröhlich begrüßten sie darauf die Pilger», meldet der zu Hause gebliebene Albert, «canonico et custode Aquensis ecclesie», Autor der reichhaltigsten Prosageschichte dieses Kreuzzugs.

Im späten Oktober 1097 stand man noch mit 300 000 Mann – nach Albert von Aachen, dem man gern großes erzählerisches Talent attestiert – vor dem fast uneinnehmbaren Antiochia am Orontes, vor jener glänzenden «Stadt Gottes», in der man Jesu Anhänger zum erstenmal Christen genannt (Apg. 11,26). Ebenso politisch wie militärisch und wirtschaftlich bedeutend, größer und luxuriöser als alle abendländischen Städte, mit vierhundert Türmen bewehrt und meist von Christen bewohnt, berannten die Wallfahrer die Festung mehr als sieben Monate «unter der Führung Christi» und hatten ungeheure Verluste. Ja, die Seelen vieler unserer christlichen Mitbrüder, meldet Graf Stephan von Chartres voller Gottvertrauen in den fernen Westen, wurden «zu den Freuden des Paradieses geschickt». Die Überlebenden dagegen hatten es schwerer. Ein verheerender Winter folgte, viele verhungerten, die Pferde starben. Nur die Kopfjagd auf Gefangene entschädigte die «Helden des Herrn» etwas für ihre Mißerfolge im Feld. Der apostolische Bevollmächtigte, der Bischof von Puy, «der so menschliche Adhemar de Monteil», wie ihn noch heute ein Katholik wohlmeinend zubenennt, ließ für jeden gebrachten Türkenkopf eine Belohnung von 12 Denaren zahlen und dann die Häupter auf langen Stangen vor der Stadtmauer aufpflanzen. Ein den Rechtgläubigen ja oft vergönnter, doch immer wieder erbaulicher Anblick ...

Erst durch Bestechung und Verrat – die Leistung Bohemunds – konnten die «Helden Christi» am 2./3. Juni 1098 mit dem Schlachtschrei «Gott will es!» im buchstäblich letzten Augenblick die Stadt erobern. Unterstützt von ihren ansässigen Glaubensgenossen, metzelten sie sämtliche Türken nieder; fraglos ein «gottgefälliges Werk». «Alle Plätze waren derart überhäuft mit Leichen, daß keiner wegen des Gestanks dort bleiben konnte», und griffen sich dann deren Frauen und Töchter, sogar viele wehrlose Christinnen, und die ärmsten boten sich für ein Stück Brot selber an. «Gott will es!»

Nur etwa ein Zehntel derer, die ausgezogen waren, das Reich Gottes zu erweitern, stand Anfang Juni vor Jerusalem. Kein Wunder, daß die Kreuzfahrer, die sich das Zeichen des Heils sogar mit einem glühenden Eisen ins verwesliche Fleisch gebrannt, in Ekstase gerieten. Vom mystischen Taumel fast so überschwenglich gepackt wie zuvor von Blutgier, warfen sie betend die Arme zum Himmel, fielen tränenüberströmt nieder, küßten die Erde und sangen Frommes ...

Nach fünfwöchiger Belagerung unter glühender Junisonne, mit häufigen Angriffen mittels Sturmböcken, Leitern, Schleudern, wurde Jerusalem am 15. Juli 1099 von allen Seiten gestürmt und am nächsten Tag erobert. Es war just «das Fest der Aussendung der Apostel», überdies ein Freitag, und als dann gar «die Stunde kam, in der Unser Herr Jesus Christus es zuließ, daß Er für uns den Kreuzestod erlitt», erreichte die katholische Schwertmission begreiflicherweise einen ihrer freilich häufigen Höhepunkte. Was nun kam, war ein einziges systematisches Gemetzel oder, wie Erzbischof Wilhelm etwas wortkarg schreibt, das «Ende der Pilgerfahrt».

Im Tempel Salomons nahm das Heilsgeschehen ein solches Ausmaß an, «daß die Unsrigen bis zu den Knöcheln im Blut wateten». Ja, nach einem weiteren Augenzeugen stieg das Sarazenenblut «bis an die Knie der Pferde». Laut Kaplan Fulcher von Chartres köpfte man allein in der Al-Aksa-Moschee etwa zehntausend Menschen. Und die Juden wurden in ihre Hauptsynagoge gestopft, bis sie übervoll war, und lebendigen Leibes verbrannt – der «Weg des Kreuzes». Die ganze jüdische Gemeinde Jerusalems, von den Ägyptern wohlgelitten, kam so im Feuer um – «ein gerechtes Gottesurteil»: Erzbischof Wilhelm. Man schonte weder Frauen noch Greise noch Kranke, man trat Säuglinge mit dem Schuh kaputt, knallte sie gegen die Mauern, man zerbrach den Opfern das Genick, man säbelte nieder, stach ab, zerhackte, erschlug, stürzte zu Tod. Die «Ritter Christi» – «... fand dieser ritterliche Geist seine schönste Entfaltung» – troffen «vom Scheitel bis zur Sohle von Blut». Dazwischen plünderte man Bürgerhäuser, Moscheen, raffte Preziosen, Raritäten an sich, schnüffelte, wühlte, schlitzte noch die Bäuche Ermordeter auf, um aus deren Därmen vielleicht verschluckte Goldstücke zu ziehn ... «Dann, glücklich und vor Freude weinend, gingen die Unsrigen hin, um das Grab Unseres Erlösers zu verehren ...»

Und 60–70 000 Sarazenen hatten sie unmittelbar zuvor liquidiert. «Leichenhaufen wie Häuser», meldet ein Berichterstatter. Und andere christliche Quellen versichern, daß noch ein halbes Jahr, ein Jahr später «die Luft vom Leichengestank verpestet war». Noch in der Mitte des 19. Jahrhunderts freilich fand das mit Imprimatur erschienene katholische «Kirchen-Lexikon» von Wetzer / Welte beim Vergleich der «einzelnen Kreuzzüge unter sich nach ihrer leitenden Idee, Anlage und Ausführung» (!) «die Reinheit der frommen Begeisterung hauptsächlich im ersten ...».

Die Reinheit frommer Begeisterung ... So voll nehmen Katholiken hundert Jahre später nicht mehr den Mund. Die Kirchengeschichte des Theologen Neuss, die «das Verlangen weiterer Kreise nach vertieftem Verständnisse» befriedigen will, teilt über dies ganze blutrünstige Massaker lediglich mit: «... am 15. Juli wurde die Stadt eingenommen». Und alles, was Jesuit Hertling darüber bietet, ist der Satz: «Das erste Ziel der Kreuzzüge war erreicht.»

Viele konfessionelle Historiker bagatellisieren oder verschweigen so noch im 20. Jahrhundert diese und andere Greuel der Vergangenheit – Täter auf ihre Art. Noch in der zweiten Hälfte des 20. Jahrhunderts schreibt der christliche Historiker Denys Hay (Professor für mittelalterliche Geschichte an der Universität Edinburgh) über die Ausmordung Jerusalems durch die Christen, sie zahlten so ihre Schuld an den Herrn zurück. «Außerdem genossen sie, wenn auch nur für eine kurze Zeit, den geistigen wie den materiellen Lohn der Pilgerfahrt und des Kreuzzuges.» Rühmt doch Horst Fuhrmann noch 1998 nicht nur Urbans «Meisterstück an Inszenierung» und die «Begeisterung» der Massen, sondern schreibt auch mit doch wohl offensichtlichem Bedauern: «Der Erfolg des ersten Kreuzzugs, der am 13. Juli 1099 die Eroberung Jerusalems brachte, ist in den folgenden Jahrhunderten nie mehr überboten worden. Die weitere Geschichte des christlichen Heiligen Landes ist nichts anderes als die deprimierende Chronik seines schrittweisen Untergangs ...»

Wenn aber Mord Verbrechen, Massenmord ein noch viel größeres Verbrechen ist, dann ist der Initiator des Ersten Kreuzzugs, Papst Urban II., diese «tief religiöse Natur» (Alfons Becker), ein Massenmörder gewesen – und er bleibt es. Über eine Million Menschen kamen durch seinen Aufruf sowie seine steten Bemühungen um «Nachschub» auf elendigliche Weise um. Und dafür – oder wofür sonst?! – wurde der Verbrecher von Papst Leo XIII. 1881 seliggesprochen (Fest: 29. Juli). Doch dürfte dies noch nicht die letzte «Ehre», die letzte «Erhebung» des Ungeheuers sein.

Der erste Kreuzzug gegen Christen galt von 1209 an in Südfrankreich den Albigensern, den «Schmutz- und Schandflecken des Menschengeschlechtes», so noch im 19. Jahrhundert Papst Gregor

XVI., die aber derart offensichtlich wieder ans Urchristentum anknüpften, daß selbst Kirchenlehrer Bernhard von Clairvaux von ihnen sagte: «Es gibt bestimmt keine christlicheren Predigten als die ihren, und ihre Sitten waren rein.» Indes, kaum zwei Monate nach seiner Thronbesteigung rief Innozenz III. die ganze Christenheit auf, alle nicht abschwörenden «Ketzer» zu verbrennen. Er versprach dem nordfranzösischen Adel ihre Güter, dem französischen König (der Bedenken äußert!) die Herrschaft über das Land und jedem katholischen Kreuzfahrer, auch den größten Sündern, die ewige Seligkeit.

Geistliche und weltliche Fürsten, Scharen von Rittern, Wegelagerern, Tausende von Leichenfledderern, Hurenknechten, Huren auf fahrbaren Venustempeln ergriffen daraufhin das Kreuz. Mit dem Lied «Komm, Heiliger Geist» stürmten sie die Städte und schlachteten alle Einwohner, «Häretiker» und Katholiken, wie sie ihnen unters Messer kamen. Sie schlachteten die Priester am Altar mit der Monstranz in der Hand, schlachteten Säuglinge und Greise: allein in Béziers 20 000 Menschen. Schon damals nahmen Mütter ihre Kinder an die Brust und verhüllten ihnen die Augen, ehe man sie ins Feuer stieß, wie später in den Gaskammern von Auschwitz. Doch weil selbst nach zwanzigjährigem Gemetzel noch Albigenser lebten, zahlte die Kirche nach dem Friedensschluß für jeden lebend oder tot gebrachten «Ketzer» zwei Silbermark als Prämie.

Kreuzzüge und Glaubenskriege grassieren nun in Europa jahrhundertelang. Auch die Heidenmission im Osten wird fortgesetzt. 1147 führt man den Wendischen Kreuzzug. Losung: «Wer sich nicht taufen läßt, soll sterben.» Im Spätmittelalter morden im Osten die Ordensritter ganze Gegenden aus. Und schließlich liefern einander die Katholiken selber neun Schlachten, da der Papst als «Erbteil der Mutter Gottes» für sich beansprucht, was auch die Ritter behalten wollen.

Mitte des 15. Jahrhunderts fallen einem dreizehnjährigen Krieg des Ordens in Polen 1019 Kirchen und 17 987 Dörfer zum Opfer. 500 Jahre später werden durch den «europäischen Kreuzzug» (so

der katholische Feldbischof der Wehrmacht), durch Hitlers Ruß-
landfeldzug, den alle deutsch-österreichischen Bischöfe «mit Genugtuung» verfolgen und Papst Pius XII. als «Verteidigung der
Grundlagen der christlichen Kultur» rühmt, mehr als 1700 Städte
und 70000 Dörfer zerstört sowie 25 Millionen Menschen obdach-
los, von den Toten zu schweigen.

600 Jahre lang verfolgt man die Waldenser, nur weil sie die Bibel
ernster nehmen. 1234 treibt Papst Gregor IX. zum Kreuzzug gegen
die Stedinger Bauern, die dem Bremer Erzbischof die drückenden
Abgaben verweigern. 5000 Männer, Frauen, Kinder werden erschlagen und ihre Höfe durch kirchliche Neusiedler besetzt.

Im frühen 15. Jahrhundert predigen Martin V. und Eugen IV.
Kreuzzüge gegen die Hussiten, wobei es auf beiden Seiten zu ungeheuren Greueln kommt, man Katholiken Kreuze Hussiten Kelche
in die Stirnen schneidet, Priester in Pechfässern brät oder am Altar
ersticht. Man metzgert ganze Städte leer, brennt Dörfer hundertweise nieder, schon damals die Taktik der verbrannten Erde erpro-
bend. Doch noch nach dem Zweiten Weltkrieg belehrt uns der protestantische Theologe Thielicke: «Christen, die ihren Kriegsdienst
unter den Augen Gottes ableisten, haben ihr Handwerk des Tötens
immer so verstanden, daß sie es im Namen der Liebe übten!» Während sein Kollege Künneth 13 Jahre nach «Hiroshima» erklärt:
«Selbst Atombomben können in den Dienst der Nächstenliebe treten.»

1538 ruft Paul III. zum Kreuzzug gegen das abgefallene England
auf, dessen «Ketzer» er samt und sonders versklaven will.

1568 beschließt das spanische Inquisitionstribunal die Beseitigung von drei Millionen Niederländern, die, so steht auf den Hüten
der Geusen, «lieber türkisch als päpstlich» sein wollen. Nachdem
Herzog Alba schon viele Tausende ermordet hat, schickt ihm der
Papst zur weiteren Aufmunterung einen geweihten Degen, und nun
werden unter ausgesuchten Greueln, wobei man Töchter im Blut
ihrer Väter erstickt, ganze Städte bis auf das letzte Kind liquidiert.

In Frankreich kommt es 1572 – Schlachtruf: «Es lebe die Messe!

Tötet, tötet!» – in einer Nacht zur Niedermetzelung von 20 000 Hugenotten. Papst Pius V. hatte ihre «Ausrottung» gefordert, Papst Gregor XIII. veranstaltet aus Freude darüber öffentliche Lustbarkeiten und prägt auf einer Festmedaille einen hugenottenschlachtenden Engel, rückseitig sein eigenes Bild.

1584 stellt Papst Gregor XIII. in der Bulle «In Coena Domini» die Protestanten auf eine Stufe mit Seeräubern und Verbrechern. Und noch nach 1685 verlassen 200 000 Hugenotten Frankreich. Die riesigen Umsiedlungen, Ausbürgerungen, Emigrationen im 20. Jahrhundert haben schon im Mittelalter ihre großen Vorbilder, wo religiöse Nonkonformisten in alle Himmelsrichtungen durch die Länder fliehen, Waldenser, Humanisten, lutherische Sektierer, Erasmianer, Täufer, Sozinianer, Antitrinitarier u. a.

Das Christentum ist theoretisch die friedliebendste, praktisch die blutrünstigste Glaubensgemeinschaft. Immer wieder haben dies ehrliche Forscher betont. Sicherlich keine Übertreibung nennt es der englische Historiker William E. H. Lecky, «daß die Kirche den Menschen ein größeres Maß unverdienten Leids zugefügt hat als irgendeine andere Religion». Und der deutsche Theologe Bruno Bauer bekennt: «Keine Religion hat so viele Menschenopfer gefordert und auf eine so schmähliche Weise hingeschlachtet als diejenige, die sich rühmt, sie für immer abgeschafft zu haben.»

Eine «brennbare Masse»
Zur «Heizkraft» als Katholizismus

Man prahlte, das Ideal der Gesellschaft zu sein, und nannte deren höchste Pflicht, das dauernde Verfolgen der «Ketzer»; es galt als Liebesakt, ihr Totschlag als Gottesdienst. Das Denunzianten- und Spitzelwesen blühte, wurde systematisch gezüchtet, belohnt. Es betraf noch die nächsten Blutsverwandten. Kinder mußten ihre Eltern, Eltern ihre Kinder verraten. Männer ihre Frauen, Frauen ihre Männer. Ein einziges Wort konnte Generationen ins Elend reißen.

Man predigte Recht und Gerechtigkeit, machte Wehrlose aber rechtlos und gab Unschuldige jeder Willkür preis. Man rief zum Heiligen Geist und erlaubte alle Mittel des Betrugs. Man gestattete den Betrogenen keinerlei Rechtsbeistand, ließ gegen sie aber noch Aussagen zu aus der «verworfensten Klasse (vilissimi)». Trat Entlastendes zutage, fälschte man die Register. Und grundsätzlich waren Zeugen, so der im Veltlin tätige päpstliche Inquisitor Royas, «die Schlechtes von einem Ketzer aussagen, zum Beispiel, daß er ein Mörder oder Dieb sei», denen vorzuziehen, «die Gutes über ihn aussagen».

Man brachte Schuldlose auf die Wippe, in glühende Kohlen, Spanische Stiefel (Caligae hispanicae), eine besonders Wade und Schienbein betreffende Beinfolter, und Ohnmächtige – Empfehlungen der einschlägigen Handbücher – durch Wassergüsse und Schwefeldämpfe wieder zu sich. Man erpreßte erlogene Geständnisse und Namen neuer Opfer, aus denen dann wieder neue Namen herausgefoltert wurden. Man marterte und spritzte Weihwasser. Man schlug Kreuzzeichen und zerschlug Menschen. Angewidert stieß man die Verbrecher «aus unserer heiligen und unbefleckten Kirche», zahlte Rekordsummen für die schönste Scheiterhaufensicht oder gewann wenigstens vollkommene Ablässe durch Holzschleppen.

Man inszenierte die feurigsten Autodafés und verwandelte, zuweilen vor gigantischen Gafferscharen, gelegentlich sogar vor dem König, Menschen massenweise in Rauch und Asche. Voller Zartgefühl bat Mutter Kirche jedesmal um Mäßigung, um Leibesschonung, beteuerte, sie dürste nicht nach Blut (ecclesia non sitit sanguinem), das Vater Staat indes gleich zu vergießen hatte, sollten ihn nicht schwerste Kirchenstrafen treffen, Bann etwa, Interdikt, wobei die Exkommunikation auch weltliche Strafen nach sich zog, im Deutschen Reich zum Beispiel seit 1220 die Acht, also den Ausschluß aus der Gemeinschaft und die gänzliche Rechtlosigkeit; wobei Bullen die Urteile des Klerus, Zweifel hin oder her, ohne jeglichen Akteneinblick auszuführen befahlen, «blindlings», «mit geschlossenen Augen». Und während die erbärmlichen Opfer im Feuer verbrannten, im Rauch erstickten, während man sie zuvor oft noch verhöhnte, auf einen Esel setzte, unter Spottmitren steckte, mit glühenden Zangen zwickte, verstümmelte, sangen die Rechtgläubigen: «Großer Gott, wir loben dich ...»

Das Vermögen der Hingerichteten hat die Catholica konfisziert und die enterbten Nachkommen für drei Generationen ehrlos erklärt. Papst Gregor XI. exkommunizierte bis in die siebte Generation. Die Kirche wählte verschiedene Inquisitoren zu Päpsten, und noch 1867 sprach sie durch Pius IX. Pedro Arbués, einen der grausamsten Inquisitoren Spaniens, heilig. Heiliggesprochen wurde aber auch eine von ihr verbrannte «Ketzerin», Jeanne d'Arc.

Bei Gott – Satire? Schwachsinn? Pervertierte Nächsten-, Feindesliebe? Im Gegenteil. «Kaum etwas gibt es», versichert Nikolaus Eymeric, päpstlicher Generalinquisitor für Aragonien, in seinem «Wegweiser» (Directorium) für Kollegen, «was mehr gehegt und gepflegt und ausgebreitet zu werden verdient, als die von Gott getroffene Einrichtung der hochheiligen Inquisition.» Preist sie doch noch im 19. Jahrhundert die vatikanische Jesuitenzeitschrift «Civiltà Cattolica» – 1850 auf Wunsch Pius' IX. gegründet «zur Verbreitung christlicher Prinzipien unter der gebildeten Leserschaft» – als «erhebendes Schauspiel sozialer Vollkommenheit»! Ja, für das katholische «Lexikon für Theologie und Kirche» ist sie noch 1996 «ungeachtet späterer Mißbräuche ein Fortschritt der Rechtsfindung».

Nun war derlei Erhebendes, Vollkommenes bereits überreich im Alten Testament präsent. Wie denn auch Paulus, der erste Christ, Dissidenten schon ausgerottet sehen will und, zwischen glühenden Liebesergüssen, jeden anders Lehrenden inbrünstig verflucht. Sein Anathema sit wurde zum Urbild katholischer Bannbullen. Und kein anderer als Augustinus, verschlagenster Prototyp all der bluttriefenden Henker des Mittelalters, heischt zur Förderung seiner Mission vom Staat die Folter, freundlich von ihm – «Kur» genannt, emendatio. «Die mich bewegende Kraft ist die Liebe.»

385 lassen katholische Prälaten in Trier die ersten Christen, darunter Bischof Priscillian und eine reiche Frau, aus Glaubensgründen köpfen. Im nächsten Jahrhundert quittiert Kirchenlehrer Papst Leo «der Große» die Bluttat mit aufrichtiger Befriedigung (ep. 15 ad Turribium) und fordert seinerseits für «Ketzer» die Todesstrafe – gegen Manichäer und Donatisten bereits kodifiziert. Und im 6. Säkulum ordnet Kaiser Justinian, theologisch besonders bewandert, für Häretiker Verbrennung an.

Das Abendland liquidiert, noch etwas zaghaft, erst kurz nach der Jahrtausendwende andersgläubige Christen durch Feuer: so 1022 in Orléans elf Theologen, 1028 in Mailand Hochadlige der Lombardei; mit den Händen vor dem Gesicht springen sie in die Flammen. Und 1052 läßt der fromme Salier Heinrich III. in Goslar eine Anzahl (wohl gnostisch geprägter) Vegetarier hängen. «Ihre Weigerung, ein Huhn umzubringen, diente dazu, sie von den unschuldig Angeklagten zu unterscheiden.»

Mit den brutalen Strafen suchte man dem ständig wachsenden Abfall zu begegnen. In manchen Gegenden gab es schon zu Beginn des Hochmittelalters mehr Häretiker als Orthodoxe. Und die ethische Position der Kirche war derart, daß sie sogar Disputationen mit Gegnern untersagte, um sich nicht bloßzustellen.

Olle Kamellen?

Doch die Welt horcht auf, enthüllt der Vatikan jetzt eines seiner finstersten Kapitel – «eigentlich nur aus dem inneren Anspruch der Wissenschaft und der Redlichkeit heraus ...» Schade, wirklich, daß es den Kardinal Ratzinger nicht schon anno 1300 gab.

Und warum beginnt sein Gruselkabinett erst 1548? Weil so die lutherische Pestilenz gleich ökumenisch eingebunden wird? Weil 1548 das Geburtsjahr des größten Geistes ist, den Rom verfeuerte, Giordano Bruno? Oder weil es just 1548 autorisierte, was Ratzingers redliche Wissenschaft erst recht ins Licht rückt, de Loyolas berühmten Befehl, stets festzuhalten: «das, was unseren Augen weiß erscheint, sei schwarz, sobald die hierarchische Kirche dies so entscheidet»?

Nützlicher zu wissen freilich: was hat die Glaubensbehörde, die noch heute «heilige», ad hoc beseitigt – oder hat sie nicht? Das wäre das erste wirkliche Wunder in Rom, wo man stets Mißliches vernichtet hat, Menschen wie Papiere.

Im übrigen entspricht das so publicitytaugliche Auftun des kurialen Schreckensarchivs durchaus der Strategie eines Pontifikats, das sich, bei aller Traditionsbetontheit, doch einige kärgliche Seufzer angesichts der Heilsgeschichte abgerungen hat. Das Türöffnen erwartet man heute, es ist opportun. Also macht man das Beste daraus. Die Sache passierte nun mal, vor langer Zeit. Wir aber, demonstriert man, sind anders. Wir legen die Karten auf den Tisch, sind offen, zugänglich, demokratisch, und, unwahrscheinlich, doch wer weiß, vielleicht macht es Herrn Ratzinger sogar papabile.

Indes: noch im 19. Jahrhundert, als Italien 1859 das Greuelinstitut aufhob, die Kurie es aber, mehrfach umbenannt, bis heute beibehielt mit auch weiterhin strafrechtlicher Gewalt bei Glaubensdelikten, noch im 19. Jahrhundert haben die Päpste Meinungs-, Glaubens-, Presse-, Lehrfreiheit als «abscheulich» (infanda lex) verdammt, als «Wahnsinn» (deliramentum). Und noch Päpste des 20. Jahrhunderts führten Kreuzzug auf Kreuzzug, meist an der Seite der Faschisten, in Weißrußland, Abessinien, Spanien; den schlimmsten aber, zwischen 1941 und 1943, gegen die orthodoxen Serben, die man zu Hunderttausenden geschlachtet hat, grausamer oft als einst die Katharer, die Albigenser, die Waldenser zur Inquisitionszeit.

Eine Vorform der Inquisition bestand zwar schon in den bischöflichen Sendgerichten der Karolingerzeit. Doch nun nahm das im Kampf gegen die Salier erstarkte Papsttum das Ausrotten der allmählich grassierenden «Ketzereien» selbst in die Hand. Somit trat anstelle der episkopalen die päpstliche beziehungsweise Mönchs-Inquisition, besonders die der Dominikaner, in heftiger Rivalität freilich mit den Söhnen des heiligen Franz.

Im 13. Jahrhundert überzog die von Rom delegierte (und dirigierte) «Ketzerfahndung», mit Ausnahme Englands und Skandinaviens, ganz Europa. Ihr entscheidender Schrittmacher: Innozenz

III. (1198–1216), der mächtigste Papst der Geschichte – deshalb so bemerkenswert, weil Rom erst, nachdem es den Gipfel seiner Macht erklommen, seinen ganzen Terror zu entfalten begann, ja, diesen Terror noch steigerte, als die Abfallbewegungen immer größere Kreise zogen. Innozenz schob jetzt in das alte, bloß einen Reinigungseid kennende Infamationsverfahren eine «Untersuchung» (inquisitio) ein, das offizielle gerichtliche Ausforschen (inquirere).

«Irrlehren» erklärte dieser Papst als Hochverrat an Gott, oktroyierte auf dem Laterankonzil 1215 den weltlichen Mächten ihre Unterdrückung und bedrohte nicht kollaborationswillige Fürsten mit Exkommunikation und Länderentziehung. Auch schloß das Konzil die Juden, von Innozenz schon lange als «gottverdammte Sklaven» zu dauernder Knechtschaft verwünscht, von öffentlichen Ämtern aus und zwang ihnen bereits bestimmte Kleider oder Abzeichen auf! Und dann verbrannte man auch Juden, gelegentlich gern, überliefert Notar Anton Gonzalez, «lebendig bei schwachem Feuer».

1231 verfügt Gregor IX., ein Freund des von ihm heiliggesprochenen Franz von Assisi, für den Kirchenstaat die «Ketzerverbrennung» und das Ausschneiden der Zunge. Weithin bestellte er lokale Inquisitoren, unter anderem, womit die päpstliche Inquisition in Deutschland beginnt, Konrad von Marburg, dessen Spießgesellen sich brüsten: «Hundert Unschuldige verbrennen wir, wenn nur ein Schuldiger darunter ist.» Im nächsten Jahr, 1232, wird der Feuertod für Häretiker Reichsgesetz durch den – von Rom zeitweise wild bekämpften, wiederholt gebannten – Kaiser Friedrich II.

Zwanzig Jahre danach stellt Innozenz IV., einer der renommierten «Juristenpäpste», in seiner Bulle Ad extirpanda, deren wesentlichen Inhalt diverse Nachfolger wiederholen, andersgläubige Christen auf eine Stufe mit Dieben und Räubern und verpflichtet die Herrscher, alle Abtrünnigen zu einem Geständnis zu zwingen, zum Verrat ihrer Genossen, und die Überführten binnen fünf Tagen zu töten.

Nun kam das fromme Werk erst recht in Fluß; nicht durch das Volk, wie man uns so oft vormachen möchte, sondern durch den

Klerus, zumal durch das Mönchstum, hatten doch beide den Vorteil davon.

Denn obwohl die aus dem Glaubensgeschäft gar einträglich hervorblühende Konfiskation, die noch Kinder und Kindeskinder traf, prinzipiell Sache des Staates war, natürlich auch des päpstlichen, strichen nicht nur die römischen Bischöfe ungeheure Vermögen ein, sondern griffen auch andere Oberhirten zu, betrogen auch «Ketzerjäger» und «-richter» ihre Herren. Ganz zu schweigen davon, daß sie sich häufig bestechen und «Schuldige» entkommen ließen.

Die Priesterschaft also profitierte von den Pogromen und hetzte nicht zuletzt darum die Massen auf. Hatte doch inzwischen auch Thomas von Aquin, doctor angelicus, «Fürst der Scholastik», größtes Kirchenlicht neben Augustinus und natürlich besonders vom Heiligen Geist erleuchtet, klar erkannt, daß Häretiker «durch die Todesstrafe aus dieser Welt entfernt», daß sie «billigerweise hingerichtet werden» (Summa theol. lla llae q. XI, a.3).

Viele Städte sträubten sich gegen die Inquisition, fast überall kam es deshalb zu Aufständen. Schon der von Gregor IX. zum Generalinquisitor erhobene Robert le Bougre (!) wurde vom König durch eine Art Leibgarde geschützt. Begreiflich bei einem Mann, der allein am 29. Mai 1239 immerhin 183 «Ketzer» verbrennt – «ein großes und dem Herrn wohlgefälliges Brandopfer», wie berichtet wird.

Im gleichen Jahrhundert aber hat man zwei Inquisitoren bei Toulouse erschlagen; 1866 heiliggesprochen. Hat man auch den Inquisitor Konrad von Marburg erschlagen, den Inquisitor Droso in Straßburg erstochen, den Inquisitor Pontius von Blanes vergiftet, den Inquisitor Peter von Cadreyta gesteinigt, dem Inquisitor Peter von Verona den Schädel gespalten, worauf auch er kanonisiert wurde und zum Patron der Inquisition avancierte.

Infolge all des Klagens ringsum mußte zwar Sixtus IV. 1481 seine Häscher und Henker tadeln, ließ sie aber im Amt! Ja, dieser Heilige Vater (dem wir, nur nicht ungerecht sein, auch die Sixtinische Kapelle, das Fest der Unbefleckten Empfängnis verdanken, allerdings auch ein Bordell, wie er ja selbst, in nimmermüder Nächstenliebe, noch die nächste Verwandtschaft besprang, seine Schwester, seine Kinder), Sixtus IV. war von den Massenexekutionen des Tomás de Torquemada, furios antijüdischer Großinquisitor, Beichtvater und Berater der Katholischen Könige und fast allmächtig, hellauf entzückt.

Doch war man, nur keine Ungerechtigkeit wieder, auch barmherzig, erwies man Bereuenden Gnade, verbrannte sie nicht immer, erwürgte sie nur. Da und dort ertränkte man auch oder begrub lebendig. Vieles schwankte, nicht nur hierbei, wechselte nach Zeiten und Zonen, wie auch die Zahlen der Opfer, damals und heute.

Selbst viele bedeutende Menschen – obwohl «unbedeutende» nicht minder leiden – krepierten durch diese Kirchenpest: Johannes Hus etwa, der den Ablaßhandel, Prälatenreichtum, die ganze kirchliche Hierarchie verworfen und die Lehre vom notwendigen Ungehorsam der Christen entwickelt hat: 1415 verbrannte ihn ein «Reformkonzil», mehr als 300 Bischöfe, denen 700 öffentliche Huren folgten, nicht gerechnet jene, welche die frommen Väter gleich selber mitgebracht.

Oder der Dominikaner Giordano Bruno, der Leibniz' «Prästabilierte Harmonie», Darwins Deszendenztheorie antizipiert, der so manches von Spinoza, Berkeley, Kant, Goethe vorweggenommen hat: am 17. Februar 1600 bestieg er in Rom den Scheiterhaufen. Und als man ihm im letzten Augenblick durch Feuer und Rauch ein Kreuz vorhielt, wandte sich Bruno mit unsäglicher Verachtung ab und starb.

Und sollen wir nun bei Öffnung der vatikanischen Blutakten – ganz beiseite, was man davon im Lauf der Zeit, was man ad hoc vernichtet haben mag, beiseite auch, daß man das ganze 20. Jahrhundert unterschlägt: aus Gründen des «Personen»-, des Täterschutzes! – sollen wir jetzt erschüttert sein, wenn man vielleicht der Welt erklärt: Es tut uns leid, wir wollen's auch nicht wieder tun, schon gar nicht im Moment? Denn kein Kirchenfeind, nein, der 1936 gestorbene römisch-katholische Schriftsteller G. K. Chesterton konnte sich gut auch eine künftige Zeit denken mit dem ganzen Apparat von Folter und Scheiterhaufen. Und er wußte warum.

Die Verheizung der Hexen

Eine furchtbare Belebung erfuhr die Inquisition durch den Hexenwahn, im Prinzip, wie alles im Christentum, nichts Neues. Doch während das alte Babylon bloß das Bild der Hexe verbrannte, verbrannte das Abendland die «Hexe» selbst. Hexerei war gleich «Ketzerei», eine weder der griechischen noch russischen Orthodoxie bekannte Gleichsetzung. Im Westen aber ermordeten in schöner Eintracht Staat und Kirche bis ins 19. Jahrhundert Menschen als «Hexen». Primitivster Geisterwahn selbst der berühmtesten Katholiken, groteske Teufelspsychose, verdrängte Sexualität und grenzenlose Raffgier brachten nun Millionen Menschen, vor allem Frauen, einen gräßlichen Tod.

Die Päpste Gregor IX., Alexander VI., Leo X., Julius II., Hadrian VI. und viele andere haben an die Existenz von Hexen geglaubt, und so jagte man neben Heiden, Türken, «Ketzern» nun auch Hexen und schrieb Fanglöhne für eingebrachte Frauen aus – im katholischen Offenburg beispielsweise zwei Schilling pro Stück –, während dreitausend Jahre früher der altbabylonische Herrscher Hammurapi im § 2 der ältesten Rechtssammlung der Welt jeden für unwahre Bezichtigung der Hexerei mit Tod und Konfiskation seines Besitzes bedroht.

Jetzt unterzog man die Opfer schrankenlosen Torturen, zwang Kinder gegen ihre Mütter, Mütter gegen ihre Kinder auszusagen. Man fesselte die Elenden in unterirdischen Verliesen auf Holzkreuze, schmiedete sie im Freien an Mauern, setzte sie Ratten, jeder Witterung aus und malträtierte selbst die von Geistlichen und Henkersknechten oft halbtot genotzüchtigten Kinder. Man hängte sie in Türmen an Ketten in die freie Luft, ließ sie hungern, frieren, dann am Feuer braten. «Du sollst so dünn gefoltert werden, daß die Sonne durch dich scheint», hieß eine Hexenformel.

Man muß die Schreie der Unglücklichen hören! Muß lesen, was manche aus den Kerkern schrieben, Frauen an ihre Männer, Väter und Mütter an ihre Kinder: die Beteuerungen der Unschuld, die Abschiede für immer. Man muß das kennen, um zu wissen, daß der Teufel ein Christ, der Christ oft ein Teufel ist oder die Christenheit, wie Kierkegaard sagt, «Satans Erfindung».

Eine Viehseuche im Erzbistum Salzburg führte 1678 zum Feuertod von 97 Frauen. Der Bamberger Bischof Fuchs von Dornheim mordete um 1630 ungefähr 600 Hexen und Hexer, alle fünf Bürgermeister der Stadt. Sein Vetter, der Würzburger Oberhirte Adolf von Ehrenberg, brachte etwa 1200 Hexen und Zauberer auf den Scheiterhaufen und stiftete dann hl. Messen für ihre Seelen. Erzbischof Johann von Trier liquidierte 1585 so viele Hexen, daß in zwei Dörfern nur zwei Frauen überlebten. «Es geht gewiß die halbe Stadt drauf», klagt Mitte des 17. Jahrhunderts ein Pfarrer aus Bonn, wo man unter dem Druck des Kölner Erzbischofs Ferdinand von Bayern bereits dreijährige Kinder wegen ihrer «Buhlteufel» verbrannte.

Überall wurden die Frauen «weggebeizt» und «weggeputzt», wie die christlichen Chroniken berichten. «Da wir nun die alten nahezu erledigen und hinrichten ließen», unterbreitet Landgraf Georg von Darmstadt 1582 seinem Gesandten beim Augsburger Reichstag, «so geht es jetzt an die jungen ...» Sie warfen hundertjährige Frauen ins Feuer, einjährige Kinder, Krüppel und Blinde, Todkranke und Schwangere, ganze Schulklassen, selbst Geistliche und Nonnen. Die Länder litten schlimmer als durch Kriege. Und jeder, der gegen den Irrsinn aufbegehrte, wurde als «Hexenpatron» meist selbst «verheizt» – um einen Naziausdruck zu gebrauchen, den eine lange Kirchenpraxis illustriert. Gab es doch im Bistum Bamberg, Bistum Breslau schon Verbrennungsöfen für Hexen.

Nachdem der Klerus aber die Elenden umgebracht, raubte er ihr Vermögen, nicht selten der eigentliche Grund für viele Ketzer- und

Hexenprozesse. Ein Mainzer Dechant ließ in zwei Dörfern über 300 Menschen verbrennen, nur um ihre Güter mit seinem Stift vereinigen zu können. Ein Schreiber in Fulda, dessen Fürstabt ein bekannter Hexenjäger war, bedrohte besonders die Reichen und brüstete sich, in neunzehn Jahren 700 Menschen beiderlei Geschlechts auf den Scheiterhaufen gebracht zu haben. Jedes der zahlreichen Todesurteile im Bistum Augsburg endete mit der Formel: «Ihr Hab und Gut verfällt dem Fiskus Ihrer fürstlichen Gnaden des hochwürdigen Herrn Marquard Bischofs zu Augsburg und Dompropstes zu Bamberg.» Den Bamberger Bischof warnte Kaiser Ferdinand II.: «Was aber die höchst schmutzige Konfiskation anbelangt, können Wir diese Dero Andacht durchaus nicht und unter keinerlei Vorwand mehr gestatten.»

Auch die Inquisitoren und Beichtväter kassierten Blutgelder. Das schnellste und leichteste Mittel, reich zu werden, hieß ein geflügeltes Wort, sei das Hexenbrennen. Oft endete es sofort, wenn die Aussicht auf Beute entfiel.

Die Reformation hat den Wahnsinn nicht gehemmt. Im Gegenteil. Wie die Reformierten in Holland schließlich barbarisch die Katholiken dezimierten, wie sie deren Kirchen und Klöster plünderten, niederrissen, die Kruzifixe und Heiligenbilder samt Priestern, Mönchen ins Feuer warfen, wie lutherische Landsknechte 1527 in Rom Tausende von Päpstlichen erschlugen und selbst in der Peterskirche 200 massakrierten, worauf sie durch ungeheuerliche Brandschatzungen oder, wie die Lutheraner selber glauben, «die Gnad Gottes reich worden [sein], davon nicht genugsam zu beschreiben ist» – so töteten sie nun auch die Hexen. Luther, der überall den Satan sah, war mit der Einäscherung der «Teufelshuren» genauso einverstanden wie der Papst oder, wie er sagt, die «Papstsau», der er freilich ebenfalls, gleich allen Kurialen, die Zunge hinten zum Hals herausreißen und sie so der Rangordnung nach an den Galgen nageln wollte. Und Calvin, der seine Kritiker eifrig mit Folter und Schwert zur Ruhe, auch einen Servet auf die Scheiterhaufen brachte, erkannte gern die Verdienste des Genfer Rats im Hexenfangen an, machte darauf aufmerksam, daß es «noch viele andere derartige gebe» und ersuchte darum, «diese Rasse ... auszurotten».

Tatsächlich starben in vielen protestantischen Gebieten mehr Hexen noch als in katholischen. Und noch im späten 18. Jahrhundert zeigte sich der evangelische Bischof Troilus in Dalarne, Schweden, tief besorgt über «unsere gleichgiltige und freidenkende Zeit», in der man angeklagte Hexen nicht mehr verheizen wollte.

Die Verheizung der Juden

Zwar war im Christentum alles, was nicht von Heiden stammte, jüdisch – vom Alten Testament an über die Engelheere, Erzväter, Propheten, das Vaterunser bis zum gesamten *Wort*gottesdienst. Doch gerade weil die Juden den angeblich christlichen Charakter ihres Glaubens nicht einsehen konnten, weil sie «verstockt» blieben, flammte der christliche Judenhaß durch zwei Jahrtausende.

Kein Wunder also, wenn schon im 4. Jahrhundert jüdische Gotteshäuser rauchen, auch die Christen Roms bereits eine Synagoge anzünden, Bischof Innocentius von Dertona eine zerstören ließ, selbst der hl. Kirchenlehrer Bischof Ambrosius sich mit den Brandstiftern von Kallinikon flammend solidarisch erklärt. Kein Wunder, wenn im 5. Jahrhundert eine weitere Synagoge Roms in Flammen steht; wenn der Patriarch von Alexandrien, Kyrill, Heiliger und Kirchenlehrer wieder, sämtliche Synagogen Ägyptens beschlagnahmt und unter seiner Führung, doch ohne jede Befugnis, die Synagoge an seinem Bischofsitz von einem riesigen Volkshaufen stürmen, zerstören, das Eigentum der Juden plündern und sie selber mit Weib und Kind, ohne Habe, ohne Nahrung, vertreiben läßt, angeblich mehr als hunderttausend, vielleicht zweihunderttausend, die erste «Endlösung».

Schon im ausgehenden Altertum verfügen Dutzende von Synoden eine scharfe antijüdische Bestimmung nach der andern, bis das 6. Konzil von Toledo 638 die Zwangstaufe aller in Spanien lebenden Juden befiehlt und das 17. Konzil von Toledo 694 sämtliche Juden zu Sklaven erklärt. Ihre Kapitalien werden konfisziert, ihre Kinder vom siebten Jahr an ihnen weggenommen.

Gewiß haben weltliche und geistliche Fürsten Juden gelegentlich beschützt, meist aber nur aus wirtschaftlichen oder politischen Gründen; man ließ sich gut bezahlen dafür und verlangte überdies oft den Glaubenswechsel. Zwar begünstigten sie auch mehrere Päpste durch Schutzbullen, Alexander III. im späteren 12. Jahrhundert, Gregor IX. 1237, Innozenz IV. 1247, der freilich schon 1244 den Talmud verbrennen ließ. Doch in anderen Bullen, 1279, 1577, 1584 etc., zwangen die Päpste die Juden bis ins 19. Jahrhundert hinein regelmäßig zur Teilnahme an genau kontrollierten Bekehrungspredigten, wobei man sie mit Stöcken am Einschlafen gehindert hat.

1179 dekretiert das 3. Laterankonzil, daß Christen, «die sich erdreisten, mit Juden zu leben, dem Kirchenbann unterfallen». Innozenz III. nennt sie 1205 «gottverdammte Sklaven», schreibt an den Grafen von Toulouse, den er exkommuniziert: «Der Christenheit zur Schmach verleihst Du öffentliche Ämter an Juden ... Der Herr wird Dich zermalmen!», und will sie dauernd versklavt sehen. Das Konzil von Zamora verfügt 1313 abermals ihre Verknechtung und fordert die Durchführung dieses Beschlusses von den weltlichen Behörden unter Androhung des Kirchenbanns. Kurz, bis ins 19. Jahrhundert reißen die antijüdischen Erlasse der Kirche nicht ab. Noch der 1823 gekrönte Leo XII. errichtet neue Gettos und unterwirft deren Bewohner der Inquisition.

Kein Wunder, wenn der permanent aufgeputschte christliche Pöbel nun auch die Juden auszulöschen begann. Sie wurden erschlagen, ertränkt, gerädert, gehängt, zerhackt, geviertelt, lebendig verbrannt und lebendig begraben. Sie wurden an Stricken und Haaren zum Taufbecken gezerrt, und der hohe Klerus nahm aktiv an diesen Zwangstaufen teil, wie ihm überhaupt die Verfolgung nie scharf genug sein konnte.

Zu den ersten allgemeinen Judenmassakern führten die Kreuzzüge. Man finanzierte sie zu einem beträchtlichen Teil mit jüdischem Geld, und indem man die Juden erschlug, befreite man sich von der Rückzahlung des Kapitals und der Zinsen. Als erstes plünderten die Kreuzfahrer 1096 die Judengemeinde von Rouen, brannten deren Häuser nieder, stachen die Einwohner ab. Ebenso tötete man die rheinischen Juden, in Köln, Worms, Trier, wo Bischof Egilbert nur jene rettete, die sich taufen ließen; die andren wurden umgebracht. In Mainz hatte Erzbischof Ruthard den Juden gegen hohe Bezahlung Schutz versprochen und ließ sie dennoch liquidieren, zwischen 700 und 1200 Menschen. Ebenso ermordete man sie in Regensburg, Prag und anderen Städten.

Auch beim sogenannten Zweiten und Dritten Kreuzzug kam es zu Judenverfolgungen, wozu in Frankreich Abt Petrus von Cluny, der Ehrwürdige, ein Heiliger, aufstachelte, während in Deutschland der Mönch Rudolf zum Terror trieb. In England begannen die Gemetzel mit dem Dritten Kreuzzug 1189/90; die jüdischen Gemeinden dort sollen sich davon nie ganz erholt haben.

Im 13. und 14. Jahrhundert gingen die antisemitischen Haßausbrüche, die ganz Europa erschütterten, vor allem von den Laterankonzilien aus.

Das unter Innozenz III. – «Der Jude», schrieb er 1205 dem Bischof von Paris, «ist wie ein Feuer im Busen, wie eine Maus im Sack, wie eine Schlange am Hals» – versammelte Vierte Laterankonzil bestätigte, unter Berufung auf Augustin, die Behauptung von der ewigen Knechtsexistenz, dem Sklavenstand, der Juden und erließ eine Reihe antijüdischer Dekrete. So verbot man den Juden öffentliche Ämter, sie mußten jährlich an Ostern eine Sondersteuer zahlen und bei geschlossenen Läden zu Hause bleiben. Sie durften mit Christen nicht zusammenleben und hatten bestimmte Kleidung oder Abzeichen zu tragen, hohe kegelförmige Hüte, sogenannte Judenhüte – später den gelben Ring; hier hat Hitlers Judenstern seinen Ursprung. Streng wurde der Geschlechtsverkehr zwischen Juden und Christen verpönt. Der dann wieder von den Nazis so perhorreszierte Beischlaf galt als Verbrechen gegen das Christentum, Abfall vom Glauben, gelegentlich als Bestialität. Das Mainzer

Stadtrecht bestrafte dies durch Abschneiden des Gliedes und Verlust eines Auges, das Iglauer Stadtrecht mit Lebendig-Begrabenwerden, das Altprager mit Pfählung und Vermögenseinziehung, das Augsburger Stadtrecht und der Schwabenspiegel durch Verbrennen der übereinandergelegten «Schuldigen».

1257 und 1267 hat man die Judengemeinden von London, Canterbury, Northampton, Lincoln, Cambridge und anderen Städten vernichtet. 1281 warf man alle Juden Kastiliens – angeblich 300 Gemeinden – in die Gefängnisse und preßte ihnen unerhörte Kontributionen ab: neben der Vertreibung eine immer wieder praktizierte Methode, wollte ein Bischof oder weltlicher Herr mehr Geld. In Frankreich wurden die Juden zwischen 1182 und 1322 fünfmal ausgewiesen, jedesmal beraubt, jedesmal wieder vertrieben. 1290 kamen bei einem böhmischen Judenpogrom etwa 10 000 Menschen um.

In Franken, Bayern, Österreich sollen 1298, nach einer Ritualmordbeschuldigung, 146 jüdische Gemeinden ausgerottet worden sein. 1328 liquidiert man die jüdischen Gemeinden in Navarra fast völlig. 1337 geht von Deggendorf aus eine Mordwelle durch Bayern, Böhmen, Mähren, Österreich, die 51 Orte erfaßt. 1348 werden die Basler Juden auf einer Rheininsel, die Straßburger Juden auf dem Friedhof verbrannt.

1349 beseitigt man in mehr als 350 deutschen Städten und Dörfern nahezu sämtliche Juden, meist durch Verbrennen bei lebendigem Leib. Die Christen ermordeten in diesem einzigen Jahr weit mehr Juden als die Heiden einst Christen in der zweihundertjährigen antiken Christenverfolgung! Viele Juden hätten sich durch die Taufe retten können, zogen aber fast stets das Martyrium einem katholischen Leben vor.

In Spanien beginnen die großen Judenmassaker im 14. Jahrhundert mit schrecklichen Blutorgien in Gerona und Barcelona. In Sevilla werden 1391 unter Führung des stellvertretenden Erzbischofs Martinez 4000 Juden kaltgemacht, etwa 25 000 als Sklaven verkauft. Darauf griff der Pogrom auf zahlreiche andere Städte über, alle Judenviertel wurden eingeäschert, ihre Bewohner in Stücke geschnitten oder vertrieben.

Am 1. November 1478 autorisiert eine Bulle von Papst Sixtus IV. die spanischen Herrscher zur Errichtung eines Inquisitionsgerichtes, das am 17. September 1480 beauftragt wird, in Sevilla «mit der Arbeit» zu beginnen. Darauf feiert man die Verbrennungen als regelrechte Volksschauspiele in aller Öffentlichkeit. Noch unter Sixtus verbrennt die Inquisition an drei Tagen in Toledo 2400 Marranen, wie die zum Christentum konvertierten Juden hießen, was «Schwein» bedeutet. In kurzer Zeit sollen fast 30 000 hingerichtet worden sein.

1389 schlachtet man in Prag an einem Tag 3000 Juden, 1420 in Österreich 1300 Juden, 1453 in Schlesien, nach einer Agitation des Kapuzinergenerals Capistrano – eines wilden Antisemiten, Kreuzzugspredigers, Inquisitors und Heiligen der katholischen Kirche; noch heute feiert sie jährlich sein Fest am 28. März –, sämtliche Juden, 1648 in Polen ungefähr 200 000 Juden. Solche Zahlen ließen sich häufen.

Seit der Wende vom 15. zum 16. Jahrhundert schloß man «Judensprößlinge» aus den meisten Ritterorden aus, aus dem Orden von Alcantara etwa, dem Orden vom hl. Jakob vom Schwerte, außerhalb der Iberischen Halbinsel aus dem Ritterorden der Johanniter, dem Orden der Cavalieri di S. Stefano. Doch auch die anderen Mönchsvereine gingen in nachmittelalterlicher Zeit gegen Christen jüdischen Blutes vor, die regulierten Chorherren beispielsweise, die Trinitarier, Mercedarier, Karmeliter, Benediktiner, Zisterzienser, die Eremiten vom hl. Hieronymus, die Franziskaner, die Theatiner, die Dominikaner – vor allem, «um in den Dienst der Inquisition treten zu können»; Inquisitoren sollten offenbar besonders rasserein sein.

1592 schlossen auch die Jesuitenoberen auf der pyrenäischen Halbinsel Leute aus, «deren Geschlecht nicht rasserein ist ...; denn wir müssen die Gesellschaft von ihnen reinigen, da sie nur eine Last sind und Schaden bringen und vielen ernsten Kreisen, besonders dem hl. Offizium, Ärgernis geben». Ein Jahr später, 1593, dehnte die in Rom versammelte Fünfte Generalkongregation das Verbot fast einstimmig auf die ganze Gesellschaft Jesu aus, wobei auch der General in keinem Fall Dispens erteilen durfte.

Die Reformation änderte auch am christlichen Antisemitismus nichts. Im Gegenteil. Nach einer frühen philosemitischen Phase empfahl der Reformator in übelsten Pamphleten «scharfe Barmherzigkeit» und übernahm, beredt, verführerisch, fast alle katholischen Lügen und Greuelmärchen, die Brunnenvergiftung ebenso wie den Ritualmord. Er identifizierte die Juden mit Schweinen, fand sie «schlimmer als eine Sau», forderte für Ausübung ihres Gottesdienstes die Todesstrafe, verlangte ein Verbot ihrer Schriften, Zerstörung ihrer Häuser, Niederbrennung ihrer Schulen und Synagogen, «daß kein Mensch einen Stein oder Schlacke davon sehe ewiglich. Und solches soll man tun unserem Herrn und der Christenheit zu Ehren, damit Gott sehe, daß wir Christen seien.»

Die 1540 mit der Gründung des Jesuitenordens einsetzende Gegenreformation richtete sich besonders fanatisch gegen die Juden. Paul IV., der schon 1553 als Kardinal Carafa, was in ganz Italien rasch Schule machte, alle in Rom auffindbaren Talmud-Exemplare unter seinen Augen hatte verbrennen lassen, erneuerte als Papst eine Fülle antijüdischer Gesetze des Mittelalters, zwang die Juden zum Tragen gelber Hüte, verbot ihnen Grund und Boden, christliche Angestellte, schloß sie von allen akademischen Berufen aus – Verfügungen, die in Italien fast ausnahmslos bis zum 19. Jahrhundert gelten – und ließ 24 Männer und eine Frau, Marranen, in Ancona öffentlich verbrennen. Als viele Marranen nach der Entdeckung Amerikas schnell in die «Neue Welt» übersiedelten, folgte ihnen die Alte alsbald nach mit grauenhaften Autodafés – ein Wort, das, vom lateinischen actus fidei stammend, «Glaubensakt» heißt.

In Frankreich besserte sich das Schicksal der Juden durch die Französische Revolution, in den meisten deutschen Staaten, nicht in Bayern, durch die Ereignisse des Jahres 1848. In Rußland aber, wo im 19. Jahrhundert zwei Drittel der gesamten Juden der Welt lebten, großenteils die Nachfahren derer, die im Mittelalter vor

Kreuzzüglern und anderen Frommen geflohen waren, kommt es zu Judenpogromen, die auf Lehre, Verhalten, direkte Hetze des orthodoxen Klerus zurückgingen. Und 1903 jagt man die Juden in 284 russischen Städten, wozu das Läuten von Kirchenglocken den Auftakt gibt, gelegentlich auch ein Pope eine Fahne mit dem Bild des gekreuzigten Christus vorausträgt: 50000 Menschen werden mit Billigung der Regierung ermordet.

Auch im Westen lebt der Antisemitismus fort, kommt es weiter zu Ritualmordbeschuldigungen, Folterungen, Blutopfern. Im Kirchenstaat stellt man das Gettosystem bis ins kleinste Detail wieder her. In Deutschland gründet man im späteren 19. Jahrhundert einen antisemitischen Bund, dessen Leiter der protestantische Hofprediger in Berlin, Adolf Stoecker, wird; als antisemitische Hetzblätter fungieren vor allem die protestantische «Kreuzzeitung» und die katholische «Germania», deren Hauptaktionär seit 1924 der nachmalige Stellvertreter Hitlers und Päpstliche Kammerherr Franz von Papen ist.

Nach deutschem Vorbild gründet man auch in Österreich eine «Antisemitische Partei», deren Führer Fürst Liechtenstein und Karl Lueger vor den Wahlen das Placet des Papstes erhalten. Lueger wird langjähriger Bürgermeister in Wien, der Antisemitismus der einzig feste Programmpunkt der Christlich-Sozialen Österreichs, deren «unmittelbare Ausgeburt» (so Katholik F. W. Foerster in einer Veröffentlichung des katholischen Herder-Verlags): Adolf Hitler.

Judenhetze hatte gerade die katholische Kirche immer wieder betrieben und gefördert. Noch ein Papst des 20. Jahrhunderts, Pius X., erklärte wörtlich: «Die jüdische Religion war die Basis der unseren; aber sie wurde ersetzt durch die Lehre Christi, *und wir können ihr keinen weiteren Bestand zuerkennen.*»

Und in der Hitlerzeit spielte die katholische Kirche häufig den Antisemitismus samt nazistischer Rassenlehre für sich aus.

Die Evangelische Kirche Deutschlands, die schon 1933 einen judenfeindlichen Arierparagraphen geschaffen hatte, veröffentlichte am 17. Dezember 1941 (unterzeichnet von den Landesbischöfen beziehungsweise Landeskirchenpräsidenten von Sachsen, Hessen, Mecklenburg, Schleswig-Holstein, Anhalt, Thüringen und dem Vorsitzenden der evangelisch-lutherischen Kirche Lübecks) folgende Bekanntmachung über die kirchliche Stellung evangelischer Juden:

Als Glieder der deutschen Volksgemeinschaft stehen die unterzeichneten deutschen Evangelischen Landeskirchen und Kirchenleiter in der Front dieses historischen Abwehrkampfes, der u. a. die Reichspolizeiverordnung über die Kennzeichen der Juden als der *geborenen Welt- und Reichsfeinde* notwendig gemacht hat, wie schon Dr. Martin Luther [!] nach bitteren Erfahrungen die Forderung erhob, schärfste Maßnahmen gegen die Juden zu ergreifen und sie aus deutschen Landen auszuweisen ... Durch die christliche Taufe wird an der rassischen Eigenart eines Juden, seiner Volkszugehörigkeit und seinem biologischen Sein nichts geändert. Eine deutsche Evangelische Kirche hat das religiöse Leben deutscher Volksgenossen zu pflegen und zu fördern. *Rassejüdische Christen haben in ihr keinen Raum und kein Recht.*

Von der «Würde der Eingeborenen» oder «... fingen die Indianer wie wilde Schweine und fraßen sie auf ...»

Am 25. Januar 1979 ging Johannes Paul II. in der Dominikanischen Republik, auf der Insel Haiti, zu Boden, richtete sich auf und sagte: «Herr Präsident, liebe Brüder im Bischofsamt, liebe Brüder und Schwestern! Ich danke Gott, daß er mir gestattet, dies Stück amerikanischer Erde ... zu betreten»; «hierherzukommen: auf dem Weg, den die ersten Glaubensboten nach der Entdeckung des Kontinents einschlugen ...»

Recht so. «Hier», bestätigt ein Augenzeuge, der spanische Dominikaner Bartolomé de Las Casas, später Bischof von Chiapas, «ging das Metzeln und Würgen unter jenen unglücklichen Leuten an» – «... und wir können dieses Werk heute nur mit Bewunderung und Dankbarkeit betrachten», sagte der Papst.

«Die Christen», schreibt Las Casas, «drangen unter das Volk, schonten weder Kind noch Greis, weder Schwangere noch Entbundene, rissen ihnen die Leiber auf und hieben alles in Stücke, nicht anders, als überfielen sie eine Herde Schafe ...» – «... um Christus, den Erlöser, zu verkünden», frohlockte der Papst, «um die Würde der Eingeborenen zu verteidigen, für ihre unantastbaren Rechte einzutreten», «das Reich Gottes ... bei euren Vorfahren präsent zu machen».

«Sie wetteten miteinander, wer unter ihnen einen Menschen auf einen Schwertstreich mitten voneinander hauen, ihm mit einer Pike den Kopf spalten oder das Eingeweide aus dem Leibe reißen könne.» – «Seitdem», jubelte der Papst, «öffnete sich dieses geliebte Volk hier dem Glauben an Jesus Christus.» – «Neugeborene Geschöpfchen», berichtet Las Casas, «rissen sie bei den Füßen von den Brüsten ihrer Mütter und schleuderten sie mit den Köpfen wider die Felsen.» – «Gepriesen sei der Herr, der mich hierher geführt hat», rief der Papst ... «Andere schleppten sie bei den Schultern durch die Straßen, lachten und scherzten dazu, warfen sie endlich ins Wasser und sagten: ‹Da zapple nun, du kleiner schurkischer Körper!›» – «... wo für diesen Kontinent zu Gottes Ruhm und Ehre die Zeit des Heiles begonnen hat ...» – «Andere ließen Mutter und Kind zugleich über die Klinge springen ...» – «... wo das erste Kreuz aufgepflanzt, die erste Messe gelesen und das erste Ave Maria gebetet wurde.»

«Sie machten auch breite Galgen, so, daß die Füße beinahe die Erde berührten, hingen zu Ehren und zur Verherrlichung des Erlösers und der zwölf Apostel je dreizehn und dreizehn Indianer an jedem derselben, legten dann Holz und Feuer darunter, und verbrannten sie alle lebendig» – «... in der Tat die Gnade und eigentliche Berufung der Kirche», meinte der Papst. «Sie ist da, um zu evangelisieren.»

«Einst kam der Gouverneur der Insel ... Er berief dreihundert der vornehmsten Herren und versprach ihnen sicheres Geleit. Die meisten derselben lockte er hinterlistigerweise in ein Haus von Stroh ... und ließ sie alle lebendig verbrennen.» Die vornehmsten Herren verbrannt – die neuen Herren etabliert.

«Der Hl. Stuhl hat seinerseits», sagte der Papst, «die ersten Bischofssitze Amerikas hier auf dieser Insel errichtet.»

«Alle übrigen, nebst ihrem Gefolge, stießen die Christen mit Lanzen darnieder oder ließen sie über die Klinge springen; die Königin Anacoana aber hingen sie Respekts wegen an den Galgen.» Hatte Anacoana ja den Christen «die wichtigsten Dienste» geleistet, «ganz außerordentliche Wohltaten». Deshalb: Respekts wegen an den Galgen. Die Regel dagegen: «Große und Edle brachten sie gewöhnlich folgendermaßen um: Sie machten Roste von Stäben, die sie auf Gabeln legten, darauf banden sie die Unglücklichen fest und machten ein gelindes Feuer darunter, bis sie nach und nach ein jämmerliches Geschrei erhoben und unter unsäglichen Schmerzen den Geist aufgaben ... Alle diese hier beschriebenen Greuel, und noch unzählige andere, habe ich mit meinen eigenen Augen gesehen.»

«In verhältnismäßig kurzer Zeit haben die Glaubensboten ganz Santo Domingo ... erfaßt», predigte der Papst. «Menschen, die es vor allem zu den Schwachen und Hilflosen hinzog, zu den Eingeborenen ... Daraus entwickelte sich später unter Francisco de Vitoria das erste internationale Recht.»

Bischof Las Casas: «Da nun alles, was fliehen konnte, sich in den Gebirgen versteckte und auf die steilsten Felsen klimmte, um diesen grausamen, gefühllosen, den Raubtieren ähnlichen Menschen zu entrinnen, so richteten diese Würger, diese Todfeinde des Menschengeschlechtes, ihre grimmigen Jagdhunde dergestalt ab, daß sie jeden Inidaner, dessen sie nur ansichtig wurden, in kürzerer Zeit, als zu einem ‹Vater Unser› erforderlich ist, in Stücke zerrissen; die von größerem Schlage fingen die Indianer wie wilde Schweine und fraßen sie auf.»

Papst Johannes Paul II.: «Wenn wir hier verdienten Dank aussprechen müssen an jene, die den Samen des Glaubens zuerst ausgestreut haben, so hat er an erster Stelle den religiösen Orden zu gelten, die sich ganz der Aufgabe der Evangelisierung gewidmet haben, auch wenn es sie Opfer bis zum Martyrium kostete ...»

Bischof Las Casas: «Da nun die Indianer, welches jedoch nur ein paarmal geschah, einige Christen in gerechtem und heiligem Eifer erschlugen, so machten diese das Gesetz unter sich, daß allemal hundert Indianer umgebracht werden sollten, so oft ein Christ von ihnen getötet wurde ...»

Papst Johannes Paul II.: «So war die Kirche auf dieser Insel die erste Instanz, die sich für Gerechtigkeit einsetzte und die Rechte der Menschen ...»

Kennt Karol Wojtyla nur katholische Kirchengeschichte? Das schärft gewiß den Blick fürs Schöne, zumal für die paar eignen «Märtyrer», stets das Beste, was einer Religion passieren kann; weshalb der Papst auch, «bewegt», daran erinnert.

Anders Las Casas. Der Mann war zwar, wozu er zweifellos nicht taugte, Mönch und Bischof. Er lebte auf Haiti und Kuba, in Nicaragua, Guatemala, Peru, Mexiko, und das auch noch beinah ein halbes Jahrhundert. Doch gerade der lange Zeitraum, das tropische Klima, dazu dies hektisch florierende Heil, also: Der Mann sah bald bloß noch rot, nur noch Blut, wurde gleichsam betriebsblind, blind nämlich für die – so oft vom Papst «schön» genannten – Früchte, die «Früchte der Evangelisierung», die just dort reiften, und konnte schließlich nichts anderes, rügt ein moderner Jesuit, als «Greuelberichte» fabrizieren. Nicht aber weil es, wie man meinen könnte, auch wirklich Greuel waren, sondern weil ihm einfach «an Ort und Stelle», so der Jesuit, «der rechte Blick abging». Ja, heute, lieber Gott, sieht man selbstverständlich, daß die, alles in allem, gut 50 Millionen Rothäute und Schwarze, die da beim Nahen des Heils allmählich ins Gras bissen, gar keine große Sache, was sage ich, überhaupt nicht tragisch sind. Im Gegenteil: «Nichts Herrlicheres gibt es in der ganzen Missionsgeschichte ...»

Das ist Wissenschaft! Mit Imprimatur.

Der spanische Hofprediger Gregorio, der Indios «sprechende Tiere» nannte, bewies aus Thomas von Aquin, daß sie «mit eiserner Rute regiert werden müssen», und propagierte ihre Versklavung. Verschwindende Ausnahmen beiseite, forderten die Missionare «Gewalt». Auch der vom Papst so hochgelobte Jesuit José de Anchieta, der «Pionier der Evangelisierung», der «Mann Gottes», der «‹Apostel Brasiliens›, der mehr als jeder andere zum Wohl eures Volkes beitrug», das «Modell für ganze Generationen von Missionaren», gab die Devise aus: «Schwert und Eisenrute sind die besten Prediger» – und Johannes Paul II. sprach ihn 1980 selig.

Nicht einmal das «Gesetz» von Haiti – hundert tote Indianer für einen getöteten Christen – genügte schließlich. Um drei den Kariben am Orinoko zum Opfer gefallene Jesuiten zu rächen, schickte man Soldaten, wie Jesuit Johann Gastl 1685 aus Südamerika meldete, «*damit sie von den Karaiben töten, soviele sie können*. Kein besseres Mittel, die Wildheit barbarischer Völker zu bezwingen, gibt es ...» Und noch 1812 schärfte der Jesuit del Coronil den gegen die aufständischen Venezolaner ziehenden Truppen ein: «Bringt alles um, was älter ist als sieben Jahre!»

Der Papst jedoch zögerte keinen Augenblick zu sagen: «Die Kirche möchte sich den Indios widmen. heute ebenso [!], wie sie es seit der Entdeckung ... an ihren Vorfahren tat.» Die Insel Haiti, bei Ankunft der Katholiken von einem hochstehenden Indianervolk besiedelt, hatte etwa 1 100 000 Einwohner; 1510 noch 46 000, 1517 noch 1000. «Hier wurde unter Schwierigkeiten und Opfern Schönes erreicht», sagte der Papst. «Hier wird heute Christus bezeugt ...»

Durch millionenfache Vernichtung der Indianer auf Haiti, den andern Inseln, dem Festland, fehlten allmählich die Arbeitskräfte. Und nun riet ausgerechnet Bartolomé de Las Casas, aus Mitleid mit den Indianern, Negersklaven nach Amerika zu schaffen, womit eine weitere gesegnete Phase der Heilsgeschichte begann. Schätzt man doch, daß zeitweise auf einen gefangenen Sklaven, der die afrikanische Küste noch lebend erreichte, zehn trafen, die schon beim Landtransport umgekommen waren, worauf von weiteren zehn etwa neun auf dem Seeweg verreckten. Die Abendländer, renommierte der Papst, haben Lateinamerika «eine neue Kultur eingepflanzt ..., wobei sie das Land mit immer neuen Volksgruppen besiedelten»: darunter, deutete er dezent an, die «afrikanischen Neger». Dreißig Millionen, doch das sagte er nicht, dreißig Millionen Schwarze, vielleicht aber weit mehr, schleppten die Christen im Lauf der Zeit nach Amerika; etwa ebensoviel, vielleicht aber weit mehr, gingen dabei bereits im Land oder auf den berüchtigten Sklavenschiffen zugrunde. Selbst dies «Kapitel» indes, tröstete Johannes Paul II., «ist mittlerweile auch abgeschlossen ...» Und voll von «unvergeßlichen Erinnerungen» an die «schönen Tage», die wenigstens er «an der Wiege des Katholizismus der Neuen Welt erlebte», reiste er, unter donnerndem Artilleriesalut, am 27. Februar 1979 nach Mexiko.

Vier Flugstunden später entstieg er der DC-10 der italienischen (richtiger: vatikanischen) Fluggesellschaft Alitalia, stürzte küssend auf «die geweihte mexikanische Erde», erhob sich flink und eilte zu dem in letzter Minute erschienenen José Lopez Portillo. «Mein Herr», sagte der Präsident eines Staates, in dem zwar 97,5 Prozent Katholiken wohnen, der aber keine diplomatischen Beziehungen zum Vatikan unterhält – nur der mexikanische Kommunistenchef versprach sich dies vom Papstbesuch –, vielmehr durch die Verfassung von 1917 den Klerus enteignet hat. Ergo begrüßte Portillo «Christi Stellvertreter» nicht als Staatsgast, sondern als Touristen («denn es ist nichts Schlechtes, und ich verpflichte mich zu nichts»), rang sich genau vier knappe Sätzchen ab und verließ umgehend den Flugplatz.

Papst Paul Johannes II. knüpfte nicht an das Jahr 1917 an, sondern gedachte glücklicheren Zeiten. «Seitdem im Jahre 1492 die Verkündigung der Frohen Botschaft in der Neuen Welt begonnen hat», berichtete er, «gelangte der Glaube schon gut 20 Jahre später nach Mexiko.» Doch mit dem Glauben, aber das unterschlug der

Hohepriester wieder, kamen Krieg, Inquisition, Sklaverei und Syphilis; eine Krankheit, mit deren Spuren man sich gebrüstet haben soll wie anderwärts mit Kriegsblessuren.

Entfaltete sich ja überhaupt mit dem Katholizismus die «Atmosphäre eines Sexualrausches», vergrößerte gerade die Geistlichkeit das Reich Gottes höchst fruchtbar, bevorzugt vermittels dunkelhäutiger Mulattinnen und Negerinnen. «Hier», betonte der Papst, «kann es keinen Unterschied zwischen den einzelnen Rassen und Kulturen geben»; vielmehr sei Christus «alles und in allen». Noch in dessen speziellen Bräuten aber steckte nicht nur der Herr, sondern gleichfalls die Syphilis. Die Klöster der frommen Frauen waren überschwemmt davon. «Ich weiß sehr wohl», lobte der Papst, «wie groß ihr Beitrag an der Verbreitung des Glaubens in Lateinamerika gewesen ist ... Hier haben sie ständig Seite an Seite mit dem Diözesanklerus gearbeitet.»

Mit dem Sexualrausch florierte der Mordrausch. Denn die «Evangelisierung», die sich, laut Johannes Paul II., «in diesem Land auf wunderbare Weise erfüllt» hat, war auch da, wie so oft, gekoppelt mit einem «totalen», «dogmatischen», einem «heiligen» Krieg – gegenüber ausgesprochen zutraulichen, gastfreundlichen Menschen, die den Spaniern buchstäblich wie Göttern nahten; ihnen auch waffentechnisch derart unterlegen, daß schließlich selbst ihr Heldenmut so unwirksam blieb, «wie es der Mut des Marnesoldaten gegenüber der Atombombe von heute wäre».

Trotz greulicher Menschenopfer ethisch weit besser als die Katholiken, erhielten die Indios nun aber das, was Karol Wojtyla in Mexiko die «Grundlagen des christlichen Glaubens», die «Liebe Christi zu den Menschen» nannte: «Diese Liebe kennt keine Parteilichkeit, denn sie schließt niemanden aus ...»; was er als die «Frohe Botschaft» propagierte, «den Menschen ohne Unterschied der Nation, der Kultur, der Rasse, der Zeit, des Standes oder der Lebensverhältnisse» angeboten; was er als «Sache des Evangeliums und des Friedens» pries.

Die romhörigen Katholiken erschlugen, erstachen, erwürgten,

ersäuften, verbrannten; alles im Namen Gottes und der Jungfrau Maria. Sie verbrannten Könige, Häuptlinge und «Hexen», die gesamte altmexikanische Führungsschicht. Sie verbrannten ungezählte Dörfer, Städte, unschätzbare Tempel, Götterbilder, Kunstwerke, fast die ganze aztekische Kultur. Der vom Papst in Mexiko an der Spitze der «große[n] Gestalten von Verkündern der Frohen Botschaft» gewürdigte Franziskaner Juan de Zumárraga, Leiter des ersten mexikanischen Erzbistums, tat sich im Schleifen der Kultstätten besonders hervor. Bereits 1531 meldete er die Vernichtung von mehr als 500 Tempeln und über 20000 «Götzenbildern». Dabei hatten die Spanier, gestand Feldhauptmann Bernal Diaz del Castillo, «niemals dergleichen gesehen oder geträumt ...» Notierte doch selbst ein Albrecht Dürer 1520 in Brüssel am Hof Karls V.: «Und ich hab aber all mein Lebtag nichts gesehen, das mein Herz also erfreuet hat als diese Ding ... und hab mich verwundert der subtilen Ingenia der Menschen in frembden Landen.»

Leichen und Asche. «Sie achteten und schonten sie weit weniger», schreibt Las Casas, «– und ich sage die Wahrheit, denn ich habe es die ganze Zeit über mit angesehen – nicht etwa bloß als ihr Vieh – wollte Gott, sie hätten sie nicht grausamer als ihr Vieh behandelt! –, sondern sie achteten sie nicht höher, ja noch weit geringer als den Kot auf den Straßen.» Sie hetzten Männer und Frauen durch Hunde, die sie mit Menschen fütterten, mit lebend zerstückten Indianerbabys. Sie zerrissen Gefangene zwischen zwei Pferden oder Kanus. Sie spießten Schwangere auf, banden ihre Opfer vor Kanonenmündungen und pulverisierten sie, knüpften «zur Verherrlichung des Erlösers» an Galgen, schnitten hundertweise Hände, Nasen, Lippen, Brüste ab «mit Hilfe Gottes, der Heiligen Jungfrau und des Apostels Santiago ...», des spanischen Nationalheiligen. Doch was noch Gottfried Arnold im 18. Jahrhundert «ärger als reißende bestien, ja eingefleischte teuffel» erschien, ist im 20. Jahrhundert für den Kölner Kardinal Höffner – wer hätte dem soviel Offenheit zugetraut? – Ausdruck «ungeheuchelter ... Religiosität»!

Was diese ungeheuchelten Papisten nicht ermordeten, was sich vor ihrer Liebesreligion – wie in Europa oft die Juden – nicht selbst das Leben nahm, legte man, mit offizieller Billigung der Theologie, an Halseisen, Ketten, dem brannte man, im Namen des Kaisers und christlichen Glaubens, mit glühenden Eisen ein G (Guerra = Krieg) auf den Leib. Permanente Menschenjagd. Gott und Gold – 200 Millionen Dukaten an Gold, Silber, Edelsteinen fielen, nach Las Casas, für die spanischen Könige ab; nach einem modernen Forscher, in den ersten eineinhalb Jahrhunderten, 257 488 418 Pfund Sterling –, nichts spukte mehr durch ihre Gangsterköpfe, außer den Weibern vielleicht, die sie, innige Marienverehrer, «trächtig» machten, um sie höher verkaufen zu können. Bis zu 800 Indianer zahlten sie für ein einziges Pferd.

«... und nach einem Jahrhundert der Verkündigung der Frohbotschaft», sagte der «Heilige Vater» in Mexiko, «gibt es auf dem neuen Kontinent mehr als 70 Bischofssitze mit 4 Millionen Christen»; schließlich lebt dort, «nach fünf Jahrhunderten der Evangelisation, fast die Hälfte der ganzen katholischen Kirche ...» Ja, wenn das nicht zwölf bis fünfzehn Millionen mickrige Männer, Frauen «und auch Kinder» aufwiegt, die man, laut Las Casas, in vierzig Jahren massakrierte?! Und dreißig bis vierzig Millionen krepierte Schwarze dazu!

Bedauerlich nur, daß der Papst nie jenes Mannes gedachte, der ganz Mexiko dem Katholizismus erobert hat, einer Kirche, die Karol Wojtyla dauernd als Förderin der «Menschenwürde» feiert, als «Verteidiger der Menschenrechte», «Expertin der Menschlichkeit» – während Adolf Hitler an diesen großen katholischen Heroen am 26. Januar 1936 in München erinnerte, als er seine Ideen vom «Recht» auf Kolonien entwickelte und dies demonstrierte durch den blutrünstigen Monsterraub unter Fernando Cortez: «kühn und edel», rühmt ihn das gut katholische Herder-Lexikon, «hochgebildet und um die Ausbreitung des Christentums verdient».

Cortez selber nannte sich «Diener und Mehrer der Macht Christi», seine Hauptaufgabe: «Ausbreitung des katholischen Glaubens». Er führte selbstverständlich – wie ja auch Hitler – Feldgeistliche mit, ließ sie predigen, operierte stets mit dem lieben Gott, der lieben Gottesmutter, dem spanischen Nationalheiligen. Mitstreiter Bernal Diaz meldet: «Jeden Morgen las er in seinem Brevier. Die Messe hörte er alle Tage mit viel Andacht. Zu seiner Schutzheiligen hatte er die Madonna auserkoren.» Überall in Mexiko ließ Cortez Marienbilder zeigen und das Kreuz errichten, ein Kreuz wehte auf einer Standarte auch seinen Mordbrennern voran – «das Zeichen der Hoffnung für den Menschen aller Zeiten» (Wojtyla). «In ihm hat Gott dem Menschen die Würde gezeigt, die er besitzt ...»

Durch Cortez entfalteten sich Hoffnung und Würde unter dem Kreuz gewöhnlich, «... bis das Feld von Lebendigen leer, von Toten aber voll war»; so er selbst. Und gleich weitere Zitate aus Berichten, die er 1520 und 1522 Karl V. schickte, in dessen Reich, nicht zuletzt dank Cortez, die Sonne nicht unterging. «Ich eracht, es sind ihrer wenig übriggeblieben.» «... jagten wir sie zwei Meilen vor uns her, was ein lustig Stücklein war. Viele von ihnen ereilten wir und stachen sie nieder.» «... überfiel ich zwei Dörfer, darin ich viele Indianer umbrachte.» «... erstürmten wir die beiden Dörfer, setzten sie in Brand und kehrten fröhlich in unsere Stadt zurück.» «... und warfen Feuer in mehr denn 300 Häuser»; «... setzte ich sechs Dörfer in Brand»; «brannten wir zehn Dörfer nieder.» «Das Volk darin lief ohne Wehr und Waffen aus den Häusern heraus, die Weiber und Kinder nackt, alles durcheinander. Anfangs machten wir viele nieder ...» «... fiel ich unter dem Schlachtrufe: Hie Sankt Jakob! unversehens über sie her und stach ihrer mehr denn 100 Mann nieder.» «Unter dem Ruf Hie Sankt Jakob! ritten wir über den weiten Platz und stachen alles nieder, was uns vor die Lanzen kam ... Mehr denn 500 Feinde kamen um.» «... haben wir sodann über 800 Temixtitaner erschlagen und gefangengenommen.» «Binnen zweier Stunden sind alsdann 3000 Bürger erlegt worden.» «... und trieben die Verteidiger in den See hinein. Mehr als 6000 Männer, Weiber und Kinder kamen dabei um.» «... an diesem einen Tag mehr denn 12 000 Temixtitaner totgeschlagen und gefangengenommen.» «An diesem

Tag ... über 40 000 Temixtitaner niedergemacht oder gefangengenommen.» «Mehr denn 50 000 waren in der Stadt gestorben.»

In Mexiko lebten bei Ankunft der katholischen Spanier schätzungsweise 11 Millionen Indianer, gut hundert Jahre später noch 1,5 Millionen.

Derart gewann die Kirche – «Verteidiger der Menschenrechte», «Expertin der Menschlichkeit» – einen Erdteil, worauf seitdem Willkür und Terror herrschen, worauf seitdem sie selber zu den Schlächtern, den Diktatoren steht, worauf es seitdem eine kleine, in phantastischem Luxus lebende Clique von Großagrariern gibt und eine riesige Menge elend dahinvegetierender Unterernährter und Analphabeten, bis gegen Ende des 19. Jahrhunderts eine Sklavenhaltergesellschaft, kaum viel anders als im alten Rom. «Ich danke Gott, daß ich nie wieder ein Sklavenland zu besuchen haben werde», notierte Charles Darwin, glücklich darüber, am 19. August 1836 «endlich die Küste Brasiliens für immer» zu verlassen.

Wie in der ausgehenden Antike, wie im Mittelalter, so erkannte der Katholizismus auch in Südamerika die Sklaverei grundsätzlich an. Laien wie Priester praktizierten sie; Klerus und Klöster, oft selber Großgrundbesitzer, handelten mit Sklaven; ja, Jesuiten und Franziskaner, von Johannes Paul II. so oft belobigt, förderten Ehen zwischen Indianern und Schwarzen, um deren «Nachkommenschaft», klagt General Arouche, um die Wende zum 19. Jahrhundert Generaldirektor der brasilianischen Indiodörfer, «als Leibeigene zu erklären». Das katholische Amerika züchtete Sklaven wie Viehherden oder Tauben. «Die produktivste Seite des Sklavenbesitzes», stand in einem Manifest der Plantagenbesitzer, «sind die fruchtbaren Leiber.» Waren sie aber tot, wurden die Leichen der Ärmsten, zur schnellen Beute für Hunde und Geier, oft nur flüchtig am Strand verscharrt oder, auf Holzbalken gebunden, bei einsetzender Ebbe ins Meer gestoßen ...

«Expertin der Menschlichkeit»!

Bis ins 20. Jahrhundert hinein ist die lateinamerikanische Kirche hoffnungslos ultramontan, erzreaktionär, das eigentliche Fundament der herrschenden «Ordnung», der Großfinanz, der latifundären und halbfeudalen Kolonialmethoden. Während die Masse, Generation um Generation, in Dreck und Elend verkam, wurden die Priester nahezu allmächtig, immens reich, wie die übrigen Skalvenhalter und Herren, die zur Finanzierung von «Gotteshäusern» eingefangene Indios versteigerten, Tischorchester von dreißig Mann unterhielten und zuweilen sich der Sklavenhände sogar zum Pissen bedienten und Scheißen.

Franco und Salazar wurden in Lateinamerika durch den Klerus propagiert, als Vorbilder gefeiert, fast überall Diktaturen oder sonstige volksfeindliche Regime mit Hilfe christlicher Kreise errichtet, Putsche und Gegenputsche inszeniert, Tausende und Abertausende gefoltert, erschossen, die Armen noch ärmer, die Reichen noch reicher. Es gibt Staaten, wie Brasilien, in denen 3 Prozent der Bewohner fast zwei Drittel der Fläche des ganzen Landes besitzen.

Und was hatte Papst Johannes Paul II. diesem Hungerkontinent zu bieten, wo die Kerker immer voller, die Slums immer größer, wo ungezählte Peonen vertrieben, erschlagen, auf der Flucht erschossen werden? Nun, er gestand den Arbeitern Rechte zu, erinnerte sie aber auch an ihre Pflichten. Er erklärte Privatbesitz als soziale Verpflichtung, betonte aber auch das Recht auf Privatbesitz. Er wünschte gerechtere Verteilung der Güter, wollte Jesus jedoch nicht als Revolutionär mißverstanden wissen. Die Regierenden bat er, mehr für die Regierten zu tun, und Maria rief er an, die Staaten vor Umsturz zu bewahren. Immer wieder warnte der Papst vor «gesellschaftspolitischen Radikalismen», vor «Unfruchtbarkeit und Zerstörung». «Der Klassenkampf ist nicht der Weg, der zur sozialen Ordnung führt.» Aber, mein Herr, mit Mexikos Präsidenten zu sprechen, hat denn das Christentum zur «sozialen Ordnung» geführt? Und hatte es denn nicht beinah zweitausend Jahre Zeit? Doch wie sah es aus, als es allmächtig war? Kostete da manchmal ein Bauer nicht fast dreimal weniger, ein Indianer achthundertmal weniger als ein Pferd?

«Expertin der Menschlichkeit»!

Unermüdlich appellierte der Apostel der «sozialen Ordnung» auch an die Arbeiter, schärfte er ihnen ein, daß «der Arbeiter getreu Pflichten zu erfüllen», daß er seinen «Beitrag» zu leisten habe, denen, die ihm «vorgesetzt» seien. Er pries die «Würde der Arbeit», den «Adel der Arbeit». «Die Arbeit macht aus euch vor allem Mitarbeiter Gottes.» «Die Arbeit verbindet euch ganz eng mit der Erlösung, die Christus durch das Kreuz brachte». Deshalb sollen Arbeiter bereit sein, «alles anzunehmen, was in der Monotonie des Alltags schwer, drückend, demütigend, quälend ist». «Ihr werdet von Gott geliebt, Arbeiter», sagte er. «Gott liebt euch. Christus liebt euch. Die Muttergottes, die Jungfrau Maria, liebt euch. Die Kirche und der Papst lieben euch ...»

Und nun gar die Ärmsten der Armen! Ihnen versicherte das Haupt des milliardenschweren Vatikans seine «besondere Zuneigung». Sie nannte er «Freunde und Brüder», «Freunde und Gefährten», «von Gott besonders geliebt». Ja, er versäumte nicht, sie daran zu erinnern, daß auch Gottes Sohn «arm geboren wurde», daß er «unter den Armen lebte», «daß Gott eine arme Mutter auserwählte». Er mahnte, nicht «den Reichtum für den Inbegriff des Glücks» zu halten, bloß das nicht, vielmehr «den Schmerz durch die Hoffnung zu überwinden». Er rühmte «die echte Freude der Armen», fand bei den Armen «beneidenswerte menschliche und religiöse Reichtümer». «Die ‹Armen vor Gott› sind auch die ‹Reichen›», predigte er in Rio de Janeiro, im Elendsviertel Vidigal. Er sagte, daß Gott «vergelten» werde und «daß wir alle Brüder sind ...». «Der Papst liebt euch», rief er.

Die kirchliche Frauenfeindschaft und ihre Folgen

Alle drei Gottheiten des Christentums gelten als männlich, und seine theologische Symbolik wird von der Vorstellung des Männlichen beherrscht. Die Frau aber war für die Kirche stets das der Erde besonders verhaftete Geschöpf, das tellurische Wesen katexochen, das Verschlingende, Vampirhafte, in dem sich die irdischen Verlockungen, die Versuchungen der Sünde auf ganz besonders verdammte Weise verkörperten. Auch die Hölle dachte man sich doch tief im Erdinnern lokalisiert, heiß und schlammig und grauenhaft. Strikt entgegengesetzt aber, weit über den Wolken noch, der hygienisch-keimfreie, ganz geschlechtslose, ewig und entzückend keusch von Hallelujas widerhallende Himmel, jener von buschigen Gottvaterbrauen überschattete Paradiesesgarten aus Allgäuer Mattengrün und Feigenblättern, dem die schlechte Eva eben, worauf alle Kirchenväter insistieren, die Menschen entriß (S. 52f.). Deshalb drohte ihr der liebe Himmelvater doch auch gleich: «Ich will dir viel Elend machen ...», eine der wenigen biblischen Prophezeiungen, die sich erfüllten.

Die früheste Geringschätzung der Frau im Christentum stammt von Paulus, der sich dabei nirgends auf Jesus beziehen kann. Und dann ist es häufig Paulus, auf den man sich beruft und dessen Frauenfeindschaft man durch Fälschungen fortsetzt.

Weiberverachtung bei Mönchen und antiken Kirchenvätern

Besonders gelästert, gemieden – und gefürchtet wurde die Frau von den Mönchen, zergehn sie doch, nach einem sehr alten Gleichnis schon, in der Nähe eines Weibs wie Salz im Wasser. («Mönche brauchen nur eine Frau zu sehen», wie ein wahrhaft teuflischer Druckfehler in einer Pressemitteilung des Deutschen Katholikentages 1968 lautet, «dann grunzen sie wie echte Schweine.»)

Manche Eremiten sahen vierzig Jahre und länger kein Weib. Andere wiesen – offenbar unter dem Einfluß verdrängter Inzestwünsche – selbst die nächsten Verwandten zurück, zuweilen mit dem Trost, man werde einander doch bald im Paradiese wiedersehen. Als ein ägyptischer Mönch seine alte Mutter über einen Fluß tragen soll, wickelt er sich Tücher um die Hände: quia corpus mulieris ignis est. Symeon, der Säulenheilige, blickte seine Mutter aus asketischen Gründen zeitlebens nicht an. Und Theodor, ein einstiger

Lieblingsschüler und später Nachfolger des Pachomius, erklärte, er würde sogar, befehle es Gott, die eigene Mutter töten.

Besonders in der katholischen Kirche erscheint die Frau von Anfang an als fleischliches, niedriges, den Mann verführendes Subjekt, als Eva und Sünderin schlechthin. Immer wieder berufen sich die Theologen dabei auf die Bibel, das alte Märlein von Schöpfung und Sündenfall, die Bildung des Weibes aus dem Mann und seine Verführung durch das Weib.

Kirchenvater Tertullian, katholischerseits als «Herold» eines «neuen Frauenideal(s)» gefeiert, «einer höheren Seite der Ehegemeinschaft», degradiert die Frau zur «Einfallspforte des Teufels» und gibt ihr die Schuld an Jesu Tod. Tertullian gesteht Frauen nur Trauerkleidung zu und befiehlt schon jedem Mädchen, sobald es dem Kindesalter entwachsen, bei Gefahr des Verlustes der ewigen Seligkeit «ihr so gefahrbringendes Antlitz» zu verhüllen.

Kirchenlehrer Augustinus, lumen ecclesiae, erklärt das Weib für ein minderwertiges Wesen, das Gott nicht nach seinem Ebenbild geschaffen (mulier non est facta ad imaginem Dei) – eine schwerwiegende Diffamierung, die bis ins Hochmittelalter, bis zu den Rechtssammlungen des Ivo von Chartres und Gratian, bei maßgeblichen Theologen wiederkehrt. Nur dem Mann attestierte man die Gottebenbildlichkeit; sie der Frau zuzusprechen galt als «absurd». Nach Augustinus entspricht es sowohl «der Gerechtigkeit» als «der natürlichen Ordnung unter den Menschen, daß die Frauen den Männern ... dienen».

Kirchenlehrer Johannes Chrysostomos sieht die Weiber «hauptsächlich» dazu bestimmt, die Geilheit der Männer zu befriedigen. Und Kirchenlehrer Hieronymus, der angeblich «so viel für die Frauen getan», dekretiert: «Wenn sich die Frau ihrem Mann, der ihr Haupt ist, nicht unterwirft, ist sie desselben Verbrechens schuldig wie ein Mann, der sich nicht seinem Haupt (Christus) unterwirft», was über Gratian sogar ins Kirchenrecht eingeht.

«Tota mulier sexus» oder «ein verfehltes Männchen»

Im Mittelalter, als Männer und Frauen abends beteten, «in Schuld bin ich gezeugt worden, und in Sünde hat mich meine Mutter empfangen», wurde die Frau von der Kirche als bös und teuflisch diffamiert, als Ursprung allen Übels. Der Fromme sollte sie fliehen, die Häuser von Frauen meiden, weder essen mit ihnen noch sprechen. Sie galten als «Schlangen und Skorpione», «Gefäße der Sünde», das «verdammte Geschlecht», dessen «verruchte Aufgabe» es war, die Menschheit zu verderben. «Vom Mittelalter an bedeutete es für die Frauen eine Art Schande, einen Körper zu haben», schreibt Simone de Beauvoir. Und Eduard von Hartmann resümiert: «Im ganzen christlichen Mittelalter gilt das Weib als Inbegriff aller Laster, Schlechtigkeiten und Sünden, als der Fluch und das Verderben des Mannes, als der teuflische Fallstrick auf dem Pfade der Tugend und Heiligkeit.»

Der theologische Antifeminismus ergriff nun sämtliche Gesellschaftsschichten. Gemäß der Typologie schon des Kirchenlehrers Ambrosius: Adam gleich Seele, Eva gleich Leib, gemäß der alten abendländischen Parole «tota mulier sexus» wurde die Frau für geschlechtlich unersättlich gehalten und mit aller Entschiedenheit die jüdisch-christliche Doktrin von der weiblichen Inferiorität weiter verfochten, ja in der Scholastik geradezu theoretisch ausgebaut.

Nach Honorius Augustodunensis gefällt keine Frau Gott. Laut Franz von Assisi ist jeder, der mit Weibern verkehrt, «der Befleckung seines Geistes so sehr ausgesetzt, wie derjenige, der durchs Feuer geht, einer Versengung seiner Sohlen». Kirchenlehrer Albertus Magnus weiß, eigentlich dürften nur vollkommene Menschen, das heißt Männer, geboren werden. Und Thomas von Aquin (gest. 1274), Fürst der Scholastik, Doctor communis, Doctor angelicus, von Leo XIII. 1879/80 zum *ersten* Lehrer der Catholica, zum Patron auch aller katholischen Hochschulen und Schulen erhoben, erblickt den wesentlichen Wert der Frau in ihrer Gebärfähigkeit und ihrem hauswirtschaftlichen Nutzen. Noch immer finden wir sie sozusagen in jenem Kreis, den 2. Mos. 20, 17 umreißt: Weib, Knecht, Ochs, Esel!

Nach Thomas muß die Ehefrau dem Mann untertan sein, denn er ist ihr Haupt (vir est caput mulieris) und an Leib und Seele vollkommener, ja er war vollkommener schon vor dem Sündenfall. «Das Weib verhält sich zum Mann wie das Unvollkommene und Defekte (imperfectum, deficiens) zum Vollkommenen (perfectum).» Die Frau ist körperlich minderwertiger und geistig, wobei ihre geistige Minderwertigkeit aus der körperlichen resultiert, genauer aus ihrem «Feuchtigkeitsüberschuß» und ihrer «Untertemperatur». Sie ist geradezu ein Mißgriff der Natur, eine Art «verstümmelter», «verfehlter», «mißlungener Mann» (Femina est mas occasionatus) – eine schon auf Aristoteles zurückgehende, von Thomas häufig wiederholte und von seinen Schülern übernommene Schmähung.

Auch nach Thomas dürfte, wie nach seinem Lehrer Albert, ein Mann nur Knaben zeugen, schon weil «die volle Verwirklichung der menschlichen Art männlich ist». Werden trotzdem, Gott sei's geklagt, Mädchen geboren, so ist, nach dem Patron der katholischen Hochschulen, lux theologorum, entweder der männliche Samen defekt (Alberts «corruptio instrumenti») oder das Gebärmutterblut, oder es gehen «die feuchten Südwinde» (venti australes) und verursachen mit dem vielen Regen Kinder von größerem Wassergehalt, also Mädchen.

Nur zur Zeugung jedenfalls bedarf es, laut Thomas, der Frau. Sonst aber zieht diese die Seele des Mannes von ihrer erhabenen Höhe herab und bringt seinen Leib in «eine Sklaverei, die bitterer ist als jede andere».

Ohne Erbrecht und Vermögen
«… sie sol nach seinem willen leben»

Die dauernde Beschmutzung des Weibes durch die christlichen Priester konnte bei deren Macht, ihrem enormen Einfluß auf alle Lebensbereiche, nicht ohne juristische, ökonomische, soziale und bildungspolitische Folgen sein.

Nicht nur in Italien sank die Frau nun weit tiefer als im heidnischen Kaiserreich, verlor sie ihr Erbrecht bis auf die Höhe des Mittelalters und bekam, als gänzlich handlungsunfähig, einen Muntwalt (monovaldo; ein Schutz- und Vertretungsverhältnis, mittelhochdeutsch: munt, latinisiert: mundium). Auch in Deutschland ging es ihr vermögensrechtlich sehr viel schlechter als der römischen in früher Zeit. Strenge Verordnungen machten ihr ein irgendwie nennenswertes Eigentum unmöglich und ließen ihr fast nur die Wahl zwischen Ehe und Kloster. Heiratete sie, gehörte dem Mann ihr gesamtes bewegliches und unbewegliches Gut. Er verwaltete es, vertrat es vor Gericht und hatte allein den Nutzen davon.

Wurde sie (auch schuldlos) geschieden, entfiel oft jeder Anspruch auf Rückerstattung ihrer verkauften Mitgift. «Ist ez verloren ...», heißt es im Schwabenspiegel, «si muoz ez mangeln.» Veräußerte sie dagegen selbst etwas davon, konnte ihr Mann den Handel annullieren. Auch durfte sie ohne seine Erlaubnis keine letztwillige Verfügung treffen, außer, nach einigen Stadtrechten, über «ihr verschnitten gewand ... und ihr kleinod die ihr bracht sind».

Sogar zur Zeit der höfischen Liebe beeinflußten die Huldigungen der Troubadours die gesetzliche und wirtschaftliche Lage der Frau nur wenig. Sie bekam die Illusion, der Mann behielt das Recht. Er war ihr Vogt und Haupt, wie eine bekannte Quelle dekretiert, «und sie sol nach seinem willen leben und unterthenig und gehorsam sein, denn sie ist ihres selbes nicht gewaltig ohne ihren man weder zu thun noch zu lassen». Ähnlich sichern andere Rechtsbücher die männliche Suprematie, was in Friesland so weit ging, daß ein siebenjähriger vaterloser Knabe sich mündig erklären lassen konnte, worauf er Vormund seiner Mutter wurde. «Nichts gebührt» für die Frau, lautet ein spätmittelalterliches Frauenwort, «denn ein gottesfürchtiger, züchtiger und eingezogener Lebenswandel». Und noch 1833 rühmt ein bischöflich approbiertes «Erbauungsbuch für gebildete Katholiken» der Katholikin nach: «Religiosität verbreitet Holdseligkeit über alle ihre Handlungen ... Was ihr der Gatte für ein Loos bereitet, sie klaget nicht ...»

Gefühle entschieden selten eine Eheschließung. Die Heirat war nicht Herzens-, sondern Familien- und Vermögenssache, und die Frau auch eine Art Sache des Mannes. Sie mußte den lieben, der sie heiratete, und konnte nur ausnahmsweise heiraten, wen sie liebte. Der nächste männliche Verwandte vergab ihre Hand. Als Gattin aber war sie fast versklavt, ja durfte, aus Lust oder Not, verschenkt und verkauft werden, in Deutschland bis ins 13. Jahrhundert hinein, anderwärts oft viel länger.

Weithin galt die doppelte Moral. Der Mann konnte ins Bordell gehn, tun und lassen, was er wollte, die Frau durfte nur lieben, wenn es der Mann wollte, ob es ihr dann paßte oder nicht. Sie hatte ihm Treue zu halten ohne Gegenseitigkeit. Der Barbarei der «Gottesurteile», der Wasser- oder Feuerprobe, waren deshalb auch meist Frauen ausgesetzt – und häufig aus nichtigen Gründen.

Peitschen der Gattin – kanonisch verbrieft bis 1918

Durch das ganze Mittelalter hatte der Mann ferner das Züchtigungsrecht über die Frau. Er galt als ihr Richter, der noch die äußersten Strafmittel anwenden, der sie, wie auch die zeitgenössische Literatur illustriert, schlagen, peitschen, mit Sporen traktieren durfte, bis «das Blut aus hundert Wunden fließt» oder sie «wie tot zusammenbricht» – wohingegen sie ihn fürchten, ehren und herzlich lieben sollte. Seelenruhig erlaubt im 13. Jahrhundert ein Statut der Stadt Villefranche, die Gattin zu züchtigen, «solange sie nicht daran stirbt». Ja in Bayern, wo man das «Kleine Züchtigungsrecht» gegenüber der Ehefrau bis 1900 beibehält, will das Stadtrechtsbuch Rupprechts von Freising (1328) den Gattenmörder nur dann bestraft sehen, wenn er sein Hauskreuz «unverdientermaßen» totgeschlagen.

Die Moraltheologie aber hatte das Peitschen der Ehefrauen auch kanonisch verbrieft und goutierte dies Recht des Mannes in vollem Umfang. Nur wenn es um ihre Entlassung oder Tötung ging, mußte er, nach Thomas von Aquin, gerichtlich klagen. Zwang doch noch das Corpus Juris Canonici, das bis 1918 gültige Gesetzbuch der

Catholica, die Frau, ihrem Gatten überallhin zu folgen, er durfte ihr Gelübde für unwirksam erklären, konnte sie schlagen, einsperren, binden und fasten lassen.

Noch katastrophaler behandelte das christliche Abendland natürlich die Frauen der untersten Klassen.

«... wie Vieh und Grundbesitz»

Durch das ganze Mittelalter haben geistliche und weltliche Grundherren ihre Leibeigenen nach Belieben verkauft, vertauscht, verschenkt. Geißelung war hier alltäglich. Nach der im 6. Jahrhundert von Mönchen aufgezeichneten «Lex Salica» schwanken die Schläge für eine «ancilla» zwischen 120 und 240. In den Frauenhäusern, die es auch in Klöstern gab, hatten die Mägde jederlei Arbeit, selbst die schwerste, zu verrichten, angefangen von Schafschur und Flachsgewinnung bis zum Stallreinigen, Waschen, Getreidemahlen, Feldbestellen. «Sie waren das Kapital ihres Herrn, ähnlich wie Vieh und Grundbesitz, und ihre Arbeitsleistung stellte gewissermaßen die Zinsen dar, von denen der Herr unter anderem lebte.»

In der Frühzeit erhielten diese Frauen als Vergütung oft nur die kümmerlichste Ernährung. Und dann lag ihr Entgelt stets weit unter dem des selbst schlecht genug bezahlten Mannes. 1420 bekam in Ostpreußen ein Knecht drei Mark, eine Magd eine Mark Jahreslohn. Auf einem fränkischen Gut des ausgehenden Mittelalters gab man männlichen Dienstboten 5 bis 8 Florin, weiblichen 3 Florin. Die Pfarrkirche «Unser Lieben Frau» zu Ingolstadt zahlte im frühen 16. Jahrhundert einem gewöhnlichen Arbeiter 10 bis 14 Pfennig am Tag, einem Steinmetz 16 bis 24 Pfennig, einer Taglöhnerin 8 bis 10 Pfennig (ein mageres Schwein kostete damals 1 Pfund = 8 Schilling = 240 Pfennig).

Auch geschlechtlich waren diese Frauen oft buchstäblich leibeigen. An den christlichen Königshöfen des frühen Mittelalters beschränkte man ihre Freiheit fast wie in den mohammedanischen Harems. Ebenfalls diente das «Weiberhaus» großer Gutshöfe zugleich als privater Puff für den Grundherrn, seine Gefährten und

Gäste. Später verließen viele Mägde die Latifundien und bildeten die Schicht der «fahrenden Frauen», der verfemten Huren des Hochmittelalters. Doch wurde auch das kasernierte Bordellwesen mit diesen Frauenhäusern eingeleitet, wie denn die Bordelle meist «Frauenhäuser» hießen.

Eine sexuelle Entwürdigung der Abhängigen war schließlich das «jus primae noctis», das dem Grundherrn für seine Heiratserlaubnis den ersten Koitus mit der Braut zusprach. Viele Bürger der Neuzeit hatten immer noch ihr Dienstmädchen, als «Nachttopf des Hausherrn» diffamiert, da es ihm zur Verfügung stand wie der Nachttopf fürs Urinieren. Manche Französinnen nannten ihre Zofen deshalb auch «les pissepots de nos maris».

Die Päpste im 19. und frühen 20. Jahrhundert

Die Französische Revolution, die ein Kant mit Freudentränen begrüßt, beantwortet Pius VI., ein Pracht und Pomp genießender Graf Braschi, durch rigorose Ausnahmegesetze und Polizeiaktionen. Er beginnt seine Regierung mit einem «Editto sopra gli Ebrei», das an die schlimmsten Zeiten päpstlicher Judenpogrome erinnert, zu Zwangstaufen und Einkerkerung selbst vieler Kinder führt; in seinem Breve «Quod aliquantum» verdammt er die Menschenrechte, Gedankenfreiheit, Redefreiheit, Pressefreiheit als «Ungeheuerlichkeiten» und lehrt: «Kann man etwas Unsinnigeres ausdenken als eine derartige Gleichheit und Freiheit für alle zu dekretieren». «... ein freies Italien!!!», ruft Byron 1821, «seit den Tagen des Augustus hat es so etwas nicht gegeben.»

Pius VII. (1800–1823), ein Graf Chiaramonti, der 1809 Napoleon exkommuniziert, eröffnet 1814, nach seiner Rückkehr aus französischer Gefangenschaft, eine Periode finsterer Reaktion. Der Papst, der die Führer der Revolution «Schurken und Hochstapler» schimpft, stellt die alten Feudalrechte wieder her, zahlreiche klerikale Tribunale, Sondergerichte, worauf eine Welle von Denunziationen und Terrorurteilen beginnt: bereits Anfang 1815 gibt es 737 Anklagen wegen «Ketzerei».

Unter dem Grafen della Genga, Papst Leo XII. (1823–1829), blüht die Inquisition wieder auf, das Spitzel- und Denunziantenwesen grassiert, die Juden, durch eine haßerfüllte Verfügung nach der andern getroffen, landen wieder im Getto, ja der Papst verbietet, ohne Rücksicht auf die ansteigende Sterblichkeitsziffer, die Pokkenimpfung als «gottlos», weil sie Eiter eines Tiers mit menschlichem Blut vermischt. Sein Kardinallegat Agostino Rivarola bekämpft mit Einkerkerung und Exekution jedes Freiheitsstreben. In der Romagna verurteilt er – alles ohne ordentliches Gerichtsverfahren und unter Ausschluß der Öffentlichkeit – in einem einzigen Vierteljahr 508 Angeklagte zu Hinrichtung, hohen und lebenslänglichen Zuchthausstrafen, zu Zwangsarbeit, Verbannung und strenger Kontrolle durch die Polizei.

Gregor XVI. (1831–1846), nicht zuletzt dank dem erzreaktionären, mit Zensur und Polizeiterror regierenden Fürsten Metternich Papst geworden, läßt 1831, bei Ausbruch der Revolution im Kirchenstaat, die eigene Soldateska gegen seine Landsleute fechten und ruft auch wiederholt österreichische Heere zu Hilfe. Nur durch sie wird der Kirchenstaat gerettet. Wie die Staatskanzleien von Wien und Rom, so arbeiten auch österreichische und päpstliche Geheimpolizei aufs engste zusammen gegen die Italiener. Noch Jahre später sagt Gregor XVI. zum preußischen Gesandten von Bunsen: «Wenn sie (die Untertanen) den Priestern nicht gehorchen wollen, werden sie die Österreicher auf den Hals kriegen.»

Selbst neue wissenschaftliche Erkenntnisse, Kongresse, Gaslicht, Eisenbahnen und Hängebrücken galten jetzt im Kirchenstaat, wo Korruption und Amtsmißbrauch wüten, als Ausdruck von Rebellion; Essen von Fleisch an Freitagen bringt bereits ins Gefängnis; die Kerker füllen sich, noch wegen Nichtigkeiten hausen ambulante Kriegsgerichte des Papstes rücksichtslos. Jede freiheitliche Regung wird brutal unterdrückt, ein Todesurteil nach dem anderen gefällt, freilich oft nicht vollzogen; auch gilt Verurteilung bereits nicht mehr als Schimpf, sondern als Ehre.

Ein würdiges literarisches Dokument eröffnet schon diese Regierung, die Enzyklika «Mirari vos» vom 15. August 1832, worin Papst Gregor überall in der Welt ein «greuliches Echo neuer, unerhörter, den katholischen Glauben offen und ruchlos bekämpfender Meinungen» vernimmt. Und während er selbst die Zensur als sehr nützlich, den Index der verbotenen Bücher als heilsam preist, verdammt er den «schmutzigen Quell des Indifferentismus», «jene absurde und irrige Lehre», den «Wahnwitz» (deliramentum), daß jeder Gewissenfreiheit haben müsse», «jene unnütze Freiheit der Meinungen, die zum Verderben von Staat und Kirche weit umher grassiert», «auch jene schändliche, nicht genug zu verabscheuende Freiheit der Presse, die einige zu fordern wagen ...».

Wie sein Vorgänger, bekämpft auch Pius IX. (1846–1878), in dem bis heute längsten Pontifikat der Geschichte, bald scharf alle Säkularisierungs- und Liberalisierungstendenzen. Er verfolgt die Juden, wobei es zu ganz Europa erregendem Kinderraub sowie Zwangstaufen kommt; wie überhaupt der Kirchenstaat ein Polizeistaat war, eine «Klerokratie», mit einer doppelten Rechtsprechung, die zwischen Verbrechen von Klerikern und Laien gesetzlich unterschied, mit Verweigerung freier Wahlen und Inquisition.

Zwei Ereignisse aber verleihen der Regierung von Pio Nono besondere Bedeutung.

Zunächst das Erste Vatikanum, auf dem, vorbereitet und begleitet von Papst-Vergötzungs- und Vergottungs-Exzessen der Ultramontanen sowie skandalösen Intrigen, der Graf Mastai-Feretti alias Pius IX. 1870 das Dogma von der unfehlbaren Lehrautorität der Päpste erstritt. Es steht im krassen Widerspruch zu den Tatsachen ihrer Geschichte, mehrte aber ihre Macht und ist darum über jeden Zweifel erhaben. Triumphierend drückte Pius einem Gegner des Dogmas, einem unierten griechisch-orthodoxen Patriarchen, den Fuß aufs Haupt, als der Kirchenfürst zögerte, bei der Huldigung den päpstlichen Pantoffel zu küssen. «Nie hatten die Päpste», spottete Bischof Maret, «so viel Eifer für die fundamentalen Dogmen des Christentums gezeigt.» Oder gar, möchte man ergänzen, für das soziale Elend, besonders der Katholiken, oder für eine Bildungspolitik, die den Namen verdient. Noch damals, nach fast eintausendneunhundert Jahren Christentum, gab es im Land der Päpste 70 Prozent Analphabeten! 1911, nach vierzig kirchenfeindlichen Regierungsjahren, betrug der Anteil der Analphabeten an der italienischen Bevölkerung immerhin nur noch 37,6 Prozent.

Nicht Antiklerikale aber, sondern Bischöfe, katholische Kirchenhistoriker und Diplomaten erklärten einen Papst für dumm und verrückt, der schon Jahre vor dem Konzil, der «Räubersynode», laut Erzbischof von Paris, auch das Christuswort «Ich bin der Weg, die Wahrheit und das Leben» auf sich angewandt und 1870 durch den Zuruf an einen Krüppel «Stehe auf und gehe!» eine mißglückte Wunderheilung zu verzeichnen hatte.

Ins Jahr 1870 fällt auch ein weiteres Ereignis, das nicht nur die Weltpolitik des ausgehenden 19. und frühen 20. Jahrhunderts beeinflußt hat und hier oft eine Rolle spielen wird: das Ende des Kirchenstaats.

Unter Pius IX. und seinem Kardinalstaatssekretär Giacomo Antonelli, der Attentatsversuche auf sich und den Papst mit Todesurteilen und Galeerenstrafen beantwortete, drängte Italien immer entschlossener auf nationale Einheit und Liquidation des (noch etwa 40000 Quadratkilometer umfassenden) Kirchenstaats; nach Thomas von Aquin ein Gut, «das in der Anähnlichung an Gott» besteht, tatsächlich ein Staat, der «niemals die Leistungen anderer Staaten» erreichte, ja, den man heute selbst auf katholischer Seite, nach der Türkei, «zum rückständigsten, korruptesten Staatsgebilde der Welt» erklärt.

Nur zu Beginn seines Pontifikats genoß der «liberal» auftretende Papst eine gewisse Popularität, bis zum Revolutionsjahr 1848, als er sich zunächst noch am «heiligen Kriege» gegen Österreich beteiligte, als mit dem italienischen Adel und Volk auch die Geistlichkeit schrie: «Hinaus mit den Barbaren!» In Wien herrschte Revolution, die Habsburgermonarchie rang um ihre Existenz, und natürlich neigte Pius IX. jetzt zu den mutmaßlichen Siegern. Seine Truppen fielen in österreichisches Gebiet ein, ohne daß der «Vikar Christi» der katholischen Großmacht geradezu den Krieg erklärte; dafür standen die Dinge denn doch zu unsicher.

Immerhin stürmten die Römer am 21. März 1848 den Palazzo Venezia, die österreichische Botschaft, entfernten unter Berufung auf den Papst die österreichischen Wappen und verbrannten sie. Am 30.März glaubte Pius IX. in all den revolutionären Ereignissen, diesen «mirabili mutazioni», «in dem Sturmwind, der die Zedern und Eichen zerschmettert und zersplittert», bereits die Stimme Gottes zu erkennen. Der österreichische Vatikanbotschafter, Graf Lützow, aber erkannte im Papst plötzlich überrascht einen grundsätzlichen Gegner Österreichs, fühlte sich schon «in Feindesland» und mußte im Mai seine Pässe verlangen und abreisen.

Doch im Juli erfocht Feldmarschall Graf Radetzky bei Custozza einen entscheidenden Sieg, und nun neigte der «Heilige Vater» natürlich wieder den Österreichern zu. Freilich revoltierten jetzt seine eigenen Diözesanen, ermordeten im November, unter allgemeinem Jubel, seinen Minister Pelegrino Rossi, attackierten die Schweizergarde, entwaffneten sie und nötigten den Papst zur Flucht nach Gaeta.

Pius IX. rief halb Europa zu Hilfe. Nicht nur französische, spanische, neapolitanische Soldaten rückten im Kirchenstaat ein, auch österreichische, gegen die er noch im Frühjahr selber Krieg geführt. Ja, gerade auf Österreich, das unter Radetzky bald neue Siege an seine Fahnen heften sollte, hofften nun die zitternden Prälaten. «Wie der Messias bin ich hier erwartet worden», meldete der neue Vertreter Österreichs in Gaeta, Graf Moritz Esterházy, und fuhr anzüglich fort: «Von uns allein – von Österreich – erhofft man das Heil.» Pius IX. empfing den Gesandten «buchstäblich mit offenen Armen».

Am 30. Juni 1849 wurde Rom, das inzwischen die Republik ausgerufen, nach wochenlangem schweren Kampf erobert; aber leider nicht durch die monarchistischen Österreicher, sondern die republikanischen Franzosen, die Rom schon 1799 und 1809 besetzten. 1799, 1809, 1849 – «Die Zahl 9 bringt dem Heiligen Stuhl nichts Gutes», sinnierte der Papst abergläubisch vor dem Grafen Esterházy, der jetzt eine auffallende Vorliebe Seiner Heiligkeit wenn nicht für Frankreich, so doch gewiß für die Franzosen registrierte. Nur ein kleines, doch beredtes Beispiel für das, worauf der «Heilige Stuhl» ruht, immer schon geruht hat, immer ruhen wird, nicht auf Fels, sondern auf einer, jedem nicht durch Weihrauchwolken blikkenden Betrachter mehr Übel- als Heiterkeit erregenden Schaukelpolitik, deren höchstes Prinzip stets die Opportunität, deren letztes Ziel stets die Macht ist.

Dank der Truppen Frankreichs, Österreichs, Spaniens und Neapels war im Sommer 1849 das Regiment des Papstes wiederhergestellt. Doch als zehn Jahre später die Österreicher abzogen, brach in dem verfaulten Prälatenstaat die Revolution abermals aus, forderte man überall die Unabhängigkeit Italiens. Pius IX. rekrutierte nun ein Söldnerheer, 20 000 Franzosen, Österreicher, Belgier und Schweizer, die Perugia plünderten, doch bei Castelfidardo geschlagen wurden; und bei der Volksabstimmung im Herbst 1860, in den bisherigen päpstlichen Provinzen Umbrien und den Marken, entschieden sich 230 000 Menschen gegen die Herrschaft des «Heiligen Vaters» und 1600 dafür.

«Christi Statthalter» besaß jetzt nur noch Rom und das sogenannte Patrimonium Petri – wenn man davon absieht, daß seiner Kirche immerhin noch mindestens ein Fünftel der landwirtschaftlichen Fläche von ganz Italien gehörte. Nach dem Rückzug aber des französischen Expeditionskorps Ende 1866 kam es sofort wieder zur Rebellion, zu mehreren Gefechten zwischen päpstlichem Militär und den Freischaren Giuseppe Garibaldis, der donnernde Reden gegen den Vatikan hielt und in Florenz «zum heiligen Kriege gegen den Vampyr von Italien» trieb. «Das Krebsgeschwür des Papsttums muß aus Italien herausgeschnitten werden. Trennt euch von den Vipern in Priestergestalt, vom Stellvertreter des Teufels, dem Antichristen in Rom!» Doch erneut landeten zwei französische Divisionen, Soldaten Napoleons III., der wiederholt schwankte, auf wessen Seite er sich schlagen solle, und mit ihrer Hilfe siegte am 3. November 1867 das fast schon aufgeriebene päpstliche Heer.

Als freilich, während des deutsch-französischen Krieges 1870/71, die Franzosen wieder abberufen werden mußten, fiel Rom endgültig, der Kirchenstaat ging restlos im italienischen Nationalstaat auf. Nachdem alle Angebote der Regierung gescheitert waren, besetzten deren Truppen am Morgen des 20. September die Stadt, und nach mehrstündiger Kanonade hißte die Engelsburg die weiße Fahne. Begeistert begrüßte alles den Zusammenbruch des Priesterregiments; Pius selber mußte gegen den Volkszorn durch italienische Truppen geschützt werden. Er exkommunizierte am 1. November 1870 alle Urheber und Teilnehmer an der «Usurpation» Roms, betrachtete sich als «Gefangenen», als «armen alten Mann», und es begann eine fast sechzigjährige Feindschaft zwischen Vatikan und Staat.

Die italienische Regierung regelte durch das Garantiegesetz vom 13. März 1871, das die Trennung von Kirche und Staat verfügte, großzügig die Stellung des Papstes. Sie erklärte ihn für «heilig und unverletzlich», sicherte ihm den Vorrang vor allen katholischen Souveränen zu, erlaubte ihm eine Leibwache, die gänzlich steuerfreie Nutznießung der vatikanischen Gebäude und Gärten, des Laterans sowie der Villa Castel-Gandolfo, einschließlich der dortigen Museen, Bibliotheken, Sammlungen. Man gestand den ausländischen Diplomaten beim «Heiligen Stuhl» alle üblichen Privilegien zu und untersagte das Eindringen italienischer Beamten in die Paläste des Papstes. Endlich setzte man ihm, als Entschädigung für den Verlust seiner Einkünfte aus dem Kirchenstaat, eine steuerfreie Dotation von jährlich 3 225 000 Lire aus, die aber Pius IX., der das Garantiegesetz als einseitigen Akt nicht anerkannte, von der zweiten Zahlung an zurückwies – die «Liebesgaben» der Gläubigen, die ihn in aller Welt als «Gefangenen» beklagten, erbrachten mehr ...

Mit der Beseitigung des Kirchenstaats und der Besetzung Roms, seit Ende des weströmischen Imperiums 476 nun erstmals wieder Hauptstadt Italiens, mit diesem, so Papst Pius, «Verbrechen», war freilich die «Römische Frage» entstanden, zu deren Lösung es, nach dem Wort des italienischen Ministerpräsidenten Francesco Crispi, des größten Staatsmanns aller Zeiten bedurfte – das Papsttum fand ihn erst in faschistischer Zeit.

Der Vatikan treibt zum Ersten Weltkrieg

Papst Pius X., der offenbar das frühzeitige Ableben, um es einmal so zu sagen, des österreichischen Thronfolgers vorausgewußt, hatte auch den Krieg, aufs Jahr genau, wiederholt prophezeit, den Weltenbrand, den «Guerrone». «La guerra che viene» – eine fast stereotype Wendung bei ihm. Schon 1910/11, während des Tripoliskrieges, der dem von Ernesto Pacelli geleiteten Banco di Roma so gut bekam, sprach Pius davon, als ihm sein Staatssekretär die Depeschen mit den Meldungen vom Feldzug vorlegte. Und vom brasilianischen Gesandten verabschiedete er sich im Mai 1914: «Wie glücklich sind Sie, daß Sie den großen Krieg nicht sehen, der binnen kurzem losbrechen wird.»

Doch war der Papst darüber unglücklich? Er mißtraute allen slawischen Völkern und fürchtete, sie würden samt und sonders zu Rußland übergehen, das er, kurz vor Beginn der Katastrophe, Ludwig von Pastor als «größten Feind der Kirche» schilderte. «Sono tutti quanti barbari» (Sie sind alle zusammen Barbaren), rief Pius 1913, als die Rede auf die Slawen kam; wozu nicht schlecht jene Reimerei paßt, die bald darauf an den zur Front rollenden Transportwagen prangte:

> «Die Serben sind alle Verbrecher,
> Ihr Land ist ein dreckiges Loch!
> Die Russen, die sind nicht viel besser,
> Und Keile kriegen sie doch!»

Den Wiener Botschafter beim «Heiligen Stuhl», Prinz Schönburg-Hartenstein, einen kirchengläubigen Katholiken, belehrte der Papst im Herbst 1913: «Österreich-Ungarn hätte besser daran getan, die Serben für alle ihre Vergehen zu bestrafen.» Dem Vertreter des Zaren an der Kurie, Nelidov, erklärte Pius 1914, die russische Regierung habe die katholische Kirche von jeher betrogen und fortgesetzt ihr Wort gebrochen, worauf Nelidov, als ihm der Papst jede Erwiderung abschnitt, den Vatikan nicht mehr betrat. Ein anderes Mal betonte Pius, «daß die Schuld am europäischen Kriege unbedingt Rußland treffe».

Vortrefflich paßt auch zu den wiederholten päpstlichen Bestrafungswünschen jenes berühmte Telegramm, das der bayerische Geschäftsträger beim Römischen Stuhl, von Ritter, am 26. Juli 1914 nach München sandte; ein Text, von dem es freilich verschiedene Versionen gibt, wie denn Ritter, «gewiß treu katholisch», sogar sich selber berichtigen wollte – am 5. Mai 1919!

Das im Münchner Fechenbach-Prozeß bekannt gewordene Telegramm hat nach der von Kammergerichtsrat Freymuth aufgrund der Akten verfaßten Schrift «Das Fechenbach-Urteil» folgenden Wortlaut: «Baron Ritter an die bayerische Regierung. Der Papst billigt ein scharfes Vorgehen Österreichs gegen Serbien. Der Kardinalstaatssekretär hofft, daß dieses Mal Österreich standhalten wird. Er fragt sich, wann es denn sollte Krieg führen können, wenn es nicht einmal entschlossen wäre, mit den Waffen eine ausländische Bewegung zurückzuweisen, die die Ermordung des Erzherzogs herbeigeführt hat, und die in Rücksicht auf die gegenwärtige Lage Österreichs dessen Fortbestand gefährdet. In seinen Erklärungen enthüllt sich die Furcht der römischen Kurie vor dem Panslavismus – gez. Ritter.» (Fechenbach, der Sekretär des 1919 ermordeten bayerischen Ministerpräsidenten Kurt Eisner, erhielt noch für Freigabe des kaschierten Telegramm-Textes, der 1919 als Dokument für die Kriegsschuld des Vatikans größtes Aufsehen erregte, 1926 zehn Jahre Festungshaft.)

Pius X. aber trat buchstäblich noch am Vorabend des Krieges

nicht für den Frieden ein, sondern er bedauerte, daß Österreich-Ungarn nicht schon früher ähnliche ultimative Schritte unternommen.

Die Gedanken des «überall den Eindruck eines Heiligen» hinterlassenden Papstes fanden ihren Niederschlag in einem Bericht des österreichischen Gesandten, Graf Moritz Pállfy, an seinen Außenminister über ein Gespräch mit Kardinalstaatssekretär Merry del Val am 27. Juli 1914. Graf Pállfy betonte dabei, daß es gewissen «Kombinationen der Presse gegenüber ... nicht uninteressant» sei, «die wahre Denkart der Kurie kennen zu lernen», worauf er fortfährt: «Als ich vor zwei Tagen den Kardinalstaatssekrtetär besuchte, lenkte er natürlich sofort das Gespräch auf die großen Fragen und Probleme, die heute Europa beschäftigen. Von einer besonderen Milde und Versöhnlichkeit war aber an den Bemerkungen Seiner Eminenz nichts zu fühlen. Die an Serbien gerichtete Note, die er als äußerst scharf bezeichnete, billigte er trotzdem rückhaltlos und gab gleichzeitig indirekt der Hoffnung Ausdruck, daß die Monarchie durchhalten werde. Freilich, meinte der Kardinal, sei es schade, daß Serbien nicht schon viel früher ‹klein gemacht› worden sei, denn damals wäre dies vielleicht ohne einen so großen Einsatz an unübersehbaren Möglichkeiten durchführbar gewesen, wie heute. Diese Äußerung entspricht auch der Denkart des Papstes, denn im Verlaufe der letzten Jahre hat Seine Heiligkeit mehrmals das Bedauern geäußert, daß Österreich-Ungarn es unterlassen habe, seinen gefährlichen Nachbarn an der Donau zu ‹züchtigen›. Man könnte sich fragen, wie es denn erklärlich sei, daß sich die katholische Kirche zu einer Zeit, wo sie von einem heiligmäßigen, von wahrhaft apostolischen Ideen durchdrungenen Oberhaupt geleitet wird, so kriegerisch gesinnt zeigt? Die Antwort ist sehr einfach. Papst und Kurie erblicken in Serbien die fressende Krankheit, die allmählich bis zum Lebensmarke der Monarchie vordringt und sie mit der Zeit zersetzen müßte. Österreich-Ungarn ist und bleibt aber trotz aller anderweitigen Experimente, die in den letzten Dezennien von der Kurie versucht worden sein mochten, das stärkste Bollwerk des Glaubens, das der Kirche in unserem Zeitalter geblieben ist. Dieses Bollwerk stürzen, hieße daher für die Kirche, ihren mächtigsten Stützpunkt verlieren und im Kampf gegen die Orthodoxie ihren stärksten Vorkämpfer fallen sehen.»

Das Staatssekretariat hat Graf Pállfys Meldung vom 29. Juli 1914 am 20. August zwar dementiert, also erst am Todestag von Pius X., allerdings nicht als falsch, sondern als «tendenziös».

Der Bericht des österreichischen Geschäftsträgers klingt jedenfalls genauso wie der des bayerischen, von Ritter, oder des russischen, de Bok, der im Juli 1914 seinem Außenminister über die Stimmung im Vatikan meldete, es «herrsche Haß gegen Serbien», und: «In Österreich-Ungarn sehe der Papst den Hort des Katholizismus und stehe deswegen auf dessen Seite.»

Kommt doch selbst der lange in Rom lebende katholische Bischof Alois Hudal nach Auswertung des Aktenmaterials der österreichischen Vatikanbotschaft zu dem Schluß: «In vatikanischen Kreisen wurde, wie die Botschaftsberichte zeigen, *der Krieg gegen Serbien vom Religiösen als eine Abrechnung mit dem Schisma betrachtet*, das von der russischen Kirche kulturell und wirtschaftlich gefördert unter allen Balkanvölkern eine feste Stellung einnahm, *gegen die der Katholizismus* trotz beträchtlichen Kräfteaufwandes *nicht mehr aufkommen konnte*. Die Rückkehr der Orthodoxen slawischer und rumänischer Nationalität zur römischen Kirche war in allen Balkanstaaten zahlenmäßig äußerst gering und kaum der Rede wert.»

Mit Recht betonte man im Hinblick auf die diversen bayerischen, österreichischen und russischen Dokumentationen, «daß diese vatikanischen Erklärungen auf die zögernden und bedenklichen Regierungen *kriegstreibend* gewirkt oder doch zum Krieg ermuntert haben *müssen*. Das scharfe österreichische Ultimatum – das ‹Belgrad nicht annehmen konnte› ... – wurde im Vatikan ‹rückhaltlos gebilligt›. Ja, Papst und Kardinalstaatssekretär hofften, ‹*daß Österreich diesmal durchhält*›».

Dies hatte Pius X., der «typisch» religiöse Papst, die reine «Parzivalnatur», schon zu Beginn seines Pontifikats bekannt. Und es gibt keinen Zweifel, daß er und sein Staatssekretär gegenüber dem österreichischen Gesandten am 27. Juli 1914 den Krieg mit Serbien wünschten, nicht zum erstenmal, versteht sich; doch am nächsten Tag erklärte Österreich Serbien den Krieg.

Der Erste und der Zweite Weltkrieg – auf beiden Seiten gerecht

Zunächst war selbstverständlich jede christliche Abschlachtung von Heiden gerecht. Und Gemetzel, bei denen man Ungläubigen die Feindesliebe mit dem Schwert dozierte, bei denen die Frohe Botschaft «Taufe oder Tod» hieß, falls man nicht gleich – stets das sicherste Bekehrungsmittel – Mission bis zur Ausrottung befahl, ließen sich oft vom «gerechten» noch zum «heiligen» Krieg steigern, in dem dann jeder, auch der größte Halsabschneider, im Falle seines Fallens, laut kirchlicher Garantie, die ewige Seligkeit gewann.

Doch geschah es immer häufiger und wurde bald die Regel, daß die Christen selber übereinander herfielen. Und dabei gestattet die Catholica, im eklatanten Widerspruch freilich zu Jesus und all ihren Theologen vor Konstantin, zwar den «gerechten Krieg», im Widerspruch aber zu ihrer eigenen (späteren) Lehre erlaubt sie praktisch das Töten *beiden* Parteien, zwingt sie ihre Gläubigen – ich wiederhole: auf beiden Seiten – durch einen Eid, sich im Kriegsfall gegenseitig zu massakrieren, während mitten in der von ihr frenetisch unterstützten allgemeinen Menschenschlächterei die Päpste urbi et orbi das erbauliche Schauspiel ergreifender Friedensappelle bieten – die mörderischste Heuchelei der Weltgeschichte!

Wie erklären dies die Hirten? Wie ziehen sie sich aus der Schlinge, in der sie ihre Schäfchen allzeit hängen lassen – denn werden die zum Scheren, Schlachten, zum Fressen nicht geweidet?!

Der Freiburger Erzbischof Conrad Gröber, Förderndes Mitglied der SS und einer der eifrigsten klerikalen Naziadjuvanten, zeigte dies 1935 in seinem der braunen Krapüle die staatserhaltende Kraft des Katholizismus anpreisenden Buch «Kirche, Vaterland und Vaterlandsliebe»: «Die katholischen Theologen haben immer den gerechten vom ungerechten Krieg unterschieden und es niemals in den Urteilsbereich des einzelnen mit all seinen Kurzsichtigkeiten und Gefühlsstimmungen gelegt, im Kriegsfalle die Erlaubtheit oder das Unerlaubtsein zu erörtern, sondern die letzte Entscheidung der rechtmäßigen Autorität überlassen.» «Das heißt», kommentiert der Katholik Johannes Fleischer, und ich wüßte keine bessere Glosse: «die ‹katholischen Theologen› vertreiben sich zwischen den staatlich organisierten Menschenschlächtereien ihre Langeweile mit dem neckischen Fragespiel: Wann ist ein Krieg ‹gerecht› und wann ‹ungerecht›? Sie füllen damit dicke Wälzer, weil ja die Entscheidung ‹sittlich, politisch und technisch so überaus kompliziert› ist (der Jesuit Hirschmann), weisen aber vorsorglich mehr oder minder deutlich darauf hin: Kinder, wie seid ihr doch dämlich, unseren moraltheologischen Zeitvertreib so ernst zu nehmen! Denn ‹im Kriegsfalle›, wenn unsere ‹Entscheidungen› eigentlich zum Zuge kommen sollten, danken wir still und heimlich ab und überlassen jedem Verbrecher das Urteil über Recht und Unrecht, wenn er nur – und das ist ja immer der Fall – als ‹rechtmäßige Autorität›, als ‹Gottes Dienerin zum Besten für dich› (Hirschmann zu Römer 13,4) von uns empfohlen wurde.»

Tatsächlich wandern all die theologischen Schmöker mit ihren aufwendigen Spiegelfechtereien über «gerecht» und «ungerecht» im casus belli augenblicklich in den Schrank, und während ein paar hunderttausend, ein paar Millionen Schäfchen das Zeitliche segnen, reichen die geistlichen Herren nun die Waffen: Waffen des Worts freilich nur, «Waffen des Lichtes»: Michael Faulhabers Gesammelte Kriegsreden, sie reichen – ein Verlags-Etikett Herders für klerikale Feldpredigten – «geistiges Kommißbrot». Und erst jetzt, das spürt man, fühlen sie sich ganz in ihrem Element. Erst jetzt werden sie die wahren Arbeiter im Weinberg des Herrn. Denn «so überaus kompliziert» nach dem Jesuiten Hirschmann die Entscheidung über den «gerechten» und den «ungerechten» Krieg auch ist, so einfach wird es für die Theologen, bricht der Krieg aus.

Nun nämlich gilt, und mehr noch als im Frieden, das «Leitwort» eines gemeinsamen deutschen Hirtenschreibens im Ersten Weltkrieg: «Gebet dem Kaiser, was des Kaisers ist ...»; nun gilt im besonderen Römer 13: «Jedermann sei untertan der Obrigkeit, die Gewalt über ihn hat. Denn es ist keine Obrigkeit, ohne von Gott»; wobei man bloß an Hitler zu denken braucht, um die rechten Vorstellungen von Gott zu bekommen – oder von Paulus, dessen Obrigkeit ihn doch selbst nicht nur weidlich auspeitschen, sondern sogar um eben jenen Kopf kürzer machen ließ, den er, unblutig, schon in Römer 13 verloren hatte, wenn nicht bereits bei Damaskus ... Wie ja auch Jesus als Opfer der von Gott (ihm selber!) stammenden Obrigkeit endete, er freilich wissend, «daß die, die über die Völker herrschen, sie unterjochen und die Großen sie vergewaltigen» (denn weil das Evangelium, wie Herders «geistiges Kommißbrot» verrät, «von unvergleichlicher Anpassungs- und Anwendungsfähigkeit» ist, bietet es auch «Vorräte und Beiträge für alle[!] Fälle und Lagen»). Doch ob nun die Obrigkeit, laut Paulus, «Gottes Ordnung» repräsentiert oder, laut Jesus, die Völker vergewaltigt, daran denkt der Klerus, mit Dilemmata vertraut wie keiner, im Krieg noch weniger als sonst. Er denkt überhaupt nicht. Er betet nach. Er predigt. Und was? Den «gerechten» Krieg natürlich. Hüben und drüben!

Selbst die beiden bisher größten Völkergemetzel sind grauenhafte Beweise dafür. Auf französischer Seite verklärte sich den Katholiken, vom Kardinal bis zum Kaplan, der Erste Weltkrieg, in den man vier Jahre lang 60 bis 70 Millionen Menschen gejagt, zu einem Kräftiger Frankreichs, einem Reiniger und Einiger, einem «von Gott beauftragten Sendboten mit dem Ziel der religiösen, moralischen und sozialen Wiedergeburt», kurz, der ganze französische Klerus war, wie der Rektor der katholischen Universität und spätere Erzbischof von Paris, Baudrillart, über «diese Ereignisse sehr glücklich» – und das, obwohl die 1915 von elf französischen Kardinälen und Bischöfen edierte Schrift «La Guerre Allemande et le

Catholicisme» Deutschland beschuldigte, «einen Vernichtungs-kampf gegen den Katholizismus und das Christentum» zu führen.

Sehr glücklich aber war auch der katholische deutsche Klerus über ein Massaker, bei dem man täglich 6000 bis 7000 Menschen er-mordete, insgesamt 12 Millionen, wozu noch 20 Millionen Verwun-dete und Krüppel kommen sowie 7 Millionen Menschen, die wäh-rend des Krieges verhungert sind, den die Hirten und Ober-Hirten nun als «Völkerfrühling» feierten, «Deutschlands größte Zeit», als den «Tag, den der Herr gemacht», «die Neuschöpfung des Heiligen Geistes», den «Wiederaufbau von Gottes Reich», die «Hochzeit der siegesfreudigen Nation mit ihrem Gott» und dergleichen kon-kurrenzlose Schamlosigkeiten aus der eloquentia sacra mehr, deren millionenfache Verbreitung man sich ebenso bewußt machen muß wie das Eingeständnis des katholischen Theologen Heinrich Mi-salla, ihm seien bei seiner Untersuchung der deutschen katholi-schen Kriegspredigt 1914 bis 1918 anderslautende Äußerungen in der gesamten «zur Verfügung stehenden Predigtliteratur nicht be-gegnet». Auf protestantischer Seite natürlich das gleiche.

Und im Zweiten Weltkrieg? Wie weideten die Hirten da die Her-den? Nun, nach altem Hirtenbrauch: diesmal gar für den, dem sie gemeinsam schon 1933 «einen Abglanz der göttlichen Herrschaft und eine Teilhabe an der ewigen Autorität Gottes» attestiert, dem sie 1936 gemeinsam Unterstützung «mit allen Mitteln», «Treue bis in den Tod» versprochen. Und nachdem Bischof Graf von Galen, der berühmte «Widerstandskämpfer», 1938, ausgerechnet zur Zeit des großen Judenpogroms, der «Kristallnacht», auf Hitler einen «Fahneneid» autorisiert hatte, der mit den Worten schloß:

«Was Frost und Leid!
Mich brennt ein Eid.
Der glüht wie Feuerbrände
Durch Schwert und Herz und Hände.
Es ende drum wie's ende –
Deutschland, ich bin bereit!»

befahlen die Bischöfe in einem auf deutscher Seite völlig ungerechten Krieg, den katholischen Soldaten «aus Gehorsam zum Führer ihre Pflicht zu tun und bereit zu sein, ihre ganze Person zu opfern». Sie verfolgten seinen Rußlandüberfall, wiederum in corpore, «mit Genugtuung», identifizierten ihn mit dem «heiligen Willen Gottes», dem «Triumph der Lehren Jesu über die der Ungläubigen» und versäumten nicht, zusammen der Nachwelt zu bezeugen, daß sie zur Förderung des Gemetzels «immer wieder und ... eindringlichst aufgerufen». Und während sie unermüdlich für den Gangster aller Gangster beten und Festgeläute zu seinen Siegen erschallen ließen, bis zu sieben Tagen hintereinander, während sie Dankgottesdienste zelebrierten, Tedeums anstimmten, gratulierten, Kirchenglocken spendeten, verlangten sie – wohlgemerkt: für einen Banditen, der bereits Tausende ihrer eigenen Geistlichen (aber natürlich keinen Ober-Hirten) in seine Konzentrationslager hatte stecken und viele Hunderte hatte ermorden lassen –, verlangten sie von «jedermann ganz und gern und treu seine Pflicht», «die ganze Kraft», «jedes Opfer», priesen sie Hitler als «leuchtendes Vorbild», seinen Schreckensstaat als «Retter und Vorkämpfer Europas», seinen Weltüberfall als «Kreuzzug» und «heiligen Krieg» und erklärten ihren Schafen – während diese millionenweise zu verbluten, zu erfrieren begannen, indes die deutschen Städte in Schutt und Asche sanken –, «wie unsagbar groß das Glück ist, daß wir Deutsche sein dürfen».

Ah, die Ereignisse waren wieder einmal sehr glücklich! Zumal auch der Papst – Pacelli, Pius XII., ohne Zweifel der oberste der Hirten! –, der als Kardinalstaatssekretär Hitler schon 1933, bei der Annexion Österreichs und beim Einmarsch in die Tschechoslowakei unterstützt hatte, nun ihn, wie alle Faschisten, erst recht unterstützte. Denn obwohl er, wie er selber sagt, «ununterbrochen gerufen und gemahnt hat: Friede, Friede, Friede!», drohte er doch den «Millionen Katholiken» in «den deutschen Heeren»: «Sie haben geschworen. Sie müssen gehorsam sein», fehlte es ihm, wie er wiederum selbst gestand, ganz und gar «nicht an Lichtblicken» während des bisher größten Blutbads der Geschichte, hatte er «das Herz zu großen, heiligen Erwartungen» erhoben, war er voller «Bewunderung großer Eigenschaften des Führers» und wünschte, wie er gleich durch zwei Nuntien übermitteln ließ, «dem Führer nichts sehnlicher als einen Sieg».

Millionen und Abermillionen Tote, Verwundete, Verstümmelte, Vergaste, Witwen, Waisen, Obdachlose, Vertriebene, Unglückliche jeder Art – «Weide meine Lämmer!» Hatten etwa die Hirten versagt? Waren sie vielleicht beteiligt? Steckten sie gar bis zum Hals im Blut? O nein! Sie hatten Hitler doch immer bekämpft. Schon vor 1933. Und 1945 bekämpften sie ihn gleich wieder. Und die geschlagenen Herden, die sie dazwischen auf seine Schlachtfelder gepredigt, die lockten sie nun wieder in den Pferch. Weit rissen sie die Tore auf: «Kommet alle zu mir, die ihr mühselig und beladen seid ...»

Und was taten sie dann? Nach den Erfahrungen zweier Weltkriege? Als *erste* forderten *sie* öffentlich in Deutschland durch den Kardinal Frings (auf dem Katholikentag 1950) die Wiederaufrüstung der Deutschen und schimpften die Kriegsdienstverweigerung «eine verwerfliche Sentimentalität». Und heute bereitet die katholische Militärseelsorge die Soldaten schon darauf vor, daß «Christus»[!] mehr von uns verlangt, als selbst Hitler ...»

Weiß man noch immer nicht, mit wem man es da zu tun hat?

«Mussolini ist ein wundervoller Mann»

Das römische Papsttum – durch Kriege und Betrug groß geworden, durch Kriege und Betrug groß geblieben – war vor allem durch Pius X. beträchtlich am Ausbruch des Ersten Weltkrieges beteiligt. Der Nachfolger Pius' X., Benedikt XV., vom Klatsch (nicht der bösen Welt, sondern) der Kurienkardinäle des Giftmords an einem Konkurrenten bezichtigt, lebt als der große Friedenspapst fort, der im

Ersten Weltkrieg durch ergreifende Friedensappelle erbaut hat. Doch während dieser Papst den sich zerfleischenden christlichen Nationen seine schönen biblischen Sprüche zurief, Frieden, Versöhnung, Liebe, zeichnete er selbst für eine Militärseelsorge verantwortlich, die den katholischen Soldaten (und so ist es ja heute noch) das gegenseitige Abmurksen als höchste Pflichterfüllung befahl.

Täglich erschossen, erstachen, erwürgten, verbrannten und vergasten sich so 6000 bis 7000 Menschen – mit einem Umsatz der Rüstungsindustrie von 100 000 Mark, einem Reingewinn von 60 000 Mark pro Stück. Zuletzt zählte man etwa zwölf Millionen Tote, dazu 20 Millionen Verwundete und Krüppel sowie sieben Millionen, die verhungert sind. Mit Wissen der obersten deutschen Behörden hatte die deutsche Rüstungsindustrie auch während des Krieges die Feindstaaten beliefert, gelegentlich nur etwa halb so teuer wie die eigene Heeresverwaltung. Einer dieser Doppelverdiener war die Firma von August Thyssen, die dann auch Hitler finanzierte. Wie schrieb Karl Kraus? «Es handelt sich in diesem Krieg.» Jawohl, es handelte sich gut in diesem Krieg, den der *französische* Klerus als einen «von Gott beauftragten Sendboten» bejubelte, die katholischen *deutschen* Hirten als «heilige Zeit», «Gnadenzeit» feierten, als den «Krieg, der dem Herrn gefällt». Und während Feldbischof Michael von Faulhaber, später leidenschaftlicher Parteigänger Hitlers, noch die «Kanonen des Krieges» als «Sprachrohre der rufenden Gnade» verherrlichte, verklärten französische Kleriker selbst den Schützengraben zur «Grotte von Gethsemane», das Schlachtfeld zu «Golgatha», den Augenblick des Schlachtens zur «göttlichen Minute».

«Gegen den Priester», sagt Nietzsche, «hat man nicht Gründe, man hat das Zuchthaus.» Und richtig erkannte er: «Die Priester haben immer den Krieg nötig gehabt.» Gestand doch schon im 5. Jahrhundert der Kirchenvater Theodoret: «Die geschichtlichen Tatsachen lehren, daß uns der Krieg größeren Nutzen bringt als der Friede.»

Der «Friedenspapst» Benedikt XV. verblich 1922, zwei neue Friedenspäpste folgten. Zunächst kam, nach dem 14. Wahlgang, Kardinal Ratti als Pius XI. Und mit seiner intensiven Hilfe – Regierungsprogramm: «Friede Christi im Reich Christi» (wohlgemerkt: nicht auf Erden, denn der Friede Christi richtet sich ja gewöhnlich gegen die übrige Welt) – kamen Mussolini, Franco, Hitler.

Zwar hatte Mussolini, Autor von «Es gibt keinen Gott» und «Die Mätresse des Kardinals», noch 1920 religiöse Menschen krank genannt, auf die Dogmen gespuckt und sich mit Pfaffenbeschimpfungen geschmückt «wie mit einem duftenden Blumenkranz». Doch schon 1921 rühmte er Vatikan und Katholizismus derart, daß Kardinal Ratti, ein Jahr vor seiner Papstwahl, ausrief: «Mussolini macht schnelle Fortschritte und wird mit elementarer Kraft alles niederringen, was ihm in den Weg kommt. Mussolini ist ein wundervoller Mann. Hören Sie mich? Ein wundervoller Mann!»

Papst und Duce kamen aus Mailand. Ratti wurde hier Kardinal, Mussolini gründete hier seinen ersten faschistischen Kampfbund. Beide haßten Kommunisten, Sozialisten, Liberale. Beide propagierten ein billiges, auf Massenfang bedachtes Schwarzweißsystem, worin es bloß Gute und Böse gab, Licht oder Finsternis. Beide, Pius, «zum Befehlen geboren», der Duce, «der immer recht hat», regierten selbstherrlich, kompromißfeindlich.

Beide hatten, von beiden bezeugt, schon vor dem «Marsch auf Rom» (28. Oktober 1922) verhandelt, jener massenwirksamen, aber überflüssigen Farce von 40 000 Schwarzhemden, denn Mussolini war vom König bereits mit der Bildung der Regierung beauftragt, bevor seine Anhänger Rom erreichten. «Es sind die Vorherbestimmten, die uns fehlen, um den» – ausgerechnet – «Frieden zu bringen», bekannte Pius XI. im Sommer 1923 und rühmte den Faschistenführer: «Für Italien hat Gott einen solchen Mann erweckt ... er allein hat erfaßt, was sein Land benötigt.»

Da nämlich Mussolini – im Gegensatz zum früheren liberalen Regime Italiens – Presse- und Versammlungsfreiheit aufhob, da er die Kruzifixe in die Schulen zurückbringen, den Religionsunterricht wieder einführen, da er anstelle von Kant Texte des Augustinus und des Thomas von Aquin setzen, da er die katholische Familienpolitik fördern, beschlagnahmte Kirchen und Klöster zurückgeben, da er die staatlichen Subventionen für kirchliche Bauten erhöhen und die staatlichen Zuschüsse an den Klerus erhöhen ließ, wurde klar: Mussolini war von Gott gesandt.

Und in der Tat, kaum hatte der einstige Antiklerikale und Atheist, der nun bald vor versammelten Faschisten zur Madonna beten konnte, der bei seinem ersten Auftritt vor den Abgeordneten der Kammer «Gottes Beistand» anrief wie keiner seiner Vorgänger im Regierungsamt seit 1870 mehr, kaum hatte Mussolini gleich sechs katholische Geistliche in sein erstes Kabinett geholt, da beglich er auch die «Rechnung auf dem Gebiet des Höheren und Höchsten», wie der «Bayrische Kurier» es feinsinnig nannte. Er beglich die Schulden des «Banco di Roma», der Hausbank zahlreicher katholischer Organisationen, mit engen Verflechtungen zum riesigen Netz katholischer Raiffeisenbanken. Er bewahrte damit ein Geldinstitut vor dem unmittelbaren Bankrott, dem auch die Kurie selbst und mehrere ihrer Hierarchen hohe Summen anvertraut hatten (und dem zeitweise Ernesto Pacelli, der Onkel des nächsten Papstes, präsidierte).

Die 1,5 Milliarden Lire, mit denen Mussolini so großzügig einsprang, um «katastrophale Folgen» für den italienischen Katholizismus zu verhindern, stammten, versteht sich, aus der Staatskasse, weshalb Kardinal Vanutelli, Dekan des «Heiligen Kollegiums», erklärte, Mussolini sei auserwählt «zur Rettung der Nation und zur Wiederherstellung ihres Glückes».

Am 11. Februar 1929 unterzeichneten im Lateran, dem päpstlichen Palast, Benito Mussolini und Kardinalstaatssekretär Pietro Gasparri die Lateranverträge. Es war das bedeutendste kirchenpolitische Ereignis im Pontifikat Pius' XI., die wichtigste außenpolitische Entscheidung des Papsttums seit 1870: ein Staatsvertrag, ein Finanzabkommen, ein Konkordat, Verträge, die das Ansehen der

Faschisten enorm steigerten, vor allem aber der Kurie gewaltige Vorteile brachten.

Zwar verzichtete Pius XI. damit definitiv auf den Kirchenstaat, der im 8. Jahrhundert durch Betrug und Krieg gewonnen und 1870 von Italien besetzt worden war. Dafür bekam der Papst aber uneingeschränkte Souveränität auf dem Gebiet der Vatikanstadt und als Abfindung «das Kapital einer Weltbank», die (nach damaliger Währung) ungeheure Summe von einer Milliarde Lire in Staatspapieren und 750 Millionen Lire in bar, bei fünfprozentiger Verzinsung eine Jahresrente von fast 90 Millionen. Der Katholizismus wurde Staatsreligion, die kirchliche Ehe der bürgerlichen ebenbürtig, die Scheidung unmöglich, der Religionsunterricht obligatorisch. Antikirchliche Bücher, Zeitungen, Filme wurden unter Zensur gestellt, die Kritik des Katholizismus unter Strafe. Der Staat verpflichtete sich, seine ganze Gesetzgebung mit dem kirchlichen Recht abzustimmen.

Was gab die Kirche dafür? Sie sah, im eigenen Interesse wohl, eine Verringerung der 279 italienischen Bistümer vor, sie erlaubte der Regierung, bei der Ernennung von Bischöfen und Pfarrern politische «Bedenken» zu äußern. Und sie untersagte – das schönste Geschenk für Mussolini – allen Geistlichen parteipolitische Betätigung. «Ist Konkordat und Kirchenplan nicht glücklich durchgeführt. Ja, fangt einmal mit Rom nur an, da seid ihr angeführt.» (Goethe)

Die geistige Unabhängigkeit Italiens war damit zu Ende. Was der Protest von vier Vorgängern beim liberalen Italien nicht erreicht hatte, erreichte Pius XI. durch die Faschisten. Es «waren Dinge» geschehen, «wie man sie seit über einem Jahrhundert in der Kirchenpolitik Italiens nicht mehr erlebt hatte», erklärte Rechtsanwalt Francesco Pacelli, der jahrelang, meist geheim, mit Mussolini selbst die Verträge ausgehandelt hatte, nach ihrer Ratifizierung den Titel eines Markgrafen bekam und nach Krönung seines Bruders zum Papst Pius XII. in den erblichen Fürstenstand erhoben wurde.

Rom triumphierte. Und mit ihm jubelte die ganze katholische

Welt. In München pries Adolf Hitler die klerofaschistische Verbrüderung kaum minder als sein späterer Gefolgsmann Kardinal Faulhaber. Und der Kölner Oberbürgermeister Konrad Adenauer prophezeite dem Faschisten Mussolini in einem Glückwunschtelegramm, sein Name werde in goldenen Buchstaben in die Geschichte der katholischen Kirche eingetragen werden.

«Aufrichtige Segenswünsche» zur Machtergreifung Hitlers

Pius XI., der durch Preisgabe der katholischen Volkspartei Italiens und Mussolinis Erhebung in wenigen Jahren so sensationelle Erfolge in Italien errungen hatte, versuchte nun einen ganz ähnlichen Umsturz in Deutschland durch Preisgabe der katholischen Zentrumspartei. Beide Male betrieb der Papst die Auflösung der eigenen katholischen Partei, um dort Mussolini, hier Hitler an die Macht zu bringen.

Wie Katholik Mussolini hatte Katholik Hitler ein sehr ambivalentes, wenn auch ganz anders geartetes Verhältnis zum Katholizismus. Als Schüler besuchte er zwei Jahre lang das Benediktinerstift Lambach, war dort Ministrant, was auch Heinrich Himmler gewesen war, und wollte einmal Abt werden. Später verdankte Hitler dem katholischen München «so gut wie alles». Hier stützten und schützten ihn katholisch-konservative Politiker und katholisch-konservative Gerichte. Er gewann in Bayern Boden, indem er sich als künftiger Vernichter des jüdischen Bolschewismus präsentierte; indem er in seinem Buch «Mein Kampf» und in seinen Reden die römische Kirche, deren enormen Einfluß er in Österreich kennengelernt hatte, über alles schonte. Ja, ausdrücklich bekannte er sich zum «Werk des Herrn» und erklärte 1928 in Passau: «Diese unsere Bewegung ist tatsächlich christlich.»

An seiner politischen Gegnerschaft zum Zentrum aber ließ Hitler stets so wenig einen Zweifel wie andererseits das Zentrum an seinem Antinazismus. Ebenso der deutsche Episkopat, jedenfalls vor 1933. Stand jedoch die Phalanx des deutschen Katholizismus bis zum Frühjahr 1933 nahezu geschlossen gegen die Nazipartei, so dachte man über sie im Vatikan bereits ganz anders. Im kommunistischen Rußland die größte Christenbekämpfung der neuesten Zeit, in Deutschland Hitlers spektakuläre Erfolge zu Beginn der dreißiger Jahre vor Augen, konnte für das stets opportunistische Papsttum, das durch Anpassung an den jeweils Stärksten lebt und überlebt, die Entscheidung nicht anders ausfallen. Nichts betet die römische Kurie mehr an als Macht und Erfolg. Hatte sie auch keine Sympathie für die nazistische Rassenideologie, so jagte und mordete ihr eigener Anhang doch die Juden durch zwei Jahrtausende. War Rom auch der wilde Antiklerikalismus eines Rosenberg oder Streicher verhaßt – Hitler persönlich hatte sich immer wieder auf den Boden des Christentums gestellt und seine Geneigtheit, mit den Kirchen zu kooperieren, signalisiert.

So plädierte Pius XI. schon 1931 für ein Zusammengehen des Zentrums und der katholischen Bayerischen Volkspartei mit den Nationalsozialisten. Ähnlich äußerte sich im Sommer des folgenden Jahres Kardinalstaatssekretär Pacelli, der nächste Papst, den am meisten am Wahlausgang nicht die 120 Mandate beunruhigten, die Hitler dazugewonnen hatte, sondern die elf weiteren der Kommunisten.

Sofort nach der Wahl 1932 hoffte und wünschte der Kardinalstaatssekretär gegenüber dem bayerischen Vatikangesandten, Baron Ritter, daß die «auf christlicher Grundlage stehenden Parteien, zu denen sich gleichfalls die nunmehr stärkste Partei des Reichstags, die Nationalsozialistische Partei, zähle, alles daransetzen werden, den hinter der Kommunistischen Partei marschierenden Kulturbolschewismus von Deutschland fernzuhalten.» Notwendig erschien Pacelli nun eine neue Koalition im Reichstag, was für das Zentrum und die katholische Bayerische Volkspartei hieß, «sich jetzt mehr nach rechts zu orientieren ...»

Einer seiner Paladine, der päpstliche Kammerherr und nachmalige Stellvertreter Hitlers, Franz von Papen, beseitigte im Sommer 1932 als Reichskanzler die sozialdemokratische Regierung Braun-Severing, hob das Verbot der SA und der SS auf und tat alles, um Hitler an die Macht zu bringen. Zweiter im Bund: Pacelli-Freund Prälat Ludwig Kaas, Professor für Kirchenrecht, der als Zentrumsführer keine wichtige Entscheidung ohne Pacellis Zustimmung fällte. Kaum hatte Kaas das Votum seiner Fraktion für Hitlers «Ermächtigungsgesetz», das diesem die Diktatur ermöglichte, verschwand er nach Rom. Von dort sandte er Hitler, mit dem er unmittelbar zuvor, ohne Wissen selbst seiner nächsten Parteifreunde, unter vier Augen konferiert hatte, «aufrichtige Segenswünsche», forderte die Auflösung des Zentrums, die auch prompt erfolgte, und beschwichtigte, nach Rücksprache mit dem Papst und Pacelli, viele protestierende Katholiken: «Hitler weiß das Staatsschiff wohl zu lenken. Noch ehe er Kanzler wurde, traf ich ihn wiederholt und war sehr beeindruckt von seiner Art, den Tatsachen ins Auge zu sehen und dabei doch seinen edlen Idealen treu zu bleiben ...»

Nicht das Gros der Katholiken also ging zuerst zu Hitler über, wie man der Welt so gern vorgelogen hatte, dann der Episkopat, dann die Kurie; sondern umgekehrt: Der Papst entschloß sich, das mit Mussolini geglückte Experiment mit Hitler zu wiederholen, die deutschen Bischöfe gehorchten, und die Gläubigen mußten folgen.

In Ansprachen im November 1933 bekannte der Päpstliche Kammerherr von Papen, daß «ich damals bei der Übernahme der Kanzlerschaft dafür geworben habe, der jungen kämpfenden Freiheitsbewegung den Weg zur Macht zu ebnen», daß «die Vorsehung mich dazu bestimmt hatte, ein Wesentliches zur Geburt der Regierung der nationalen Erhebung beizutragen», daß «das wundervolle Aufbauwerk des Kanzlers und seiner großen Bewegung unter keinen Umständen gefährdet werden dürfe» und daß «die Strukturelemente des Nationalsozialismus ... der katholischen Lebensauffassung nicht wesensfremd» seien, «sondern sie entsprechen ihr in fast allen Beziehungen».

Das Konkordat – Hitlers erster völkerrechtlicher Vertrag mit dem «beste(n) Freund ... des neuen Reiches»

Nachdem nun der Führer bekommen hatte, was des Führers war, mußte auch der Papst das Seine erhalten. Am 10. April 1933 erschienen bei ihm Hitlers Vizekanzler Franz von Papen und Hermann Göring, der bereits mit der «Nacht der langen Messer» gedroht und geäußert hatte: «Ich habe keine Gerechtigkeit auszuüben, sondern nur zu vernichten und auszurotten.» Pius XI. empfing beide mit großen Ehren und zeigte sich, nachdem er Hitler schon früher wiederholt für sein Verbot der Kommunistischen Partei gelobt hatte, abermals beglückt darüber, an der Spitze der deutschen Regierung eine Persönlichkeit zu sehen, die kompromißlos gegen den Kommunismus kämpfe.

So schloß man bereits am 20. Juli 1933 das Konkordat, dessen meiste Artikel, fast zwei Drittel, zugunsten der Kirche ausfielen. Doch wichtiger als jede Einzelheit erschien Hitler das Konkordat als solches (der einzige seiner maßgeblichen außenpolitischen Verträge übrigens, der das Fiasko Deutschlands überdauerte und noch heute in der Bundesrepublik geltendes Recht darstellt). Sein erster völkerrechtlicher Kontrakt. Und mit dem Papst geschlossen! Der «Heilige Vater», bescheinigten alle katholischen Bischöfe Deutschlands Hitler – und diese Tatsache muß man sich merken –, hat derart «das moralische Ansehen Ihrer Person und Ihrer Regierung in einzigartiger Weise begründet und gehoben» – das Zeugnis des gesamten deutschen Episkopats –, was Hitler mit Recht als «rückhaltlose Anerkennung» und «unbeschreiblichen Erfolg» bezeichnen konnte, verlieh es ihm doch plötzlich vor aller Welt die Legitimität.

Denn in Wirklichkeit – und auch dies ist äußerst bemerkenswert angesichts der nun schon jahrzehntelangen schamlosen Widerstandslügen dieser Kirche, die freilich seit fast zwei Jahrtausenden lügt – denn «in Wirklichkeit», wie Kardinal Faulhaber von München predigte, «ist Papst Pius XI. der beste Freund, am Anfang sogar der einzige Freund des neuen Reiches gewesen. Millionen im Ausland standen zuerst abwartend und mißtrauisch dem neuen Reich gegenüber und haben erst durch den Abschluß des Konkordats Vertrauen zur neuen deutschen Regierung gefaßt.»

Dabei war der Papst auch mit der eventuellen Mißachtung völkerrechtlicher Verträge durch Hitler einverstanden, traf er doch mit ihm schon damals, in einem geheimen Zusatzprotokoll, eine Abmachung für den Fall, daß die allgemeine Wehrpflicht eingeführt werden würde.

Nachdem aber Rom gesprochen hatte, schwenkte der deutsche Episkopat jäh zu Hitler um, nun, so ein Erzbischof: «der große Führer unseres Volkes ...» Und Adolf Bertram, Kardinal von Breslau, pries jetzt dem hochverehrten Herrn Reichskanzler sogleich die Katholiken an als «zuverlässige Stützen der staatlichen und kirchlichen Autorität» und versicherte, sie seien «freiwillig und aus edelsten Motiven zur Mitarbeit» bereit, «auch gern ... zu Geländesport und Wehrertüchtigung.» Er rechtfertigte die entschlossene Kehrtwendung des hohen Klerus mit den ekelhaften Sätzen: «Wieder hat sich gezeigt, daß unsere Kirche an kein politisches System, an keine weltliche Regierungsform, an keine Parteikonstellation gebunden ist. Die Kirche hat höhere Ziele ...»

Dabei waren für den Freiburger Weihbischof Burger die «Ziele der Reichsregierung ... schon längst die Ziele unserer katholischen Kirche»; versprach Bischof Bornewasser von Trier, dem Nazistaat «zu dienen mit dem Einsatz aller Kräfte unseres Leibes und unserer Seele»; wollte Bischof Vogt von Aachen «am Aufbau des neuen Reiches freudig mitarbeiten»; wollte es Bischof Berning von Osnabrück, von Göring zum Staatsrat ernannt, nebst allen deutschen Oberhirten «mit heißer Liebe und mit allen unseren Kräften» unterstützen; sah Bischof Graf von Galen, der große katholische Widerstandskämpfer, «die höchsten Führer unseres Vaterlandes erleuchtet und gestärkt» durch die «liebevolle Führung» Gottes selbst; stellte sich der Freiburger Erzbischof Gröber, der «braune

Konrad», förderndes Mitglied der SS (wozu ihn freilich wohl nur die entdeckte Verbindung mit einer Geliebten, noch dazu einer jüdischen Geliebten, getrieben hatte), nun «restlos hinter die neue Regierung und das neue Reich»; rief Bischof Kaller von Ermland: «Diese große Zeit ist eine Gnade Gottes»; kam es Kardinal Faulhaber, dem hochverdienten Feldprediger des Ersten Weltkriegs, dem Speichellecker von Kaisern, Königen und Diktatoren, durchaus typisch «aufrichtig aus der Seele: Gott erhalte unserem Volk unseren Reichskanzler».

Ja, alle biederten und bräunten sich jetzt an – bis hin zu Konrad Adenauer wieder. Denn dieser lebenslange Opportunist, der als Oberbürgermeister Kölns 1917 die Stadt «untrennbar mit dem Deutschen Reich vereinigt» sehen, sie 1919 aber «direkt oder als Pufferstaat zu Frankreich» bringen wollte, erklärte im Winter 1932/33 öffentlich, «daß nach meiner Meinung eine so große Partei wie die NSDAP unbedingt führend in der Regierung vertreten sein müsse» – und zählte schließlich in einem Brief an Hitlers Innenminister seine Verdienste für die Nazipartei auf, die er «immer durchaus korrekt behandelt» habe, sogar «wiederholt in Gegensatz zu den damaligen ministeriellen Anweisungen»(!), und dies auch noch «jahrelang».

Kurz, die Stimmung war so, daß gegen Jahresende die – schon im Ersten Weltkrieg vor Chauvinismus und Kriegshetze überschäumende – Jesuiten-Zeitschrift «Stimmen der Zeit» nicht nur Hitler das Glaubenssymbol der deutschen Nation nannte, sondern auch das Kreuz Christi die notwendige Ergänzung des Hakenkreuzes: «Das Zeichen der Natur findet seine Erfüllung und Vollendung erst im Zeichen der Gnade.» 1947 schrieb dieselbe Zeitschrift: «Kirche und Nationalsozialismus schlossen sich in allem Wesentlichen gegenseitig aus wie Licht und Finsternis, wie Wahrheit und Lüge, wie Leben und Tod.»

Das römische Papsttum hatte durch Pius X. den Ausbruch des Ersten Weltkriegs gefördert und durch Pius XI. entscheidend die Heraufkunft des Faschismus in Italien, Deutschland und schließlich auch im katholischen Spanien unterstützt.

Seit der Antike besaß der Klerus in Spanien besondere Macht. Die Ketzerverfolgungen, Judenpogrome, die Inquisition, die Sklaverei florierten, und dementsprechend war der Reichtum der Kirche – allein die Jesuiten kontrollierten im frühen 20. Jahrhundert ein Drittel des gesamten spanischen Kapitals. Tausende saßen seinerzeit auf Betreiben der Kirche in Gefängnissen, wurden nach mittelalterlichen Methoden gefoltert, Hunderte erschossen. Ganze Landstriche verfielen dem Hunger. So schlossen sich die bis aufs Blut ausgebeuteten Massen immer mehr den liberalen, sozialistischen und radikal-sozialistischen Parteien an. Zu Beginn der dreißiger Jahre war Spanien nicht mehr katholisch. Fast ohne einen Tropfen Blut zu vergießen und mit Zustimmung der überwältigenden Mehrheit der Bevölkerung beseitigte man 1931 die Monarchie, erklärte die Republik und führte eine Fülle von bisher hintertriebenen, doch dringend notwendigen Reformen durch.

Die neue, durch legitime Wahlen zustande gekommene Regierung war keineswegs antireligiös oder gar darauf aus, Spanien antichristlich werden zu lassen. Doch der Episkopat versuchte sofort, seine ursprüngliche Machtposition wiederzugewinnen. Er hetzte offen gegen den Staat, dabei gestützt auf die Anhänger des alten Regimes, Großagrarier und Adel, sowie auf die rückständigste Schicht, Teile der bäuerlichen Bevölkerung, dank der katholischen Erziehungsarbeit noch im dritten Jahrzehnt des 20. Jahrhunderts zu 80 Prozent Analphabeten. Bereits im Siegesjahr Hitlers forderten die spanischen Bischöfe und der Papst in einer Enzyklika vom 3. Juni einen «heiligen Kreuzzug für die vollständige Wiederherstellung der kirchlichen Rechte».

Als Ende 1933 die alle Maßnahmen der Regierung bekämpfenden Rechtsparteien die Mehrheit im Parlament erlangten, wurden in den «beiden schwarzen Jahren» des sehr kirchen- und faschistenfreundlichen Kabinetts Lerroux die Errungenschaften der jungen Republik wieder liquidiert. Ungezählte verloren nun erneut Arbeit und Brot, landeten, ohne jeden Prozeß, nur aus politischen Gründen, im Kerker; wo man sie häufig noch folterte: allein im Oktober/November 1934 erlitten dieses Schicksal 30 000 Menschen. Es kam zu einer Kette von Streiks, Massendemonstrationen, lokalen Erhebungen. Schließlich schlossen sich unter dem wachsenden Druck der Rechten am 16. Januar 1936 Arbeiter, Bauern, Klein- und Mittelbürgertum samt der sozial empfindenden Intelligenz in der «Volksfront» zusammen und errangen am 16. Februar gegen die «nationale Front», die kirchlichen, faschistischen, monarchistischen Kreise, wieder einen überwältigenden Sieg.

Gerade dieser Triumph aber veranlaßte die Rechtsradikalen zum offenen Aufstand gegen die Regierung. Noch Ende Juli beförderten deutsche Transportflugzeuge Francos mohammedanische Mauren, die ihre Opfer kastrierten, und seine Legionäre, frei nach der Losung: «Es lebe der Tod! Nieder mit der Intelligenz!» zur Rettung des katholischen Abendlandes übers Meer, worauf sie ihre ersten Heldentaten in Sevilla vollbrachten, dessen Arbeiterviertel sie durch Artilleriebeschuß dem Erdboden gleichmachten, nachdem sie alle – so gut wie waffenlosen – Männer auf den Straßen zusammengetrieben und mit dem Messer abgestochen hatten.

Die Nazis schickten zu Francos Unterstützung bald Jagd-, Kampf-, Aufklärungsmaschinen sowie sonstiges Kriegsmaterial. Gleichzeitig eilten die Italiener dem General zu Hilfe. Der von Gott gesandte Duce, der den spanischen Verschwörern schon 1934 mit Waffen und Geld beigesprungen war, setzte jetzt mehr als 100 000 Soldaten in Marsch. Das hochklerikale Portugal, seit 1931 «Unserer Lieben Frau von Fatima» geweiht, nun Hauptnachschubweg Hitlers und Waffenankaufszentrale Francos, warf 20 000 Portugiesen in die Schlacht. Ebenfalls schickte das katholische Irland eine

Brigade für den «christlichen Kreuzzug». Als die jedoch neben Francos Mohammedanern fechten sollte, die man, um den Schein zu wahren, in Mönchskutten gesteckt hatte, waren die Iren nicht mehr für den heiligen Krieg zu gebrauchen und wurden kaum noch eingesetzt.

Doch obwohl in Spanien weder ein kommunistischer noch ein antireligiöser, auch kein grundsätzlich antikatholischer Staat bestand, obwohl es unter den fast 500 Abgeordneten des spanischen Parlaments nur 15 Kommunisten gab, täuschten die Klerofaschisten der ganzen Welt ihren Putsch als Religionskrieg gegen den gottlosen Kommunismus, als, so wörtlich der spanische Episkopat, «Kreuzzug gegen die rote Weltrevolution» vor – eine vom Vatikan ebenso wie von Hitlers Propagandaminister verbreitete Geschichtsfälschung, die sich auf den Entschluß fast aller europäischen Länder und der USA auswirkte, die spanische Regierung nicht zu unterstützen.

Die Kurie aber intensivierte in der ganzen katholischen Welt eine breit angelegte Kampagne gegen den Bolschewismus. Als erste ausländische Flagge wehte über Francos Hauptquartier die päpstliche, und über dem Vatikan wurde bald das Banner Francos gehißt. Auch rief Papst Pius XI. zur selben Zeit wie Hitler in Nürnberg die Welt zum Kampf gegen den Kommunismus auf, nannte die Bombenhilfe seiner faschistischen Verbündeten wörtlich «Schutz- und Heilmittel» und schlug im Sommer 1938 die Bitte der französischen und der englischen Regierung, sich einem Protest gegen die Bombardierung der republikanischen Zivilbevölkerung anzuschließen, rundheraus ab. Dagegen dankte er, mitten im Krieg, dem Rebellengeneral Franco für ein Huldigungstelegramm, hoch erfreut darüber, «daß wir in der Botschaft Ew. Exzellenz den angestammten Geist des katholischen Spanien pulsieren fühlen». Und am Ende des dreijährigen Gemetzels forderte der kurz zuvor gekrönte Pius XII. Franco auf, «mit neuer Energie die alten christlichen Traditionen» wiederaufzunehmen.

Redefreiheit, Pressefreiheit, Versammlungsfreiheit wurden nun in Spanien wieder aufgehoben; alle nichtkatholischen Bekenntnisse unterdrückt, auch sämtliche protestantischen Kirchen und Schulen geschlossen. Militärtribunale und Exekutionskommandos waren pausenlos tätig. Allein in Madrid fanden nach Schätzungen des italienischen Außenministers Graf Ciano täglich 200 bis 250 Hinrichtungen statt. Nach offiziellen Statistiken der spanischen Regierung ließ Franco vom Ende des Bürgerkrieges 1939 bis zum Frühjahr 1942, also in der Zeit, in der er auf Wunsch des neuen Papstes begann, «die alten christlichen Traditionen» wiederaufzunehmen, mehr als 200 000 Menschen erschießen; das entspricht einem Drittel aller Opfer des Bürgerkrieges.

Zwangsbekehrung und Völkermord im Unabhängigen Kroatien

Eines der grauenhaftesten Verbrecherregime war das des Ante Pavelić in Kroatien, und es wurde, genau wie die anderen faschistischen Staaten, durch das Papsttum massiv unterstützt.

Der ehemalige Rechtsanwalt aus Zagreb, der in den dreißiger Jahren meist in Italien seine Banden drillte, ließ 1934 in Marseille König Alexander von Jugoslawien ermorden, wobei auch der französische Außenminister fiel. Pavelić feierte zwei Jahre später in einer Denkschrift Hitler als Deutschlands «größten und besten Sohn» und kehrte 1941, von Mussolini mit Waffen und Geld ausgerüstet, beim deutschen Einmarsch in Jugoslawien dorthin zurück. Als absoluter Despot beherrschte er im sogenannten Unabhängigen Kroatien drei Millionen katholische Kroaten, zwei Millionen orthodoxe Serben, eine halbe Million bosnische Moslems sowie zahlreiche kleinere Volksgruppen. Im Mai trat er fast die Hälfte des Landes in aller Form an dessen Angrenzer ab, besonders an Italien, und wurde dort (wiewohl wegen des Doppelmordes von Marseille zweimal, von Frankreich und Jugoslawien, in Abwesenheit zum Tod verurteilt) in besonders feierlicher Privataudienz von Pius XII.

empfangen und gesegnet. Der große Faschistenkomplize entließ ihn und seine Suite in freundschaftlichster Weise mit den besten Wünschen, so wörtlich, für die «weitere Arbeit».

Darauf begann ein katholischer Kreuzzug, der den schlimmsten mittelalterlichen Massakern in nichts nachsteht, sie eher übertrifft. 299 serbisch-orthodoxe Kirchen wurden nun im «unabhängigen Kroatien» ausgeraubt, vernichtet, viele auch zu Warenhäusern gemacht, zu öffentlichen Toiletten, zu Ställen. 240 000 orthodoxe Serben hat man zum Katholizismus zwangsbekehrt und ungefähr eine dreiviertel Million orthodoxe Serben ermordet. Man erschoß sie massenweise, erschlug sie mit Äxten, warf sie in Flüsse, in Abgründe, ins Meer. Man massakrierte sie in sogenannten Gotteshäusern, 2000 Menschen in der Kirche von Glina. Man fand dort «später aufgespießte Kinder mit noch vor Schmerz gekrümmten Gliedern». Man folterte die Serben, bevorzugt bei nächtlichen Orgien, man schnitt ihnen die Kehle durch, pfählte und vierteilte sie, hängte gelegentlich ihr Fleisch in Metzgerläden. Man stach ihnen lebend die Augen aus, schnitt ihnen lebend die Ohren, die Nasen ab, man begrub sie lebendig, man erwürgte, köpfte, kreuzigte sie. Die Italiener fotografierten einen Mordbuben des Pavelić, der um seinen Hals zwei Ketten aus menschlichen Zungen und Augen trug.

Auch fünf Bischöfe und mindestens 300 Priester der Serben hat man geschlachtet, zum Teil auf fürchterliche Weise, wie den Popen Branko Dobrosavljević, dem man Haar und Bart ausriß, die Haut abzog, die Augen heraussäbelte, während man seinen kleinen Sohn vor ihm buchstäblich in Stücke schnitt. Der 80jährige Metropolit von Sarajevo, Petar Simonić, wurde erwürgt, indes der katholische Erzbischof der Stadt Oden zu Ehren des Pavelić, «des angebeteten Führers», schrieb und in seinem Diözesanblatt die revolutionären Methoden, wörtlich, «zum Dienst der Wahrheit, der Gerechtigkeit und der Ehre» pries. Dem 81jährigen Bischof Platov aus Banja Luka beschlug man die Füße wie einem Pferd, verstümmelte entsetzlich seinen Kopf und setzte seine Brust in Flammen. In Zagreb, wo der katholische Primas Stepinac und der päpstliche Legat Marcone residierten, folterte man den orthodoxen Metropoliten Dositej, daß er wahnsinnig wurde.

Die katholischen Schlachtfeste in «Groß-Kroatien» waren so grauenhaft, daß sie selbst die italienischen Faschisten schockierten, daß sogar hohe deutsche Stellen protestierten, Diplomaten, Generäle, noch der Sicherheitsdienst der SS und Naziaußenminister von Ribbentrop. Ja, wiederholt griffen deutsche Truppen, provoziert durch die «Abschlachtung» der Serben, gegen die eigenen kroatischen Verbündeten ein.

Und dieses Regime – Wahrzeichen und Kampfmittel «Bibel und Bombe nebeneinander» – war von seiner ersten bis zu seiner letzten Stunde ein durch und durch katholisches Regime und engstens mit der römisch-katholischen Kirche verbunden. Sein Diktator Ante Pavelić, ebenso ins Führerhauptquartier und auf Hitlers Berghof reisend wie in den Vatikan, wurde vom kroatischen Primas Stepinac «ein ergebener Katholik», von Pius XII. (noch 1943!) «ein praktizierender(!) Katholik» genannt. Auf Hunderten von Fotos erscheint er zwischen Bischöfen, Priestern, Nonnen, Mönchen. Ein Geistlicher erzog seine Kinder, er hatte einen eigenen Beichtvater und in seinem Palast eine eigene Kapelle. Zahlreiche Kleriker gehörten seiner Partei an, der Ustascha, die ständig die Worte Gott, Religion, Papst, Kirche im Mund führten. Bischöfe und Priester saßen im Sobor, im Ustascha-Parlament. Geistliche dienten als Offiziere in Pavelićs Leibwache. Die Ustascha-Kapläne schwuren Gehorsam vor zwei Kerzen, dem Kruzifix, einem Dolch und einem Revolver. Jesuiten, mehr noch Franziskaner, führten bewaffnete Mordbanden an, organisierten Massaker: «Nieder mit den Serben!» Sie erklärten «die Zeit gekommen für den Revolver und das Gewehr»; erklärten, es sei «keine Sünde mehr, ein siebenjähriges Kind zu töten, wenn es gegen die Gesetzgebung der Ustaschen verstößt». «Alle Serben in möglichst kurzer Zeit zu töten», das nannte der Franziskaner Simić, ein Militärvikar der Ustaschen, wiederholt «unser Programm». Franziskaner waren auch Henker in Konzentrationslagern, die im «Unabhängigen Kroatien» nur so aus dem

Boden schossen, in diesem «christlichen und katholischen Staat», dem «Kroatien Gottes und Marias», dem «Königtum Christi», wie die katholische Presse des Landes jubelte, die auch Adolf Hitler als «Kreuzfahrer Gottes» pries. Das Konzentrationslager Jasenovac hatte zeitweise den Franziskaner Filipović-Majstorović zum Kommandanten, der in vier Monaten dort 40 000 Menschen liquidieren ließ. Der Franziskaner-Stipendiat Brzica hat hier in einer Nacht, am 29. August 1942, 1360 Menschen mit einem Spezialmesser geköpft.

Nicht zufällig dankte der Primas des katholischen Gangsterparadieses, Erzbischof Stepinac, als er im Mai 1943 im Vatikan die Verdienste der Ustascha betonte, dem kroatischen Klerus, «vor allem den Franziskanern». Und natürlich wußte der Primas, der Ustascha-Verherrlicher, der Ustascha-Militärvikar, das Ustascha-Parlamentsmitglied, ebenso über alles in diesem hochkriminellen Pfaffendorado Bescheid wie Seine Heiligkeit Papst Pius XII. selbst, der seinerzeit den Kroaten eine Audienz nach der anderen gab, Ustascha-Ministern, Ustascha-Generälen, Ustascha-Diplomaten, und der Ende 1942 der Ustascha-Jugend zurief, an deren Uniformen das große «U» mit der darin explodierenden Bombe prangte: «Es leben die Kroaten!» Die Serben starben damals, etwa 750 000, um es zu wiederholen, oft nach gräßlichen Torturen, zehn bis 15 Prozent der Bevölkerung Groß-Kroatiens (in meinem Buch «Die Politik der Päpste im 20. Jahrhundert» ausführlich dokumentiert und belegt). Und ohne Kenntnis dieses alptraumhaften Blutbads kann man die Vorgänge dort heute überhaupt nicht verstehen, Vorgänge, an denen sogar der Außenminister der uns befreundeten USA den Deutschen, das heißt der Regierung Kohl/Genscher, eine besondere Schuld beimaß. Mehr involviert ist nur der Vatikan, der schon seinerzeit durch Papst Pius XII. nicht bloß darin, sondern in die ungeheuersten Greuel der faschistischen Ära insgesamt derart verstrickt war, daß es, wie ich bereits vor 30 Jahren schrieb, «bei der Taktik der römischen Kirche nicht verwunderlich wäre, spräche man ihn heilig».

Insgesamt standen in Vietnam 2,6 Millionen Amerikaner. Dazu kommen noch 0,7 Millionen US-Soldaten, die Krieg in Südostasien und dessen Gewässern führten. Entsprechend sind die Verluste. Allerdings nicht so sehr auf amerikanischer Seite, wo man sogenannte Kriegshandlungen spätestens seit dem Ersten Weltkrieg vor allem mit Material erledigt, wo man mit Masse totschlägt, mit Technik. Im Grunde mit Geld. Wie ja auch für das Geld.

Die Verluste der Amerikaner in Vietnam werden mit 56 221 Toten und 303 605 Verwundeten angegeben. Außerdem verloren sie 3705 Flugzeuge und 4867 Hubschrauber.

Die Süd-Vietnamesen hatten schon wesentlich mehr Gefallene, etwa 200 000, da man die Verbündeten großzügig vorgehen ließ – im Kampf. Übrigens auch die eigenen Schwarzen. Obwohl sie nur 11 % der männlichen US-Bevölkerung zwischen 18 und 29 Jahren ausmachten, waren in Vietnam mehr als 21 % der US-Gefallenen Schwarze!

Auf nordvietnamesischer Seite, gab es mehr als 2 Millionen Tote und 2–3 Millionen Verwundete. Und viele Millionen Flüchtlinge.

Vor dem Krieg hatten hohe US-Militärs geprahlt, Vietnam in die Steinzeit zurückzubomben. Tatsächlich warfen sie ein ungeheures Vernichtungspotential auf das Land. Die Masse der eingesetzten Bomben und Raketen übertrifft die des Zweiten Weltkriegs um das Dreifache. Dabei bombardierte man sowohl Laos wie Kambodscha, auch Vietnam selbst, ohne jede Kriegserklärung, unter völliger Mißachtung des Völkerrechts und der «Genfer Konvention». «Für mich hat die Rechtsfrage in dieser Sache keine Bedeutung», sagte der seinerzeitige Botschafter der USA in Saigon, Henry Cabot Logde.

Insgesamt wurden im Vietnamkrieg 7,5 Millionen Tonnen Bomben abgeworfen, darunter auch Therminten bomben, die Temperaturen bis zu 3000 Grad erzeugten. Allein viele Hunderttausende von Kindern wurden derart getötet, verwundet, verbrannt.

Gefangene sollten eigentlich gar nicht gemacht werden, ausgenommen Offiziere. So sagte der amerikanische Zeuge David Tuck vor dem Vietnam-Tribunal: «Wir hatten den Befehl, zu schießen und keine Gefangenen zu machen. Diese Anweisung war allgemein gültig und betraf vor allem das systematische Abknallen verwundeter Feinde. Für viele unserer Offiziere war das ein leidenschaftlich betriebener Sport. In ihren Augen ist ein toter Vietnamese ein guter Vietnamese.» Hier bricht die alte Tradition der Indianerkiller wieder durch: Nur ein toter Indianer ist ein guter Indianer!

Gefangene wurden besonders bei Verhören geschunden. Schläge waren die Regel. Häufig folterte man elektrisch (etwa unter Verwendung des Feldtelefons), auch und gerade die Geschlechsteile. Auch viele Frauen wurden elektrisch gefoltert, ungezählte vergewaltigt, unterschiedslos alte Frauen, Schwangere, junge Mädchen, viele unter 15 Jahren. In manchen Provinzen starb ein Fünftel der Vergewaltigten, nachdem sie Soldaten nacheinander mißbraucht hatten. Man trieb Bambuskeile unter die Nägel der Opfer. Man quälte sie auch zu Tode. Man warf sie aus fliegenden Hubschraubern. Es kam sogar vor, vereinzelt, daß man sie vergaste.

Auch den eigenen Staatspräsidenten ermordete man, Ngo Dinh Diem.

Diem hatte sich von 1950 bis 1953 als Laienbruder in einem katholischen Kloster der USA auf seine Helden- und schließlich Märtyrerrolle vorbereitet. Von kirchlichen und politischen Kreisen empfohlen, wird er 1954 Ministerpräsident, 1955 Staatspräsident Süd-Vietnams. Er schanzt jetzt, gut katholisch, sämtliche Schlüsselpositionen der eigenen Familie zu; sein Bruder Monsignore Pierre Ngo Dinh Thuc, der Erzbischof von Hué, flüchtet später nach Rom. Er selbst, dem Vizepräsident Johnson «bewundernswerte Qualitäten» attestiert, «aber wenig Kontakt zur Bevölkerung» (da er sie schamlos ausbeutete), wird viele Jahre von den USA gestützt und hochgehalten. Allmählich aber kompromittieren diese die terroristischen Exzesse, die Konzentrationslager, Kerker, Menschenjagden des einstigen Klosterbruders derart vor der ganzen Welt, daß

Präsident Kennedy die Ermordung des südvietnamesischen Regierungschefs – sie erfolgt am 1. November 1963, drei Wochen vor seiner eigenen – zumindest absegnet, wenn nicht, wie oft behauptet, selbst befiehlt.

Es war aber kein anderer als der amerikanische Kardinal Francis Spellman, der seinerzeit als Armeebischof schrie, die Amerikaner verteidigten in Vietnam die Sache Gottes, der Gerechtigkeit und der Zivilisation. Es war kein anderer als dieser Kardinal, der den totalen Krieg, die Ausradierung von Hanoi forderte, der rief «Weniger als Sieg ist undenkbar». Es war dieser so sehr mit der Wallstreet verbundene Kirchenfürst, der das vietnamesische Inferno als «heiligen Kampf» feierte, als «Kreuzzug», und die Soldateska seines Staates als «Soldaten Christi»; der Brandreden hielt, daß sich sogar, das heißt etwas, Washington betroffen zeigte. Kein Wunder, ist der Prälat doch wie kaum ein anderer von Anfang an in diesen grauenhaften Krieg verstrickt. Er war es, der den Katholiken Diem schon frühzeitig, nämlich 1954, an den Senator John F. Kennedy «verkaufte», so daß dieser vor jeder Nachgiebigkeit in Vietnam warnte. Er war es, der mit Dulles unter anderem die durch das Genfer Abkommen vorgesehenen freien Wahlen verhinderte. Und er war es schließlich, der Kennedy, als der dann Präsident geworden, dazu brachte, aktiv mit Soldaten in Vietnam einzugreifen.

Papst Paul VI. aber rief während des ganzen Vietnamkrieges zum Frieden auf. Wie Pius XII. im Zweiten Weltkrieg. Wie Benedikt XV. im Ersten Weltkrieg.

Weiß man noch immer nicht, mit wem man es da zu tun hat?

Editorische Notiz

Quellen und Literaturhinweise, Sekundärliteraturangaben und Namensregister stehen nur in den Originalausgaben; sie wurden in diesem Buch, um seinen Umfang zu begrenzen, eleminiert.

Die häufig vorgenommenen Kürzungen werden nicht gekennzeichnet.

Die im Text in Klammern stehenden Seitenzahlen verweisen auf Seiten in den folgenden benannten Originalbänden.

Vom christlichen Ludergeruch oder Das Scheusal mit den Engelszungen

aus: Opus Diaboli S. 115–126 und Abermals krähte der Hahn, S. 3f.

Jesus hat kein Papsttum errichtet, Die Römische Bischofsliste wurde gefälscht

aus: Kriminalgeschichte des Christentums II, S. 56–74

Die ganze alte Kirche kannte keinen durch Jesus gestifteten Ehren- und Rechtsprimat des Bischofs von Rom

aus: Kriminalgeschichte des Christentums II, S. 74–79

Wie die Urchristen einander liebten oder Tiere in Menschengestalt

aus: Kriminalgeschichte des Christentums I, S. 144–163

Der Kampf gegen die Juden beginnt – Dreck (für Paulus), ärger als der Teufel (für Athanasius), schlimmer als alle Wölfe zusammen (für Chrysostomos), aufgerührter Schmutz (für Augustinus)

aus: Kriminalgeschichte des Christentums I, S. 124–134, 272–273, 438–441, 511–513

Ein christliches Familienleben und die Verschärfung des Strafrechts

aus: Kriminalgeschichte des Christentums I, S. 263–268

Mörderpapst Damasus bekämpft Gegenpapst Ursinus und andere Teufel

aus: Kriminalgeschichte des Christentums II, S. 111–115

Müssen wir uns frei machen von moralistischer Wertung der Geschichte?

aus: Kriminalgeschichte des Christentums IV, S. 74–78

Revue der Gottesmänner in merowingischer Zeit

aus: Kriminalgeschichte des Christentums IV, S. 250–271

Methoden geistlichen Geldverdienens

aus: Kriminalgeschichte des Christentums III, S. 482–489

Einige erlaubte Methoden kirchlichen Geldeinnehmens und -ausgebens

aus: Kriminalgeschichte des Christentums III, S. 489–496

Paulus, das Neue Testament, die Kirchenväter und die Kirche treten für die Erhaltung der Sklaverei ein

aus: Kriminalgeschichte des Christentums III, S. 514–529

Weide meine Lämmer! Von der Kirche der Pazifisten zur Kirche der Feldpfaffen

aus: Opus Diaboli, S. 69–77

Der große Profiteur der Gotenvernichtung: Die Römische Kirche

aus: Kriminalgeschichte des Christentums II, S. 434–442

Papst Gregor umjubelt einen Kaisermörder

aus: Kriminalgeschichte des Christentums IV, S. 194–196

Selbst des Großen größter Stuß weist noch «nach vorne ...»

aus: Kriminalgeschichte des Christentums IV, S. 209–219

Beginn karolingischer Kultur oder Mit «christlichen Fahnen nach Sachsen hinein»

aus: Kriminalgeschichte des Christentums IV, S. 460–472

Karls Blutgesetze: Eins im Verbrechen, eins in der Heiligkeit

aus: Kriminalgeschichte des Christentums IV, S. 478–506

Kriegsdienst des hohen Klerus. Die Bischöfe als Schlächter und Schlachtenlenker

aus: Kriminalgeschichte des Christentums VI, S. 33–52, 198–200

Entstehung und Bedeutung der «Konstantinischen Schenkung» und die Aufdeckung der Fälschung

aus: Kriminalgeschichte des Christentums IV, S. 405–412

Die Pseudoisidorischen Dekretalen – Die folgenreichsten Fälschungen, die jemals gewagt wurden ...

aus: Kriminalgeschichte des Christentums V, S. 181–189

Reliquien oder Das Volk gläubet jetzt so leichthin, wie eine Sau ins Wasser brunzet ...

aus: Oben ohne S. 162–194

Nahezu alles machten die Päpste zu Geld

aus: Opus Diaboli, S. 52–57

Papst Sergius III., Mörder zweier Päpste – und Auftakt des Römischen Huren-regiments

aus: Kriminalgeschichte des Christentums V, S. 477–483

Johann XII. macht die Liebe zum Mittelpunkt seines Pontifikats

aus: Kriminalgeschichte des Christentums V, S. 497–508

Ein Papst geht mit Heiratsplänen um und verkauft das Papsttum

aus: Kriminalgeschichte des Christentums VI, S. 187–190

Gregor VII., der Untergeordnete des Kaisers, macht sich zu dessen Herrn und will die Welt beherrschen

aus: Kriminalgeschichte des Christentums VI, S. 250–257

Der Kampf ums Zölibat beginnt

aus: Das Kreuz mit der Kirche, S. 156–173

Der Keuschheitswahn und seine Folgen

aus: Das Kreuz mit der Kirche, S. 93–130

Beginn der Kreuzzüge und der Glaubenskriege gegen die Christen

aus: Kriminalgeschichte des Christentums VI, S. 374–384 und aus: Opus Diaboli, S. 29–32

Eine «brennbare Masse»: Zur Heizkraft des Katholizismus

aus: Über Karlheinz Deschner, Leben, Werke, Resonanz, S. 39–47

Die Verheizung der Hexen

aus: Opus Diaboli, S. 32–36

Die Verheizung der Juden

aus: Opus Diaboli, S. 37–49

Von der Würde der Eingeborenen oder «... fingen die Indianer wie wilde Schweine und fraßen sie auf ...»

aus: Opus Diaboli, S. 210–228

Die kirchliche Frauenfeindschaft und ihre Folgen

aus: Das Kreuz mit der Kirche, S. 207–229

Die Päpste im 19. und frühen 20. Jahrhundert

aus: Die Politik der Päpste im 20. Jahrhundert, S. 20–34

Der Vatikan treibt zum Ersten Weltkrieg

aus: Die Politik der Päpste im 20. Jahrhundert, S. 161–167

Der Erste und der Zweite Weltkrieg – auf beiden Seiten gerecht

aus: Opus Diaboli, S. 77–83

Mussolini ist ein wundervoller Mann

aus: Die Vertreter Gottes, S. 29–48

Aufrichtige Segenswünsche zur Machtergreifung Hitlers

aus: Die Vertreter Gottes, S. 49–57

Das Konkordat – Hitlers erster völkerrechtlicher Vertrag mit dem beste(n) Freund ... des neuen Reiches

aus: Die Vertreter Gottes, S. 59–67

200 000 Hinrichtungen – Die alten christlichen Traditionen in Spanien

aus: Die Vertreter Gottes, S. 77–86

Zwangsbekehrung und Völkermord im Unabhängigen Kroatien

aus: Die Vertreter Gottes, S. 125–133

Die Verteidiger der Menschenrechte

aus: Der Moloch. Eine kritische Geschichte der USA, S. 331–343

Über den Autor

Karl Heinrich Leopold Deschner wurde am 23. Mai 1924 in Bamberg geboren. Sein Vater Karl, Förster und Fischzüchter, katholisch, entstammte ärmsten Verhältnissen. Seine Mutter Margareta Karoline, geb. Reischböck, protestantisch, wuchs in den Schlössern ihres Vaters in Franken und Niederbayern auf. Sie konvertierte später zum Katholizismus.

Karlheinz Deschner, das älteste von drei Kindern, ging zur Grundschule in Trossenfurt (Steigerwald) von 1929 bis 1933, danach in das Franziskanerseminar Dettelbach am Main, wo er zunächst extern bei der Familie seines Tauf- und Firmpaten, des Geistlichen Rats Leopold Baumann, wohnte, dann im Franziskanerkloster. Von 1934 bis 1942 besuchte er in Bamberg das Alte, Neue und Deutsche Gymnasium als Internatsschüler bei Karmelitern und Englischen Fräulein. Im März 1942 bestand er die Reifeprüfung. Wie seine ganze Klasse meldete er sich sofort als Kriegsfreiwilliger und war – mehrmals verwundet – bis zur Kapitulation Soldat, zuletzt Fallschirmjäger.

Zunächst fernimmatrikuliert als Student der Forstwissenschaften an der Universität München, hörte Deschner 1946/47 an der Philosophisch-theologischen Hochschule in Bamberg juristische, theologische, philosophische und psychologische Vorlesungen. Von 1947 bis 1951 studierte er an der Universität Würzburg Neue deutsche Literaturwissenschaft, Philosophie und Geschichte und promovierte 1951 mit einer Arbeit über «Lenaus Lyrik als Ausdruck metaphysischer Verzweiflung» zum Dr. phil. Einer im selben Jahr geschlossenen Ehe mit Elfi Tuch entstammen drei Kinder, Katja (1951), Bärbel (1958) und Thomas (1959 bis 1984).

Von 1924 bis 1964 lebte Deschner auf einem früheren Jagdsitz der Würzburger Fürstbischöfe in Tretzendorf (Steigerwald), dann zwei Jahre im Landhaus eines Freundes in

Fischbrunn (Hersbrucker Schweiz). Seitdem wohnt er in Haßfurt am Main.

Karlheinz Deschner hat Romane, Literaturkritik, Essays, Aphorismen, vor allem aber religions- und kirchenkritische Geschichtswerke veröffentlicht. Auf über zweitausend Vortragsveranstaltungen hat Deschner im Laufe der Jahre sein Publikum fasziniert und provoziert.

1971 stand er in Nürnberg «wegen Kirchenbeschimpfung» vor Gericht.

Seit 1970 arbeitet Deschner an seiner großangelegten «Kriminalgeschichte des Christentums». Da es für so beunruhigende Geister wie ihn keine Posten, Beamtenstellen, Forschungsstipendien, Ehrensolde, Stiftungsgelder gibt, war ihm die ungeheure Forschungsarbeit und Darstellungsleistung nur möglich dank der selbstlosen Hilfe einiger Freunde und Leser, vor allem dank der Förderung durch seinen großherzigen Freund und Mäzen Alfred Schwarz, der das Erscheinen des ersten Bandes im September 1986 noch mitgefeiert, den zweiten Band aber nicht mehr miterlebt hat, dann des deutschen Unternehmers Herbert Steffen.

Im Sommersemester 1987 nahm Deschner an der Universität Münster einen Lehrauftrag wahr zum Thema «Kriminalgeschichte des Christentums».

Für sein aufklärerisches Engagement und für sein literarisches Werk wurde Karlheinz Deschner 1988 – nach Koeppen, Wollschläger, Rühmkorf – mit dem Arno-Schmidt-Preis ausgezeichnet, im Juni 1993 – nach Walter Jens, Dieter Hildebrandt, Gerhard Zwerenz, Robert Jungk – mit dem Alternativen Büchnerpreis und im Juli 1993 – nach Sacharow und Dubček – als erster Deutscher mit dem International Humanist Award.

Das literarische Werk
Karlheinz Deschners

Die Buchveröffentlichungen in zeitlicher Reihenfolge:

1956 Die Nacht steht um mein Haus
1957 Was halten Sie vom Christentum?
1957 Kitsch, Konvention und Kunst
1958 Florenz ohne Sonne
1962 Abermals krähte der Hahn
1964 Talente, Dichter, Dilettanten
1965 Mit Gott und den Faschisten
1966 Jesusbilder in theologischer Sicht
1966 Das Jahrhundert der Barbarei
1968 Wer lehrt an deutschen Universitäten?
1968 Kirche und Faschismus
1969 Das Christentum im Urteil seiner Gegner, Band 1
1970 Warum ich aus der Kirche ausgetreten bin
1970 Kirche und Krieg
1971 Der manipulierte Glaube
1971 Das Christentum im Urteil seiner Gegner, Band 2
1974 Das Kreuz mit der Kirche
1974 Kirche des Un-Heils
1977 Warum ich Christ / Atheist / Agnostiker bin
1981 Ein Papst reist zum Tatort
1982 Ein Jahrhundert Heilsgeschichte, Band 1
1983 Ein Jahrhundert Heilsgeschichte, Band 2
1985 Nur Lebendiges schwimmt gegen den Strom
1986 Die beleidigte Kirche
1986 Kriminalgeschichte des Christentums, Band 1
1987 Opus Diaboli
1988 Kriminalgeschichte des Christentums, Band 2
1989 Dornröschenträume und Stallgeruch

Bücher Karlheinz Deschners liegen auch vor auf französisch, griechisch, italienisch, niederländisch, norwegisch, polnisch, russisch, serbokroatisch, spanisch. Übersetzungen in weitere Sprachen werden vorbereitet.

Medienresonanz

«Gemessen an Karlheinz Deschner sind die kritischen Kirchen- und Drewermänner unserer Tage nichts als freundliche Herren mit religiösen Skrupeln.»

Süddeutsche Zeitung, München

«Der wohl kompromißloseste Autor und Denker im deutschsprachigen Raum.»

Die Weltwoche, Zürich

«Eine der eigenartigsten und originellsten Persönlichkeiten der deutschen literarischen Welt.»

La Stampa, Turin

«Der sowohl schärfste wie kenntnisreichste Kirchenkritiker des 20. Jahrhunderts.»

El Independiente, Madrid

«Die ‹Kriminalgeschichte› ist ein gewaltiges Werk, ein Lebenswerk, vielleicht *das* Jahrhundertwerk. So brillant die Analyse, so mitreißend der Stil: frech, pointiert, gewandt, nie Mittel zum Zweck, sondern stets eigenständige, schöpferische Größe.»

Kölner Illustrierte

«Für mich ist Deschner der größte Kirchenkritiker und Religionskritiker aller Zeiten, und zwar nicht nur wegen seines Sachgehaltes, dessentwegen, was er an Fakten, an historischen Darstellungen bietet, sondern auch wegen der Großartigkeit seiner Darstellungsweise, also wegen des großen Flusses der Leidenschaft.»

Prof. Dr. Dieter Birnbacher, Universität Düsseldorf,
in dem Film von Ricarda Hinz und Jacques Tilly
«Die haßerfüllten Augen des Herrn Deschner»

Band 1: Die Frühzeit

Von den Ursprüngen im Alten Testament bis zum Tod
des hl. Augustinus (430)
Einleitung zum Gesamtwerk: Über den Themenkreis, die Methode,
das Objektivitätsproblem und die Problematik aller Geschichtsschreibung
1986 erschienen, 544 Seiten, gebunden, DM 48,–/öS 350,–/sFr 44,50
und rororo 9969/DM 19,90/öS 145,–/sFr 19,–

Band 2: Die Spätantike

Von den katholischen «Kinderkaisern» bis zur Ausrottung der
arianischen Wandalen und Ostgoten unter Justinian I. (527–565)
1988 erschienen, 688 Seiten, gebunden, DM 48,–/öS 350,–/sFr 44,50
und rororo 60142/DM 24,90/öS 182,–/sFr 23,–

Band 3: Die Alte Kirche

Fälschung, Verdummung, Ausbeutung, Vernichtung
1990 erschienen, 720 Seiten, gebunden, DM 48,–/öS 350,–/sFr 44,50
und rororo 60244/DM 24,90/öS 182,–/sFr 23,–

Band 4: Frühmittelalter

Von König Chlodwig I. (um 500) bis zum Tode
Karls «des Großen» (814)
1994 erschienen, 624 Seiten, gebunden, DM 48,–/öS 350,–/sFr 44,50
und rororo 60344/DM 22,90/öS 167,–/sFr 21,–

Band 5: 9. und 10. Jahrhundert

Von Ludwig dem Frommen (814) bis zum Tode
Ottos III. (1002)
1997 erschienen, 675 Seiten, gebunden, DM 54,–/öS 394,–/sFr 49,–
und rororo 60556/DM 24,90/öS 182,–/sFr 23,–

Band 6: 11. und 12. Jahrhundert

Von Kaiser Heinrich II., dem «Heiligen» (1002),
bis zum Ende des Dritten Kreuzzugs (1192)
1999 erschienen, 656 Seiten, gebunden, DM 54,–/ öS 394,–/ sF 49,–

«Der bedeutendste Kirchenkritiker der Gegenwart.»
Österreichischer Rundfunk, Wien

«Der bekenntnisreichste unter den Advocati diaboli.»
Frankfurter Allgemeine Zeitung

«Das Enfant terrible der europäischen Kultur.»
Obrys-Kmen, Prag

Deschners Essays

Wer Deschners blitzschnelle Florettstiche und seine wuchtigen Keulenschläge gegen alle angeblich göttlichen, in Wahrheit jedoch angebbar weltlich-allzuweltlichen Dogmen und Hierarchien schätzt, für den sind diese Texte gefundenes Fressen: immer radikal antiklerikal, religiös skeptisch-tolerant, aufklärerisch bis rebellisch. Hier kämpft ein unruhiger Geist mit spitzer Feder und imponierendem Faktenwissen.

rororo 9764/DM 12,90/öS 94,–/sFr 12,50

Karlheinz Deschner

Oben ohne

Für einen
götterlosen
Himmel
und eine
priesterfreie
Welt

Zweiundzwanzig
Attacken,
Repliken
und andere
starke
Stücke

rororo 60705 DM 16,90/öS 123,–/sFr 16,–

Aus dem Inhalt:
Warum ich Agnostiker bin
Gerichtsgutachten: Die beleidigte Kirche oder
Wer stört den öffentlichen Frieden?
Ich brauche kein Gottesbild ·
Über Kaiser Julian, genannt «der Abtrünnige» ·
Die Konfession der Zukunft: die Konfessionslosigkeit ·
Die Frommen und die Freudenmädchen · Was wir von Jesus wirklich wissen
und was dann kam · Antwort auf die Frage:
Sind wir Deutsche noch Christen?

KARLHEINZ
DESCHNER

DIE POLITIK DER PÄPSTE
IM 20. JAHRHUNDERT

ROWOHLT

1991 erschienen. 1392 Seiten. Gebunden.
DM 75,–/öS 548,–/sFr 68,–

«Es ist das Beste und Umfassendste, was bisher über
dieses Thema geschrieben wurde… Mich beeindruckt nicht
nur der großartige Stil, sondern auch die Akribie
der Dokumentation. Dadurch wird das Buch solide und
glaubwürdig. Niemand kann von ‹unbewiesenen
Behauptungen› sprechen. Kein Historiker, Publizist oder
wer immer über dieses Thema schreiben will,
wird künftig an diesem Werk vorbeigehen können.
Es bleibt das Standardwerk!»
Prof. Dr. Hubert Mohr, Mediävist und Kirchenhistoriker

Hans Wollschläger
Leitfaden a priori

Karlheinz Deschners Kriminalgeschichte des Christentums

Man muß so weit ausholen, so weit aufs Grundsätzliche kommen, um absehen zu können, was Karlheinz Deschners riesige Unternehmung einer «Kriminalgeschichte des Christentums» sich eigentlich zum Ziel gesetzt hat: nicht nur – wofür sein Name längst als Begriff steht – Entlarvung und Revision der speziellen, speziell verheuchelten und kuriosen Kirchengeschichtlerei, die sich vorzugsweise als Wegbeschreibung einer zweitausendjährigen, nur gelegentlich von politischen Komplikationen behinderten, Missionsunternehmung versteht. [...]

Mission, Bekehrung als Verfolgung: in der Tat ein Menschenwerk besonderer Art – mit einer Wirklichkeit, die ihr Vorhandensein eben durch seine Aktionen erst gewann: ein perverses buchstäblich, ein so verderbtes und falsches, daß die gesamte Weltgeschichte ihm nichts Vergleichbares an die Seite stellen kann. Und das wirkliche Ziel von Deschners auf zehn dicke Bände geplantem Werk, nach 10 Jahren bei Band 5 angekommen, ist eben dies: diese Perversion, dieses von den Historikern verkehrte Ursache-Wirkung-Bündnis ans Licht zu ziehen und zur Erkenntnis zu bringen; sie überlagert noch die andere, die der jesuanischen Lehre im Phänomen «Kirche» selbst. Deschner schreibt nicht einfach Kir-

Auszug – knapp ein Drittel – aus der am 10. August 1997 vom Kölner Deutschlandfunk gesendeten Besprechung des fünften Bandes: «9. und 10. Jahrhundert. Von Ludwig dem Frommen (814) bis zum Tode Ottos III. (1002)»

chengeschichte, etwas Spezielles also, beliebig, sogar kultur-
geschichtlich zu Sonderndes; er schreibt, *als* Kirchengeschichte die *ganze* Geschichte neu – und gibt sie in eben dieser Identität als die Kriminalgeschichte zu erkennen, die sie
war. Das geht der gesamten Vertuschungs-Historiographie
mitten ins Gesicht, und nur folgerichtig geschieht es mit allen dort verpönten Mitteln: urteilend, wertend – nämlich
«moralisch» wertend, nämlich aus der Sicht der Opfer urteilend, die das alles erdulden mußten: eine Greuel-Chronik
ohne Wenn und Aber. [...]

   Kriminalgeschichte wahrlich: was Schulbüchern auf
«kriegerische Auseinandersetzungen» eintrocknet, auf
«machtpolitische Spannungen», «Ringen um die Vormacht-
stellung», «Grenzsicherung», «Befriedung» gar, wacht in
Deschners Darstellung buchstäblich wieder «zum Leben»
auf: Gangsterkämpfe sind's, und das Familientreffen all der
Kronen- und Mitraträger, das er aus den Primärquellen ein-
beruft, ist von einer Art, daß am Ende «das Abendland» an-
mutet wie ein riesiges, aus aller ethischen Fasson geratenes
Chicago. Ist das endlich «die Wahrheit?» Wer sich an der
Widerlegung versuchen wollte, müßte zumindest viele
Haken schlagen: Deschner läßt ihm in seiner erdrückenden
Fakten-Phalanx keine Lücke, durch die zu entschlüpfen
wäre, und kein einziges «Jahr der göttlichen Menschwerdung» – so die ewiggleiche Daten-Skandierung der geistlichen Chronisten –, das nicht zum Bersten gefüllt wäre von
abgesegneten Greueln, durchjauchzt, durchschworen,
durchmordet vom «Namen Gottes». Er tut das mit Ingrimm
– und mit jener mitleidenden Ironie, die schon Schopenhauer
als eigentlichen «Stil» für die Geschichtsschreibung empfahl
und zu der unweigerlich gelangen muß, wer als Wanderer
durch die Urwälder von zweihundert, am Ende zweitausend
Jahren Urkunden den Kontrast zwischen Redensarten und
Tatenarten im Christentum erblickt hat; mit Hohn und Verachtung läßt er die Zeugnisse aufeinanderprallen: die fak-
tendürre Wortkargheit der Annalisten mit dem ölig-öden

Schwall der pfäffischen Rede und schließlich mit den abgestorbenen Sprachregelungsritualen der Historiker. [...]

Das Kreuz mit dem Kreuz: es ist ja die Frage, ob das Christentum selbst sich wünschen sollte, daß nur noch akademisch von ihm geredet werde. Die Geschichte, von der nur noch so geredet wird, könnte abschreckend zeigen, wohin es geriete. Daß beide, untrennbar verbunden, in den Orkus geraten mögen, irgendwann, ist Deschners Wunsch und Ziel, Aufklärung sein Instrument. «Man muß die Geschichte kennen, um sie verachten zu können», sagt die Einleitung. «Das Beste an ihr ist, daß sie vorübergeht.» So einfach, sehr wuchtig; und von anderer Stelle tritt der andere Satz hinzu, mit dem der Autor sich und seiner Arbeit den umfassenden Quellenvermerk annotiert: «Licht ist meine Lieblingsfarbe.» In diesem vielberufenen und oft unnützlich geführten Licht – französisch heißt es *les lumières* – ist zu sehen, was das wirklich ist, was irgendwann vorübergehen und in den Abgrund soll – was «die Geschichte» abgründig wirklich ist: «Trümmerstätte» und «Schlachtbank», ja, Ruinen und Leichenberge: erlebte Leiden, und nichts sonst. Keine «Ideen», keine ehernen Notwendigkeiten «des Geistes»: erlebte Leiden, und nichts sonst. Gegen sie lehrt er die Emotion «Wahrheit», anrührend utopisch und doch zum Greifen nahe bringend; er zwingt zum begreifenden Lernen. Daß die abendländische Geschichte Kirchengeschichte sei, ist seine eine These; daß dieses zweieinige Unikat falsch beschrieben sei, die andere. Lernen müssen so von ihm vor allem die Historiker, die durch ihn fehlbar gewordenen Lehrer, von denen er die Materialien hat und gegen die er sie kehrt; sie müssen von ihm lernen, damit ihre Leser, die gegenwärtig und künftig Erlebenden, endlich zu lernen lernen. Was? Nicht die Fakten allein, den wahren oder verlogenen Tüddelkram der Geschichte; den haben sie buchhalterisch korrekt immer verwaltet. Sondern: das wahre – *und* verlogene – Gesicht der Konstitution Geschichte, zu der diese Moleküle sich zusammenschließen. «Es leben unstreitig in

Deutschland ein Dutzend Menschen, welche überhaupt nur archivalisches Anhäufen von Einzelfacten als wissenschaftlichen Fortschritt gelten lassen», schrieb einst Jacob Burckhardt, und er meinte die, bis heute autoritäre, Ranke-Schule; «wer aber Leben darstellt und Ideen hat, geht diesen Herren gelegentlich zu ihrem großen Erstaunen über die Köpfe hinweg.» Deschner geht über weit mehr als ein Dutzend Köpfe hinweg, und die saturierte und glattrasierte Unberührtheit, mit der auf Kathedern von Katastrophen geredet wird, steht unter und hinter ihm gar nicht mehr gut da. Vor dem Weltgericht, das nach Schillers griffigem Ausdruck die Weltgeschichte ist, haben die Historiker sich lange genug als selbsternannte Pflichtverteidiger aufgeführt; jetzt sind sie «zu ihrem großen Erstaunen» mit einemmal auf die Anklagebank geraten, der Beihilfe auch zu dem Skandal bezichtigt, daß die Täter neben ihnen, denen sie nach der Tat die Epochen schöngeschrieben und freigebig das Attribut «der Große» zugeteilt haben, wenn die Quantität der von ihnen hinterlassenen Leichenberge und Ruinen besonders eindrucksvoll war, im tätigen Leben selbst immer durch das davongekommen, was absurderweise «Völkerrecht» heißt. Sie müssen, diese Verteidiger und Beihelfer, nach Deschners Beweisaufnahme viel tun, um selber davonzukommen: sie müssen ihr Pantheon, das gegenständliche wie das ideelle, endlich entmythologisieren; sie müssen sich andere Helden suchen als die krachenden «welthistorischen Individuen», nicht nur auch wenn, sondern *weil* die die einzigen waren, die aus den endlosen Methodenkatalogen der Machtausübung und Unterdrückung bisher lernen konnten; sie müssen sich den wahren menschlichen Schicksalen zu widmen verstehen, jenen, die in den von ihnen besungenen Heroentaten nur am Rande vorkommen und nur in Zehntausender-Einheiten: ihr Fach muß, in diesem Sinne nur alias, eine Sozialwissenschaft werden – den Nebenfächern endlich hinterher, die es längst wurden. Sie müssen schließlich, die Historiker, alles umfassend gesagt, ihren Wortschatz erweitern, um für all diese Aufgaben überhaupt benennungsfähig zu werden. Kein besserer Lehrer als Deschner wäre hier für sie zu finden. Vielleicht ist seine Kriminalgeschichte, als ein einziges gewaltiges Pamphlet mit mehrfacher Zielrichtung, nicht das Ideal selbst, zu dem die Geschichtsschreibung gelangen muß; ganz fraglos aber ist es der ideale Anstoß auf dem Weg zu ihm hin. […]

„Die haßerfüllten Augen des Herrn Deschner"
Video, 70 min 1998

Die Filmemacher Ricarda Hinz und Jacques Tilly haben ein virtuelles Streitgespräch um Deschners „Kriminalgeschichte des Christentums" zusammengestellt. Getrennt aufgenommene Aussagen zahlreicher Kirchenvertreter und radikaler Kirchenkritiker werden zu einer präzisen inhaltlichen Diskussion zusammengeführt. Eine solche Konfrontation käme in der Realität nie zustande.

"Deschner ist der Anwalt der Opfer, der Verteidiger der Millionen Opfer, deren Namen aus dem Buch der Geschichte bewußt gelöscht worden sind. Die von der Siegerin Kirche und von ihrer Siegergeschichte weggewischt worden sind."
Prof. Horst Herrmann

"Man sollte Kritik an der Kirche üben, wie ich Kritik übe etwa an den eigenen Eltern."
Erzbischof Johannes Joachim Degenhardt

Zugleich dokumentiert das Video das Schaffen und die Persönlichkeit Karlheinz Deschners. Die Filmemacher begleiteten ihn ein Jahr lang bei seiner Arbeit und auf Lesereisen in Deutschland und der Schweiz. Dabei sammelten sie spontane Reaktionen seines Publikums. Die authentischen Äußerungen markieren die Bedeutung der Aufklärungsarbeit Deschners.

Bezugsadressen für die Videokassette: Humanistischer Verband Deutschlands, Wallstraße 61–69, 10179 Berlin, Tel.: 030 - 613 90 40
oder: Alibri Verlag, Postfach 167, 63703 Aschaffenburg, Tel.: 06021 - 15744, DM 39,-

"Die Geschichtswissenschaft muß beschreiben. Aber sie soll sich hüten, sich aufs hohe Roß zu setzen. Sie soll Ursachen benennen, sie soll Wirkungen beschreiben, aber sie soll nicht die Wirkungen und die Ursachen ständig moralisieren."
Manfred Kock, Vorsitzender der EKD

"Kritik muß unter Umständen auch niederreißen. Falsche Strukturen. Machtpositionen. Volksverdummung"
Prof. Uta Ranke-Heinemann

«Wer immer wieder Abweichungen vom Evangelium beklagt, verkennt, daß Jesus und seine Jünger theologisch noch in den Kinderschuhen steckten und erst viel später die Päpste deutlich zu sagen vermochten, was der Erlöser und seine Apostel eigentlich gemeint, was sie vielleicht nicht so gesagt oder ganz anders gesagt oder überhaupt nicht gesagt haben, weil sie es noch nicht besser oder gar nicht sagen konnten, doch sicher sagen wollten und auch gesagt hätten, wären sie schon so schlau gewesen wie die Päpste.»

Karlheinz Deschner